フィールドワークへの挑戦

〈実践〉人類学入門

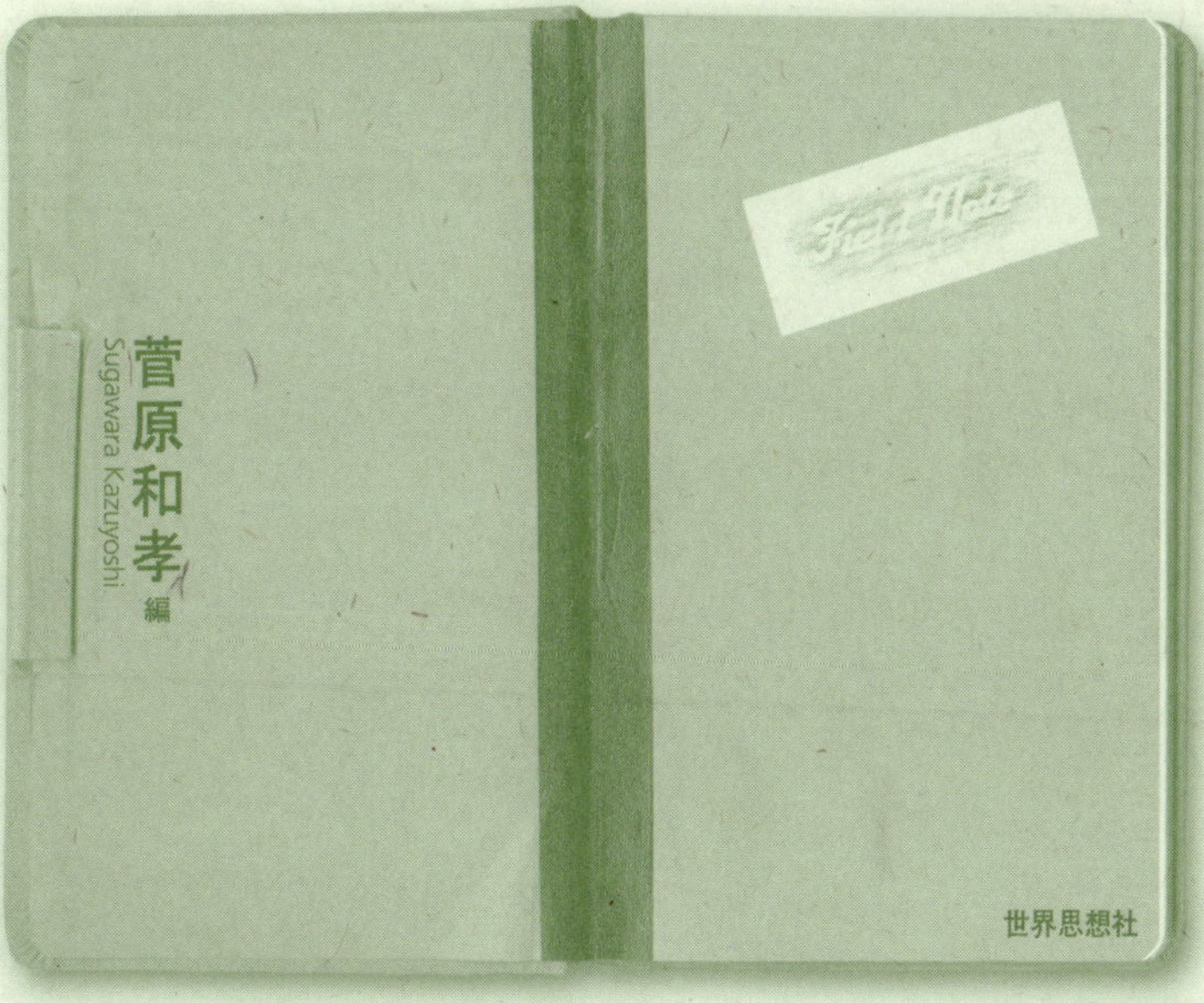

菅原和孝 編

Sugawara Kazuyoshi

世界思想社

人生至る所フィールドあり——まえがきにかえて

この本は、人類学的なフィールドワークの実践が、わたしたちが「生きる」ことにとってどのような意味をもつのかを、「初心者」の視点に立って明らかにすることをめざす。

人類学は、〈近代〉の成立とともに、社会学を兄弟分として生まれた若い学問である。[*1] 実際、本書で紹介するフィールドワークは、社会学調査と銘打っても通用するものばかりである。にもかかわらず、本書が「人類学」を看板にするのは、この思考の方法こそがフィールドワークを不可欠の土台とし、しかもその土台を自覚的に精練してきたからである。さらに、人類学は、社会学や民俗学といった隣接する人文科学だけでなく、霊長類学や行動学といった理系の分野とも連携しながら、「人間とはなにか」という根本問題を解きあかそうとしてきた。「文化人類学」ではなく、修飾語ぬきの「人類学」という名称を選んだのはそのためである。

人類学的な視点からのフィールドワーク入門書は少なからず出版されている。

＊1 **〈近代〉(the modern system)**
産業革命以降に成立した、工業生産と都市への人口集中を柱にし、中央集権的な国家のなかで維持される社会システムのこと。距離の無化、記号と表象の支配、記憶と意識の外在化、無制約な科学技術の「発展」とそれに基づく民衆の「福祉向上」などを特徴とする。

それらは、仮説の設定から、インタビューの実施方法、持ち帰ったデータの分析、さらには「民族誌」[*2]の書きかたに至るまで、懇切な指南を授けてくれる。けれど、率直にいって、わたしはこうしたガイドブックに大きな不満をもってきた。「フィールドワークをする」ことが、わたしたち自身が「生きる」ことにとってどんな意味をもつのかが、最後までよくわからないのだ。

現在の大学のカリキュラムにおいては、「調査実習」系の授業は、「研究者予備軍」以外にも多様な関心をもった学生が受講する。人類学とはおよそ無縁な職業につくであろう多くの学生にとって、「授業」として課せられたフィールドワークにはどんな意味があったのだろう。

損得ずくでいえば、授業時間外の「宿題」に長い時間を費やすなんて、割りの合わない話である。にもかかわらず、たくさんの若者たちが、清新な好奇心に突き動かされて、フィールドワークに挑戦してきた。たとえ粗けずりであれ、それらの試みのなかに、自分にとって不可欠の糧として〈知〉を体得しようとする意志がみなぎっている。「初めての挑戦」こそが、フィールドワークという認識方法のもっとも良質な萌芽を含みこんでいるはずだ。わたしがこの本を製作することの、もっとも強い動機は、つねに「みずからの端緒に還りつづける」[*3]という姿勢を人類学のなかに回復させることなのだ。

わたしはエスピオナージュ小説[*4]が好きだ。そこで描かれる「現場工作《フィールドワーク》」とは、

***2 民族誌 (ethnography)**
現地の人びとの生のかたちを包括的に記述し、それを組織している意味の網の目を精密に解明するような著作のこと。人類学にとって、民族誌とは、実験科学にとっての実験データのごとく、理論構築のためのもっとも実質的な基盤である。だが、それが厳密な客観的手法で収集された経験的データなのだという「神話」は、一九八〇年代半ばから吹き荒れた「民族誌批判」によって完膚なきまでに打ち砕かれた。これについてはすでに多くのことが書かれているので、本書ではあらためてくりかえすことはしない。

*3 これは、わたしの尊敬するフランスの哲学者モーリス・メルロ=ポンティが、哲学について述べたことである。『知覚の現象学 1』(竹内芳郎・小木貞孝訳、みすず書房、一九六七)。

*4 エスピオナージュとは諜報活動のこと。一九八〇年代までは、米ソの冷戦を背景にして、英米の作家が幾多の傑作を生みだした。

フィールドワークとそれを実践する主体とのあいだの外在的な関係を典型的に示している。職業的フィールドワーカーとしてのスパイは、現地の人びとを思いどおりに操ることに習熟するが、その企ての正当性を疑わない彼女・彼自身の「生のかたち」が問われることはけっしてない。

これに対して、フィールドワークが〈わたし〉にとって意味をもつのは、その実践が、〈わたし〉の「生のかたち」への絶えまない問いかけへと内在化されるときである。人類学がめざすフィールドワークがそのようなものだとしたら、わたしたちはべつに、どこか遠い土地へおもむく必要はない。やや思いきった言いかたをすれば、フィールドワークとは、「知の技法」であるより前に、「生きかた」の問題なのだ。「人生至る所フィールドあり」というこのまえがきのタイトルには、こうした思いが託されている。

人類学のフィールドワークとは、〈他者〉について少しでもわかろうとする実践である。そのような実践の前に立ち現われる〈他者〉を、古典的な文化人類学は、「原住民」(indigenous people) とか、「現地人」(natives) と言いならわしてきた。本書でも、フィールドワークを通じてわれわれが出会う〈他者〉を、「現地の人(びと)」と呼ぶ。だが、わたしは、この定義のすぐあとに、大急ぎでつぎのようにつけ加えたい。わたしたちのだれもが、ある視角から照らせば、「現地の人」なのだ、と。

具体例を挙げよう。もしあなたが、現代日本において、知的障害者と呼ばれる人たちがどのような困難と喜びを経験しているのかを「わかりたい」と思ったら、知的障害者を長男にもっているわたしは「インフォーマント」（情報提供者）になりうるだろう。[*5] いや、わたしよりも、「障害者父母の会」の役員を歴任し、雑多な業務を日々こなしている妻のほうが、ずっと適切な「インフォーマント」だろう。なぜなら、彼女はそのような独特な「コミュニティ」にわたしよりもずっと深く棲みついているのだから。

こうした「現地」や「コミュニティ」を照らしだす視角は、いかにして生まれるのだろう。直観的には、「世界は謎めいている」ことを感じとるセンスの問題だといえるだろう。「謎」と出会うきっかけは人それぞれ千差万別だから、本書の全体を通じて、そのようなセンスを描きだすことに努めたい。

人類学のフィールドワークとは、最初は謎めいた外見とともに立ち現われる「現地の人びと」の「生のかたち」をいきいきとわかることをめざす。すべての民衆の生の営みは、「膨大な実践の積み重ね」によって成り立っている。[*6] そのなかには、ある視角によって照らされたときの、「現地の人」としての〈わたし〉や〈あなた〉も含まれる。民衆の「実践の積み重ね」それ自体をスゴイと思い、それをわかりたいと思う意志——それは、ひるがえって、〈わたし〉自身の生を成り立たせている「実践の積み重ね」への新しい気づきをまねきよ

＊5　情報提供者（informant）
調査者（エージェント）にとって重要な情報をもっぱら言語を介して提供してくれる人のこと。欧米の人類学から輸入された便利なことばであるが、わたしはあまり使いたくない。あなたが関わる「現地の人びと」とは、単に「情報を提供する」だけの存在ではない。あなたは、かれらの表情や身ぶりから何かを感じとることもあるし、かれらが黙々と携わる作業のありさまを「参与観察」することによって、その生のかたちにふれることもある。そうした関わりの多様性を、「情報提供」という無機的で効率的な用語でひとくくりにすることは正確ではない。「お世話になった人」「寄宿先の御主人」「インタビューに応じてくれた人」「友人」等々、フィールドワークの現実に即して、きめこまかに記載するべきだろう。

＊6　同僚である松田素二氏（京都大学大学院文学研究科教授）が、好んで使う言いまわしである。

せるだろう。

こうした態度設定をひとことでいえば、「普通に生きている」ことの偉大さに日々新しく驚きつづける、ということに尽きる。「象牙の塔」という揶揄《やゆ》に象徴されるように、大学という制度のなかで発展してきた学問の体系は、「普通に生きている」ことの偉大さを全面的に照らすような〈知〉を組み立てることに、失敗してきたのではないか――そのような焦燥が、わたしにはある。

現代のわたしたちは、「普通に生きる」ことよりもむしろ、そこから差異化された自己の商品価値を増大することへと駆りたてられている。けれど、そんな風潮に抗うように、少なからぬ若者たちが、フィールドワークに挑戦しつづけている。それは、「技法」としてのフィールドワークではなく、「生きかた」としてのフィールドワークのなかに、彼女ら・彼らが、新しい知――わたしたちが「普通に生きる」ことをより輝かせる力をもった知――の可能性を予感しているからではないだろうか。[*7]

本書はまず、そのような若者たちの実践の息吹を、広く一般の読者に伝えることを目的にしている。同時に、これからフィールドワークに挑戦しようと思っている読者、あるいはその必要にせまられている読者に対して、技術的なノウハウから理論的（または思想的）な設問（あるいは懐疑）に至るまで、机上の空論を越えた実際的な助言を与えることをめざしている。

*7　「普通に生きる人びと」とは、要するに「民衆」「庶民」のことであり、政治的には「支配階層」に対比される概念である。セルトーは、こうした人びとに「使用者」「消費者」といった名称をあてている。〈知〉の生産に携わる人間は「支配階層」に含まれるのかどうかということは〈知〉の成立の根幹にかかわる難問である。M・d・セルトー『日常的実践のポイエティーク』（山田登世子訳、国文社、一九八七）。この本は、「民衆の実践」それ自体が、これからの学問にとっていかに豊饒な領域であるかということを思い知らせてくれる。その意味で、とても勇気づけられる著作である。

本書の構成と活用法

本書の製作をわたしが思い立ったのは、若者たちのフィールドワークのおもしろさに感銘をうけたからであり、こんなにすばらしい知の結晶を研究室の片隅で埃に埋もれさせておくことは、いわば「犯罪的」であると感じたからだ。これらの仕事を広く世に問うために、本書をつぎのような二部構成にし、さらにその前後に序章と終章をおくことにした。

序章では、フィールドワークを「他者と出会う」経験として捉え、出だしでの挫折から始まって、「生のかたち」の再発見へ至るまでの道程を照らす。

第I部では、フィールドワークの初心者がぶちあたるさまざまな問題を鮮明に浮かびあがらせるレポートを取捨選択し、調査ジャンルごとにわたしが論評する。[*8] あわせて、人類学的な思考にとって必須な基本概念についてそのつどレクチャーを行ない、わたし自身の考えかたを明示する。[*9] つまり、第I部には、あなたが日常生活のかたわらで出会うであろう、ほとんどありとあらゆる事柄をフィールドワークするための貴重なアイデアと、興味ぶかいディテールがぎっしり詰まっている。粗けずりな作品も、未完のまま終わった仕事もあるが、そのアプローチに惹きつけられたら、自分であとを引き継いで、フィールドワークに挑戦してほしい。

第II部には、わたしの授業をうけた六人の「もと学生」たちが、その後、

*8 レポート本文から引用する場合にも、文章は、読みやすいように、大幅に改変した。「叩き台」とするレポートのなかには文献研究に多くの紙数を費やしているものもあったが、具体的なデータを呈示している部分を優先して取りあげる。

*9 そのため、脚注を充実させて、本文に盛りこみきれない情報をたくさん掲載した。

営々と持続したフィールドワークの成果（精華）を収める。この六篇に体現されている周到なデータ収集と分析手法、緻密な論理構成、そして文章表現の適確さに、あなたは大きな刺激をうけ、ライバル意識をかき立てられるだろう。同時に、失敗や試行錯誤を経てフィールドワークの喜びへと至る道程をまのあたりにして、深い感動を味わうだろう。

終章はやや異色なスタイルをとる。フィールドワークがどのような「生きかた」を拓くのかという思想的な問いを軸にして、フィールドへの出発から帰還、そして「書く」という営為に至るまでをギュッと濃縮してまとめる。

フィールドワークを始めようとしているあなたは、本書を読み進めることによって、「先人」たちの失敗に笑ったり、緊迫感に満ちた分析に息を呑んだりしながら、知らず知らずのうちにフィールドワーカーのセンスを体得するだろう。同時に、フィールドワークがどうしてあなた自身の生にとって必要な営みなのかを理解するだろう。少なくとも、わたしはそのような実践のための書を造ることをめざして全力を尽くした。

とくにフィールドワークを実行する予定のない一般読者にとっても、本書は、十分に楽しめる読み物になっているはずである。少なくともテレビの人気番組「探偵！ナイトスクープ」[*10]よりはずっと奥深い発見とときめきに満ちていることを確信している。大笑いまちがいなしの「小ネタ」も多少は含まれているか

*10　大阪の朝日放送で一九八八年以来製作されている長寿番組。放映時間は金曜深夜だが、土曜または一週遅れで放映されている地域もある。

もしれない。
最後に、人類学、あるいは社会学・民俗学といった、その隣接分野を専門とする、学界の同僚たちへ。忌憚のない批判と悪口を期待するとともに、本書を「調査実習」系授業の教科書として採用してくれることを、切に願う。

表記法

本書に登場する個人名、組織名は原則として仮名である。だが、フィールドワークの内容を理解するうえで不可欠な地名や法人名は実名にしてある。どれが実名かは、常識に照らせば明らかであろう。

キイになる現地語は〈 〉で括った（例：〈沈救助〉）。とくに強調したい術語にも同じ種類のカッコを使用しているが（例：〈伝聞証拠〉）、混同の恐れはなかろう。

フィールドで得た観察データを分析する際に、調査者やわたし自身が「分析概念」として導入することばは《 》で括った（例：《搾取》）。

なお、通常の引用符「 」は、厳密な意味での引用以外にも、ある語句を地の文と区別したほうがわかりやすいと思われる場合には、かなり臨機応変に多用している。

また、本書では、男女双方を含む三人称複数を「かれら」と表記し、男だけの「彼ら」から区別する。

フィールドワークへの挑戦――〈実践〉人類学入門　目次

人生至る所フィールドあり――まえがきにかえて　*1*

序章

他者と出会う　菅原和孝　*18*

一　小島の漁師　*18*

二　「わが街京都研究」からの出発　*22*

三　挑戦を開始する　*24*

1　路上観察

2　出だしからの挫折

3　「日誌」あるいは「私小説」風

四　「生のかたち」を再発見する　*33*

1　みずからの活動の場へ――カヌー部の合宿

2　出発の前に

第Ⅰ部　「謎」と出会う通路

菅原和孝

第1章　仕事の世界 41

一　とっつきやすいけど難しい 41
1　仕事のすごさ
2　何をしているんだろう？――「仕出屋」の料理と出前
二　仕事研究の三つのレベル 45
1　身体にしみついた知識
2　ローカルなテクノロジー――豆菓子製造
3　仕事への文化的な意味づけ
三　参与観察でわかること、わからないこと 49
1　樽と重し――漬物屋の作業場から
2　リヤカーとラッパ――豆腐屋からみた京都
四　仕事の文化的構築 56
1　「歩く看板」と「見えない人」――サンドイッチマンの文化史
2　なんでこんなに高いんや？――友禅染めの職人世界

目　次

第2章　社会とその周縁　67

一　社会へのアプローチ　67

1　見える社会、見えない力

2　「のんきな人びと」はいるのか？——「県民性」調査

二　「底辺」としての周縁——二つのホームレス研究　70

1　「夜まわり」と「希望」——橋の下に寝る人、支援する人

2　生の多様性と豊かさ——釜ケ崎の野宿者

三　隠された領域　78

1　「性の商品化」なぜわるい？——セックスワーク研究

2　隠蔽される終末——競走馬の処理

第3章　コミュニケーションの内と外——疎通・伝播・伝承　90

一　行動観察からの出発　90

1　コミュニケーションとはなにか

2　テリトリーとルール——電車内の行動と相互行為

3　「個室」の内と外——公共トイレでの行動

第Ⅰ部　「謎」と出会う通路

菅原和孝

二　リアリティの在りか――日常会話と演技の会話　95
1　発端――なぜ「わざとらしい」のか
2　「できない」ことと「やりすぎる」こと――演技の限界
三　相互疎通の困難と希望――二つの自閉症研究　99
1　戸惑いから始まり戸惑いへ還る――自閉症者とのソフトボール
2　日常性の創出――自閉症児とプールで泳ぐ
四　コミュニケーションとしての「民俗」――伝播と伝承　106
1　都市伝説への接近――彦根の腹痛石
2　〈ニイ〉から〈若い衆〉へ――西浦田楽の伝承過程

第4章　信じることの手ざわり　116

一　イワシの頭も信心から　116
1　わからない人にはわからない？
2　神託はどこでつくられるか――おみくじの文化史
3　自分で決められないとき――運勢鑑定への依存
二　ミイラとりはミイラになるか？――巨大宗教との接触　123
1　食べてみなけりゃわからない？――創価学会への参与観察

2　伝道の道――モルモン教徒の個人史
三　苦悩に向きあう装置――病治しの実践　128
1　オカルト治療のテクノロジー――「波動」による療導
2　「治し」の共同体――Q心霊教院での経験
四　「非合理」への問い　139

第5章　「外国人／異文化」との遭遇　143

一　旅立ちと出会い　143
1　狭義の「異文化」
2　海外放浪者の生活と意見――バックパッカーの生態
3　ウンコの始末をどうするか――マラウィの湖畔の村にて
二　「アイデンティティ」の不快――「海外に根をおろす」華僑　147
三　異文化を書くこと　153
1　ネット社会の襲来――韓国のPC房（バン）
2　二年間で得たもの――青年海外協力隊の声
四　異文化のなかの「私」――鳥葬の国にて　160

第II部　「謎」をひもとく

第1章　〈振売《ふりう》り〉都市に息づく野菜行商　田村うらら　169

一　私が振売りと出会うまで　169
二　振売りと京都　170
三　一年目の試行錯誤　173
四　自転車五分のフィールドからの再出発　175
五　振売りと得意先の関係　181
六　振売りから「私の生きる世界」を見つめなおす　190

第2章　棚田を〈守《も》り〉する人びと——伝統的棚田の保全と開発　山田有佳　192

一　模索——フィールドに到るまで　192
二　実践される制度　198
三　仰木にとっての棚田——「景観」と「保全」　205
四　他者との出会い　211

第3章　生きものを屠《ほふ》って肉を食べる
――私たちの肉食を再考する試み　比嘉夏子　213
一　肉食への素朴な疑問　213
二　「食べるために殺す」という行為　217
三　豊穣な豚肉食文化の舞台、沖縄へ　220
四　フィールドワークがもたらしたもの　231

第4章　摂食障害に立ち向かう女たち　高田彩子　235
一　摂食障害という課題　235
二　自助グループのミーティングに入る　238
三　仲間たちのストーリーを聞く　240
四　回復に近づく：「私」を見いだす　251
五　見えてきたことと見えなかったこと　254
六　なぜ現代の若い女性が摂食障害になるか　256

第II部 「謎」をひもとく

第5章 銭湯の行動学 佐藤せり佳 259

一 銭湯の魅力に惹かれて 259
二 裸で参与観察する 260
三 フィールドの風景 266
四 浴室内の行動学——背中の洗いっことお気に入りの場所 268
五 常連さんのつくる小社会 276
六 裸体の社交空間——考察 278
七 銭湯、この不思議な空間 281

第6章 エチオピアのビデオ小屋 望月幸治 283

一 ビデオ小屋との出会い 283
二 ビデオ小屋を支える人に話を聞く 288
三 アジスアベバの下町に住みこむ 291
四 観客はフィルムをどう見ているか 297
五 エピローグ 303

目　次

終章　生きかたとしてのフィールドワーク　菅原和孝　306
1　出発から帰還まで　306
他者のまなざし／好奇心／わかりたい／うってでる／待ちの姿勢／ともに体験する／「異人」と「周縁」／身体／間身体性／苦境／権力／表象の脈網／直接経験／他者の存在感／かけがえのなさ
2　書くこと　315
人生至る所別れあり――あとがきにかえて　318
索引　323

序章

他者と出会う

菅原和孝

一　小島の漁師

人間とは不思議だ。人間のもっとも大きな不思議さは、社会的な存在としてしか生きられないということだ。

二四歳のわたしは宮崎県幸島という周囲四キロメートルにも満たない小島で、群れから離脱したニホンザル雄（ハナレオス）の社会行動を調べはじめた。*1 そこで磯崎正富さんと奥さんのツル子さんに出会った。もうお二人とも故人になられてから二〇年以上が経つ。

磯崎さんは酒乱であった。何人もの研究者が、酔った磯崎さんに「ぶっころしたる」とおどされて震えあがった。この話を、島に入る前、わたしは指導教授からとっくりと聞かされて怯えた。「酒がはいってないときは、仏さまみたいな人なんやけどなあ」

だが、結果論からいうと、わたしは一度として磯崎さんに怒鳴られなかった。

*1　当時、幸島の群れは一〇〇頭ほどの個体によって成っていた。群れから離脱したハナレオスが、下は五歳から上は二〇歳まで、約一五頭、単独で島のなかをうろついていた。

昼間から焼酎を延々と飲みつづけたことが何度もある。最初は、宮崎弁と鹿児島弁がまじった彼の独特の方言が聞きとれず、途切れることのない語りの八〇パーセントぐらいは内容がわからないまま、勘だけで適当に相づちをうっていた。島には電気が通じていなかったので、夜は、石油ランプの光が揺らめく土間に置いたテーブルを囲み、ツル子さんが「食いねい」といって前に置いてくれる海の幸をつつきながら、果てしなく飲みつづけた。

小学校もろくすっぽ出ていない磯崎さんは、字の読めない人であった。古い知人の訃報がまいこんだ日の夜、磯崎さんは、故人の妻が書いた手紙をツル子さんに読みあげさせた。「最後まで、磯崎さんご夫妻にもう一度会いたいと申しておりました」「かわいそうなことをしたとよねえ」磯崎さんはすすり泣いた。そして言った。「ツル子さん、もう一度、読めえ」ツル子さんは根気よく、くりかえし手紙を読みあげた。

島の小さな宿舎に、動物好きの高校生が何泊かしたことがある。彼が静岡県から来たことを知った磯崎さんは、「ツル子さん、静岡っていうと、どのあたりかねえ」と尋ね、ツル子さんは微笑みながら壁に貼ってある日本地図を指しめし、夫にその県の場所を教えた。同じ夜だったろうか。ツル子さんから、かれら夫婦が一度たりとも宮崎県の外へ旅行に出かけたことがない、と聞かされた。そのとき、たぶんわたしは震撼《しんかん》したのだと思う。

一度だけ妻を伴って島を訪れたことがある。磯崎さんご夫妻はとても喜んでくださった。磯崎さんがはりきって採ってきてくれた大きなアワビを、妻は石油ストーブの上で焼いて調理してしまった。これが、近隣中の語りぐさになったことを、あとから知った。

その二年後の冬、エチオピアでのヒヒの調査をあいだにはさんで、[*2] 久しぶりに島に戻ったわたしは、例によって彼と昼間から飲みはじめた。だが、その夜、わたしはあまり長居をせずに、磯崎家から坂を上った所にある宿泊棟に帰ってしまった。あとから聞いたところによると、飲み足りなかった磯崎さんは、ツル子さんを促して舟を出し、陸にある妹さんの家に行った。そこで、炬燵にもぐりこんで飲みつづけ、二日目の朝、ツル子さんが様子を見に行くと、すでに息がなかったという。葬式の席で、ツル子さんが優しく微笑んで言った。「最後に菅原さんと飲めて、あの人も喜んどることでしょうよ」それを聞いたとき、堰を切ったように、こらえていた涙がしたたり落ちた。病弱だったツル子さんも、その数年後には、あっけなくこの世を去ってしまわれた。

磯崎さんご夫妻のことを思いだすたびに、あの暗いランプの光が揺らめく土間で過ごしたいくつもの夜こそが、「他者と出会う」という経験の核をなしていたのだ、と思いあたる。飛行機とも海外旅行とも無縁であった磯崎さん。[*3] そればかりか、日本の都道府県の位置さえも知らず、小島で魚を捕りつづけてい

＊2　わたしは、一九七五〜七六年、七八〜七九年の二期にわたり、アワシュ国立公園という所で、マントヒヒとアヌビスヒヒの種間雑種の行動と社会構造の調査をした。詳しくは拙著『感情の猿＝人』（弘文堂、二〇〇二）第一章参照のこと。

＊3　ただし、磯崎さんは日中戦争に従軍している。彼が酔って語ることのかなりの部分は、この従軍体験であった。

た。彼の生のかたちと、わたしのそれとは、途方もなく隔《へだ》たっている。

けれど、磯崎さんもまた、わたしと同じくこの社会に属していた。わたしたちのあいだには、おぼつかないながらも、「ことばが通じる」という事態（つまりコミュニケーション）が成立していた。優秀な漁師であった磯崎さんは、島の湾にしかけた刺し網で、エバ（シマアジ）をはじめとする高級魚を捕り、かなりの大金を稼いでいた。魚を市場で売り、金を稼ぎ、その金で焼酎を買いつづけ、老齢になるにつれて悪化した肝臓病の治療を「陸」の病院でうけていた。彼もまた、数えきれないくらいの回路で、社会とつながっていた（ちなみに、肝臓の薬を毎日、焼酎で流しこんでいることが彼の自慢であった）。

かといって、わたしを震撼させた「途方もない隔たり」をうやむやにすることはできない。この隔たりを照らすのにぴったりのことばがある。「周縁性」である。磯崎さんの生の独特なかたちには、社会の周縁に位置するという重たい条件が刻みこまれていた。*4

「ハナレオスの社会行動を研究する」という浮世ばなれした研究テーマを選んだことによって、わたしは周縁に生きる磯崎さんと偶発的に出会った。どこかべつの場所へ向かって一歩を踏みだしたとたん、いろんな偶発性が、他者との思いがけない出会いへとわれわれを導く。そのとき、われわれは知らず知らずのうちに、中心から周縁へと向かう運動に身をまかせているのかもしれない。

*4　「中心と周縁」理論の源流は、メアリー・ダグラス、ヴィクター・ターナーに代表される象徴人類学に胚胎するが、山口昌男の『文化と両義性』（一九七五、岩波書店）によって、わが国ではいちやく脚光をあびた。こうした理論的系譜につらなるのが、菅野盾樹の「世界帽子」モデルであり、『いじめ＝〈学級〉の人間学』（一九八六、新曜社）においては現代的な問題の考察にみごとに応用されている。

二　「わが街京都研究」からの出発

のっけから磯崎さんというあまりにも強烈な個性をもった人物に登場してもらったことは、「フィールドワークとは何か?」を読者とともに考えるという本書の企てにとっては、かえって逆効果だったかもしれない。読み書きのできない酒乱の老人と延々と焼酎を飲みつづけるといったハードな状況を前にしたら、多くの若者は正直「腰がひけてしまう」だろう。また、フィールドワークがひたすら社会の周縁へ向かうことを要求するようなものだとしたら、そんな作業は自分にはあまりにも「重たすぎる」と感じる人も多いだろう。

わたしが磯崎さんのことをまず書きたいと思ったのは、フィールドワークをそのような重苦しい責務として描くためではない。ただ、もし磯崎さんと偶然に出会わなかったら、わたしはみずからの〈想像力〉の限界と可能性について思いをめぐらす機会もないままに二十歳《はたち》代を過ごしたであろう。生きかたとしてのフィールドワークを駆動する唯一無二のエンジンは、他者に対するいきいきとした想像力である。[*5] 極端にいえば、それ以外には何ひとつ必要ない。逆にいえば、それが欠如したフィールドワークは無意味である。

わたしは一九八八年に京都大学教養部に赴任した。そこでは、米山俊直教授

＊5　他者への想像力を養うもっとも確実な方法は、つねに大量の小説を読みつづけることである。小説とは、民衆の実践を直観と美的センスとによってつかみとる比類ない認識の方法である。かつて寺山修司は「書を捨てよ、街に出よう」とうたったが、書を捨てる必要はない。つねに小説を携えながら街を歩こう。

（二〇〇六年三月歿）が、全学の学生向けの一般教養科目として「文化人類学実習」を二〇年以上にわたって開講されていた。この実習を受講した学生たちの積極的な関与によって、「祇園祭」「天神祭」といった大きなお祭りを総合的に調査する、いわゆる「都市祭礼の文化人類学」がめざましい発展を遂げたことはよく知られている。

正直にいえば、わたしはこうした調査の形式に、違和感をおぼえつづけた。なによりも、わたしは巨大な都市祭礼の人ごみが苦手であった。お祭りはまだしも、「花の万国博覧会」のようなイベントに吸引されて膨大な数の人間が一箇所に群れることには、気味のわるさを感じた（そうした調査のお手伝いも、しぶしぶながら続けはしたのだが）。

教養部が廃止され、総合人間学部（以下、「総人」と略称する）が新入生を受け入れるようになってから間もなく、わたしは、全学共通科目「社会人類学調査演習」という二コマ連続の授業（計三時間）を担当することになった。本書の素材となっている調査活動の「民族誌的現在」[*6]は、この授業形態が定着した一九九四年度から、「セメスター制」[*7]が導入される直前の二〇〇二年度までの計九年間である。

この授業で、わたしは「単騎」調査を奨励することにした。日常の片隅から「謎」を発見し、それに注意を研ぎすますことが、出発点である。その「謎」

＊6　民族誌的現在（ethnographic present）
フィールドワークを行なったその時期のこと。それに基づいた民族誌が公表されるまでに長い年月が経つことがある。たとえば、ボツワナのグイ・ブッシュマンを最初に調査したジョージ・シルバーバウアーの著作は一九八一年に出版されたが、冒頭には「民族誌的現在は一九五〇年代の終わりから一九六〇年代初頭である」と書いてある。だが、人類学者がこの語を愛用することは、近年、批判されている。どんな社会も、日々激しい変化にさらされているはずなのに、人類学者はそうした変化を追跡することよりも、ある社会の固有な特質を、永遠の「現在」のなかに凍結して描くことのほうを優先しがちなのである。

＊7　セメスター制とは半期で授業を完結させるアメリカ的な教育制度のこと。この制度の導入は、学問の断片化をまねく悪しき〈近代〉化である。とくに、息の長い持続を必要とするフィールドワークの鍛練は、これによっていちじるしく阻害される。

をどうやったら解き明かすことができるのか、綿密な調査計画を立てて、夏休みまでにその計画を発表し、受講者全員で議論する。もっともフィールドワークに集中できるのは夏休みだろう。後期になったら、調査が順調にしあがった順に、一人ずつ一時間ぐらいかけて発表し、みんなで三〇分ぐらい討論する。その討論を取り入れてレポートを書き、年度末に提出する。

この形式を採用してから何年間か経つと、たくさんのレポートが溜まってきた。当初は、このプロジェクトを「わが街京都研究」と銘うった。だが、近郊都市から自宅通学をしてくる学生のなかには、自分の住む町で出会う「謎」をテーマにすることを選ぶ者もいた。さらには、海外旅行での経験を素材にしたり、もっと大きな広がりをもった「社会問題」へ関心を向ける学生も出現した。そこでわたしは、「わが街京都研究」という枠をとっぱらって、授業の合言葉を「人生至る所フィールドあり」に切りかえたのである。

三　挑戦を開始する

1　路上観察

授業の最初の時間には、受講者が自分のテーマをしぼる参考になるように、いくつかの柱を提示した。まず、本書からふるい落とさざるをえなかった接近法をふりかえってみよう。[*8]

街を歩きまわるとき、端的に迫ってくる謎、それは「風景」である。大学生時代、わたしは、夢想癖のある友人と、京都のどこの風景がいちばん不気味かといった、アホらしい話題を飽かず語りあった。そんな思い出があったから、赤瀬川原平を中心とする「路上観察学」に出会ったときは、思わず「やられた！」と叫んだ。彼らは、風景の謎をかもしだす多様な「物件」から「無用の長物」という共通特性を抽出し、さらにその「無用性」にしたがって、「純粋階段」「無用門」「阿部定」「原爆タイプ」「建物に棲息する動物」……等々、緻密な分類まで考案したのであった。[*9]

授業でわたしが路上観察学の話をしたことが、数人の学生の興味をかき立てた。[*10]吉田治夫は、京都市内の寺社を訪ね歩き、たくさんの動物彫刻を記録し、そのシンボリズム（象徴表現）を建築意匠学、博物学、民俗学といった文献にあたって調べあげた。吉田の同定した動物は、象、鼠、猿、牛、獅子、鳳凰、孔雀、龍、馬、烏、虎、鶴、亀、鯉、猪、鹿、狐、の一七種類にもおよぶ。巻末には、カラー写真も貼付されていて、たいへん楽しめる労作だった。だが、いくら意匠事典と首っぴきになって、「猿＝神のお使い」といった記号を読み解いたところで、この今を生きる人びとがその「動物」とどんなふうに関わっ

＊8　こうした取捨選択をするのは、そのような方向を選んだ学生諸君の努力をおとしめるためではない。かれらの失敗や挫折をふりかえることが、逆に、人類学のフィールドワークがいかなるものであるかを考えるうえで、大きなヒントを与えると思うのである。

＊9　これらの「物件」を赤瀬川らは「トマソン」と命名した。わたしは、これを建築用語かと思い、大英和辞典をひもといたりしたが、見つからなかった。昔、巨人が鳴り物入りで大リーグからスカウトしたが、一本も打てずにお払いばこになった野球選手の名前だそうである。

＊10　**「路上観察」調査一覧**　以下、◇「レポート題名」調査者氏名（調査年度・調査者の所属学部・学年）の順になっている。
◇「櫟谷七野神社の謎」伊藤健市（一九九四・文・一）
◇「寺社における動物のシンボリズム」吉田治夫（一九九四・総人・一）
なお、調査の質や内容を厳しく批判せざるをえない場合は、調査者を仮名とした。

ているのかがわからないかぎり、寺社における「動物ハンティング」は、人類学のフィールドワークからは未だ遠い。

考えてみれば、風景の「謎」を「無用性」にだけ切り詰めることは、やや偏狭である。幸島への旅を始める少し前に、わたしはひとつのエッセイを読んで、深い印象をうけた。ある種の物体や建物がわれわれの想像力を刺激してやまないのは、それを設置しあるいは建造した人間の意図が不透明であるからだと論じられていたのだ。[*11] この指摘は、どんぴしゃりの予言として働いた。列車が幸島のもより駅にさしかかったとき、わたしは車窓ごしに、ひどく陰惨な雰囲気の塔を目にしてドキッとしたのだ。いったいあの塔はどんな「意図」によって建造されたのだろう？　その後、その塔を見つめひそかに胸をときめかすことが、幸島への旅のささやかな楽しみになった。

それから三〇年以上も経って、この章を書きはじめる前に、ぼんやりとテレビを見ていて、あっと驚いた。あの謎の塔とそっくりの建造物が画面に映ったのである。それは福岡県志免町のかつての炭田跡に建てられた「竪坑《たてこう》」と呼ばれるものであった。とくに戦時中に燃料が不足していたときに、これを利用して石炭が集中的に採掘されたという。青春時代のわたしが出会った塔は、場所こそ違え、疑いもなく同じ用途に供された建造物であったと思われる。[*12]

三〇年ぶりに「謎」が氷解したことに、わたしは興奮した。それと同時に深

＊11　萩原朔美「謎の球体とスフィンクス」『ユリイカ』六巻三号（一九七四）

＊12　わたしの見た塔は、日南市の飫肥駅にあった。現存するかどうか知らない。

刻な反省が胸をよぎった。なぜあれだけ気になりながら、わたしは、一度としてあの駅で降りようとしなかったのか。地元の人たちにちょっと尋ねさえすれば、わたしは、この不思議な形をした塔の「用途」を理解し、負け戦のなかで必死に石炭を掘っていた人びとの「意図」へといざなわれたことであったろう。

この遅まきながらの反省は、フィールドワークを開始することについて、重要な教訓を与える。何度となくあの日南線の列車に揺られながら、いつもわたしは、幸島という「目的地」に到達することだけに縛りつけられていた。そうした至近の目標へやみくもに向かおうとする意識の流れをほんの少し中断し、思いきって「寄り道」をしてみるときにはじめて、気がかりな「謎」を解き明かすささやかな一歩を踏みだすことになる。

風景を前にして夢想に耽ったり不気味がったりするとき、わたしたちは、たしかに詩人の感性を働かせている。そうした意味での「詩情」を心のなかに育てることは、なんの変哲もない日常のなかにひそむ謎に気づくうえでは必須の条件とさえいえるかもしれない。だが、フィールドワークを開始するためには、「詩人」であるだけでは十分ではない。窓ガラスを隔てて風景を見つめることに飽きたらず、思いきって座席から立ちあがり、ざらざらした現実世界へと「途中下車」する必要があるのだ。

2　出だしからの挫折

風景の一部を構成する、特別な重要性をもった要素がある。それこそは、「記号」である。[*13] なかでも「文字」と「図像」は、ふつうはっきりしたメッセージを担っているのだから、発信者の意図は直截に見る者の意識に突き刺さってくるはずだ。

だが、ここに奇妙な「ねじれ」が発生することがある。たとえば、☞は単純明快に○○家の葬儀場へ至る方角を指しているのだが、○○家とは無関係な通行人としてのわたしは、そういったメッセージとは関係なく、ただその「手」の形の不気味さに注意をひきつけられることがある。路上観察学会のメンバーが指摘していることだが、「ありがとうございます」とだけ書かれた看板は、なんのためのお礼を述べているかが不明であるだけに、メッセージそれ自体ではなく、それを発した者の意図の不可解さへと想像力をいざなう。

公の場に陳列された文字メッセージに、わたし自身が度肝をぬかれたことがある。子どものころから京都の寺社仏閣につよい憧れをいだいていたわたしは、今でもそういった場所をしきりと徘徊する。そんなある日、有名な神社の境内の一画で、奉納されているたくさんの絵馬に目がとまった。何気なしに祈願の文章を読んでいて仰天した。「鈴○×子と私とが結ばれますように。我々の愛

＊13　「記号」にはいくつかの分類法があるが、もっともわかりやすいものを紹介する。「信号」：記号内容は受信者の決まりきった反応、「指標」：記号表現と記号内容が隣接している、「徴候」：記号内容は「内部」に隠されていて、自然な因果関係により「記号表現」として外部に現われる、「類像」：記号表現は記号内容に類似している、「象徴」：記号内容と記号表現の結びつきは恣意的であり、慣習によって決まっている。T・A・シービオク『自然と文化の記号論』（池上嘉彦編訳、勁草書房、一九八五）を参照のこと。

を邪魔する山△□香に災いあれ。／○○県××市△△町／斎○俊○」

伏せ字にしたが、二人の女の名前と自分の名前、さらにはご丁寧に自宅の住所までもが書かれているのだ。遠く離れた観光地ならば、これを人目にさらしても実害はないと思ったのか。神様に対しては正直にありのままを書かねばならないと信じていたのか。いや、この男は鈴○×子と京都へ旅行に来ていて、自分の決意を女にアピールするためにこんな悪意に満ちた文を書いたのかもしれない。わたしの空想はとめどなくひろがった。

しばらくして、わたしは授業中に、「お勧めメニュー」として、「絵馬に書かれた祈願の文を集めて分析する」というアイデアを披露した。早速、活発そうな女子学生がとびついた。その当時は、夏休み前の授業時間に、調査に最低限必要な物品を受講者に支給していた。[*14] 夏休みが始まって数週間が過ぎたころのこと、研究室のドアの前に置いてある紙袋が目にとまった。中をのぞいてみると、わたしが支給した文具類が手つかずの状態で入っており、簡単なメモが添えられていた。「絵馬の文を集めはじめましたが、気が滅入ってしまいました。私には、こんなふうに人間の醜い姿を見つめつづけることはできません。いただいた物はお返しします。この授業の受講はとりやめにします」

わたしは啞然とした。繊細というよりも、なんと意気地のない感性をもった若者かと、失望した。「人間の醜い姿」から一生目をそむけていけるのだろう

＊14　支給した物品は、A6判の野帳（フィールドノート）数冊、京大カード一式、カード収納ボックス一個、使い捨てカメラ二台である。なお、「京大カード」とは、わたしが学生のころ梅棹忠夫氏が「知的生産の技術」を支えるもっとも重要なアイテムとして、強力に推奨したものである。

か。そうはいっても、この調査テーマ自体にどれほどの勝算があるかは、わたしにもわからない。絵馬を奉納した人たちの「顔」が最後までみえないかぎり、祈願の内容をいくら分析しても、結局は、路上観察と同様、「謎が謎のままで終わる」という宙づり感をもたらすだけなのかもしれない。ただ、こうした言語データを大量に分析することによって、現代日本人が願望や欲望を向けている対象領域の広がりは把握できるであろう。さらに、このような調査をある種の「言説分析」*15として捉えるなら、「神に願いを捧げる」という特有な言語行為がもっている形式的特徴とその多様性を明らかにすることは、興味ぶかい課題であろう。

3 「日誌」あるいは「私小説」風

現代の学生は多忙である。勉学以外に、サークル活動、アルバイト、恋人とのつきあいなどに、たくさんの時間をとられている。夏休みを長期の旅行にそっくりあててしまうと、腰を据えた調査はますます難しくなる。こうした学生たちは、なかば苦しまぎれに、自分のバイトやサークル活動そのものを記述することになった。この手の「調査」のなかには、目もあてられない手ぬき仕事で終わるものも出てくる。たとえば女子学生KSはテーマを二転三転させたあげく、一年前にスキーサークルに所属していたときに、部員一同で行なった冬

＊15 **言説**（discourse）
もともとは〈談話〉のことである。言語学における「談話分析」とは、口頭・文字を問わず、「文」よりも大きなレベルで組織された言語現象の、修辞的特性・「談話者」（筆者を含む）の意図と戦略・構造的な規則性などを分析する分野である。しかし、人類学と社会学において近年さかんに使われている「言説」とは、ミシェル・フーコーの用法を踏襲するものであり、彼の「知の考古学」という方法論と結びついている。ある時代＝社会を覆う知の層序は、おびただしい〈言説〉どうしがつながりあった脈網によって成り立つ。知の考古学者が収集する個々の〈言説〉資料とは、あるまとまりをもった「文書」であるが、現代の人類学者や社会学者が収集するそれは、録音された発話、映画、歌謡、図像、さらには身体的パフォーマンスまでをも含みうる。だが、言説のこうした無規定性に対しては、鋭い批判も投げかけられている。

山ペンションの住みこみバイトについて報告した。住みこみ生活の悲惨な境遇はけっこう笑えたが、「観察者」としての自覚をもたずにくぐりぬけた経験を事後的に走り書きすることは、フィールドワークからはほど遠い。

「私小説」的な手法の調査としては、「喫茶店」というわたしたちに馴染みぶかい空間を内側から観察したものが二篇あった。*16 土井千春のレポートは、ある個人的な事柄で親身に相談にのってもらって以来通いつめている喫茶店のマスターとママさんの人柄、献立、常連客などをつぶさに記録したほのぼのした作品であった。

大島利美の調査は、有名なフランチャイズ店における交替制のアルバイトの内情をクールに記述したという点において、土井の仕事と好対照をなすものであった。とくに本社から派遣されている「店長」という名の監視者とアルバイターたちとの暗闘にはなかなかの緊迫感があった。「店長」の目を盗んで売り物である食品を冷蔵庫からちょろまかしたり、アルバイターたちどうしの連絡をはかるための秘密のノートがカウンターの奥に隠してあるといった描写は、「内幕」の暴露として光っていた。

これら二つの「喫茶店研究」は、「読み物」としてはなかなかおもしろかったが、やはり物足りなさがのこった。なにより不満な点は、調査者が出会う他者の背後にひろがる世界への好奇心が希薄なことである。

*16 **「日誌・私小説風」調査一覧**
◇「居候」KS（一九九七・総人・二）
◇「京大体育会カヌー部」松浦哲郎（一九九七・総人・三）
◇「カフェテラスA」土井千春（一九九七・総人・二）
◇「Kコーヒー店の研究」大島利美（一九九七・教育・二）

ここで「他者」という用語に若干の注釈をつけておく。英語では、「自己と他者」(the self and the other)という対比はあたりまえの用法である。「他者」とは、この場合には、記述の準拠点となる「主体」以外のすべての人間のことである。これを日常語彙としての「他人」に置き換えることには抵抗がある。「他人」という語には、「身内」と対比される、疎遠さのニュアンスがもともと含まれているからだ。[*17] けれど、社会学的な文章にあまり親しむ機会のない人にとっては、「他者」という語は「他人」以上にものものしく感じられるだろう。その場合「他者」とは、〈われわれ〉が所属し慣れ親しんでいる社会的な領域の外側に位置しながら、ときにそこへ侵入してくる油断のならない存在なのである。

「他者」という語に含まれるこうした二重性を認めたうえで、わたしは、この序章のタイトルをあえて「他者と出会う」とした。それは、「私以外のすべての人たち」という、いわば「自己を中心においた」ときに立ちあがる包括的な意味と、「〈われわれ〉にとっての〈よそ者〉」という限定的な意味とのあいだの「揺れ動き」(または一方から他方への転移)こそが、フィールドワークにとって、本質的な重みをもっていると考えるからだ。

「喫茶店研究」に即していえば、こういうことだ。土井は、単なる店の常連であることを越えて、マスターやママが忙しいときには、カウンターの内側に

*17 「赤の他人」「きょうだいは他人のはじまり」といった用法を思いおこせばよい。

入ってスパゲッティをつくる役目をこなすほど、親密な関係を確立した。だが、そのような「身内」になったときにこそ、見慣れた顔の背後に隠された、マスター（ママ）の生を満たす膨大な経験の片鱗《へんりん》にふれ、自分との隔たりにたじろいだりすることがあるのではなかろうか。

四　「生のかたち」を再発見する

1　みずからの活動の場へ――カヌー部の合宿

やや抽象的にいえば、他者への問いはいつも「私とはだれか？」という問いと相互に反響しあう。「自己を中心において」克明な日誌をつけつづけることが、ときには、確固としているようにみえた「私」と「他者」とのあいだの境界を攪乱《かくらん》したり、両者の関わりあいについての新しい洞察へと結びついたりすることさえある。

そのようなひとつの例を、松浦哲郎の調査に見ることができる。松浦は、カヌー部の苛酷な練習に拘束されて、調査の時間をまったくとれないという相談をもちかけてきた。そこで、いっそのことカヌー部の夏季合宿を調査したらどうか、ということになった。琵琶湖に面した合宿所で、起床から就寝までの部員たちの行動を正確に記録する。とくに、朝夕の食事どきに、みんながどこに着席するのか、といった行動学的なデータを集めることを、わたしは松浦に課した。さらに、毎食の献立を記録するという作業もなかなか大変であった。*18

　毎日の食事内容に一喜一憂する部員たちの言動のいきいきした描写はとても楽しめた。さらに、この合宿所を同時期に共用していた京大の別のクラブがあるのだが、カヌー部とは昔から敵対関係にあるらしく、共同炊事場で出会っても、挨拶ひとつせず口もきかないという。理由の定かでない「掟《おきて》」に縛られて、若者たちが集団の境界を意固地に守りつづけていることは、「共同体」について考えるうえで重要なヒントをふくんでいると思えた。

　このレポートのさらに優れている点は、カヌーの練習のなかに組みこまれた〈沈救助〉という「現地語*19」を、部員たちの生活全体をつらぬく「エートス*20」を象徴することばへと昇華させたことである。一人乗りカヌーは、下半身をすっぽりと船体内に収納してあるため、いったん転覆すると、自力で復元させることができない。転覆したカヌーに別のカヌーが寄り添って、引き起こしてあげなければならない。これを〈沈救助〉というのだ。他の部員たちのカヌーが遠く先へ行っているときに〈沈〉すると、発見されにくいので、非常に危険である。逆にいえば、部員たちは、自分の後方にいる者が〈沈〉していないかどうか、ときどきふりかえって確かめる必要がある。

＊18　朝食は一人二〇〇円まで、夕食は四〇〇円までという制限のもとで、当日の炊事当番が買物から調理までのいっさいをまかなう。

＊19　**現地語**（vernacular term）
その土地または共同体に固有のことば。現地の動植物名は「方名」（vernacular name）という。同じ言語を共有する社会の下位に形成される小さな共同体（またはサブカルチャー）のなかでのみ流通する「現地語」は、「業界用語」（jargon）とほぼ同じ意味になる。また、ある領域（ドメイン）を構成する現地語の集合体は「民俗語彙」（folk vocabu-

夏季合宿を終えたあとの京都での日常生活を松浦はふりかえる。カヌー部員たちは、いつも頻繁に連絡をとりあっているが、ときとして、部員のだれかからの音信が途切れることがある。すると、他の部員が、下宿に様子を見に行くのである。彼が落ちこんでいるときは、酒を飲んだりおしゃべりしたりして気持ちを引き立てようとする。そして松浦ははたと思いあたる。自分たちは、水の上で練習をしている時間以外にも、仲間が〈沈〉していないかどうかそれとなく気をつかいあっているのではないか、自分が〈沈〉してしまったときは、だれかが〈沈救助〉にくることをあてにしているのではないか、と。こうした認識のしかたは、特異な意味をになう現地語を軸にして、ある社会の「生のかたち」を組織する基本的なモティーフを読み解こうとする解釈人類学の手法と相通ずるものがある。[*21]

だが、松浦は、こうした胸温まるハッピーエンドよりさらに先へ進む。運動部にとっては宿命的ともいえる「部内のライバル意識」に関して彼はつぎのような考察をめぐらす。

> とくに実力が拮抗している者どうしでは、口では表わさないものの、おたがいに負けたくないという気持ちはそうとう強くもっている。わたしの場合でいうと、同じ時期に入った二回生のFくんには負けたくないという気持ちがある。／夏合

lary）とも呼ばれる（たとえば、「グイ・ブッシュマンの感情に関わる民俗語彙」などというふうに使う）。第一部では、原則的に、現地語を〈 〉で括る。

＊20　エートス（ethos）　ある文化または民族の根本的特質、あるいはある社会・集団を特徴づける気風。人類学者がよく口にする「○○らしさ」（○○には部族名などがはいる）はエートスを暗示していることが多い。だが、この語を濫用することは、ある文化を均質なものとみなしその不変の属性を想定するという意味で、「本質主義」（essentialism）の罠に陥っているという批判も根強くある。

＊21　解釈人類学的な民族誌の手法については、拙著『感情の猿＝人』（弘文堂、二〇〇二）第五章を参照のこと。

宿のある日、午前の乗艇中のこと。わたしが一〇〇〇メートルを漕《こ》ぎ終わって、先にゴールしていたFくんのカヌーを見ると、舵の部分に藻が絡まっていた。夏の琵琶湖ではよくあることで、水の抵抗が大きくなってしまう。わたしはそれを見た瞬間、「やった！ つぎは勝てるかもしれない」と思ってしまった。だがつぎの瞬間、「ここで藻をつけたFくんに勝ったところで、けっきょく何になるんだ」という気持ちが浮かんだ。数秒後、わたしは「Fちゃん、藻、ついとるよ」と言って、藻を取ってあげた（藻を一人で取ることはできない。〈沈〉しないように、二つの舟を寄せて固定しなければならない）。／わたしたちカヌーを漕ぐ者にとって、ライバルに負けるのはとても口惜しい。また、一緒に練習をしている者のなかで、最後になってしまうのは非常につらいことである。というのも、カヌーは本当に気合いのスポーツであり、自分以外の選手の背中がすべて見えてしまったとき、その気合いが急速になくなってしまうからだ。それに加えて、最後を漕いでいる選手は〈沈〉した際に発見されにくいので、そうそう〈沈〉するわけにもいかず、そのぶん漕ぎも慎重になる。ただでさえ遅いのが、余計に遅くなってしまう。いったんその悪循環に呑みこまれると、そこから抜け出すのは容易でない。／わたしたちはこうした怖さから、「藻がついてるよ」という簡単なことばさえ、とっさに仲間にかけてあげられないこともある。かといってチームがばらばらになってしまうかというと、そうではない。われわれは、そういった怖さ、そこからくるいやらしさがおたがいの心にあることを、うすうす感づいているし、それは仕方のないことだと、自分に言い聞かせてもいる。そして、本当の敵は自分自身にほかならないのだ、自分がより速くなるしかないのだ、ということを積極的に受けいれようとしている。もちろん、それは簡単にできることではない。日ごろの共同生活や、〈沈救助〉、乗艇指導などで培った信頼感や理性を、フルに利用して初めてできることではないかと思う。

このような観察のなかには、「自己」と「他者」の関わりあいのなかに渦巻いている「相克」と「連帯」のダイナミズムが鮮やかに定着されている。松浦はこのレポートを書くことによって、「それまで以上に、カヌー部の自分にとっての必要性みたいなものを感じることができた」とむすんでいる。「フィールドワークをする」という身がまえを、自分がどっぷりつかってきた活動の場にもちこむことによって、彼は、たとえささやかなものであれ、共同的な生のかたちについて、なにかしら新しい認識を手にしたのである。

2　出発の前に

前節で紹介した「路上観察」「日誌・私小説風」という通路以外に、わたしが授業のオリエンテーションで提示した調査のジャンルは一〇項目もあった。*22 しかし、本書を編むにあたって、これらの項目を大幅に再編し、第Ⅰ部の五つ

＊22　その一〇項目とは、仕事、宗教、民俗、観光、行動、会話、異文化、外国人、生業、性であった。ただし、「生業」と「性」については それほど多くの調査は行なわれなかったので、第Ⅰ部では第1章と第2章のなかに吸収した。

の章にまとめた（「第Ⅰ部・イントロダクション」参照のこと）。

けれど、痛恨の思いで割愛した項目がある。「民俗」である。[*23] 日本の古くからの年中行事、祭礼、口頭伝承などの研究はふつう「民俗学」の対象とされてきた。しかし、この領域への挑戦を本書に収めなかったのは、偏狭ななわばり意識のせいではない。いくつか力作があったのだが、精細な記述を簡潔に抜粋して批評するのが困難だったのである。民俗にかかわる調査の核心的な意味は、記述のディテールそれ自体にあるので、生半可な要約は、その仕事の価値を大きく損なってしまう。これらの積み残した力作とどう向きあうかは今後の課題だが、そのための第一歩として、第Ⅰ部第3章においては、最近わたしが国内で続けている調査のねらいを紹介することによって、民俗学に対置される、人類学的な視点の独自性を浮き彫りにしたい。

それでは、いよいよ、多様な「生のかたち」へ向けての旅の始まりである。大講義室でのレクチャーはしばしば睡魔をさそうが、この旅の前にはたくさんの謎と驚きが待っているので、あなたはみずからの思考と感性をフル回転させることへいざなわれ、時間の経つのを忘れるだろう。グッド・ラック！

＊23　「民俗」調査一覧
◇「京都の景観保存と実生活との矛盾」糸井佳奈子（一九九四・文・一）
◇「旧家の行事としきたり」藤本透子（一九九四〜九五・文・一〜二）
◎「彦根の腹痛石」松岡久美子（一九九四・文・一）［第Ⅰ部第3章にて詳述］
◇「鞍馬の火祭り」牧野直史（一九九四・総人・四）
◇「仰木の墓制」高田彩子（二〇〇一・総人・三）
◇「祇園祭の稚児と禿」松岡梨沙（二〇〇一・教育・二）

第 I 部

「謎」と出会う通路

菅原和孝

Encountering Mystery

第1部・イントロダクション

フィールドワークへのさまざまな挑戦を紹介しつつ、スリリングな論理のシャフトを回転させるために、第1部では二つの工夫を凝らした。第一に、各章のなかで、ナイーブな（これは褒めことばではない！）試行からとび抜けた力作へと、ステップアップの過程がくっきりわかるように調査のディテールとわたしの論評を配列してある。第二に、要所要所で、人類学に対するわたし自身の考えかたをはっきりと述べることによって、あなたを議論の渦に巻きこむことをねらっている。

第1章「仕事の世界」：キイワードは「局地的（ローカル）」である。職業の内部に秘められた複雑な知識と技能を知ることは、民衆の膨大な実践を理解するもっとも確実な方法である。

第2章「社会とその周縁」：社会をありきたりな「役割」や「制度」の集合体として捉えるのではなく、そこに充満する「見えない力」を照射すべく、多様なトピックを論じる。

第3章「コミュニケーションの内と外」：わたし自身が探究してきたコミュニケーション理論に基づいて、ユニークな研究成果を緊密に織りあわせ、最後に、「都市伝説」や「伝統芸能」に対する人類学からのアプローチについて論じる。

第4章「信じることの手ざわり」：理論的には最大の難問と向きあう章である。「非合理なこと」を「信じる」人と「信じない」人とを隔てる「理解（共感）不可能性」の壁に挑む。

第5章『「外国人／異文化」との遭遇』：在日「外国人」の「アイデンティティ」を理解しようとしたり、みずから外国へ行って異文化のなかに飛びこむことは、人類学にとってどんな意味をもつのか？　わたしの提示する解は、かなり過激なものである。

あなたがこれらの章に挑発され、ときには反撥しながら、思考の輪に参加することを願う。

第1章 仕事の世界

一 とっつきやすいけど難しい

1 仕事のすごさ

わたしが幼かったころ、おとなから「大きくなったら何になりたい？」と尋ねられ、「電車の運転手さん！」と答えた記憶がある。[*1] 子どもの目には、街でまっさきに目につく公共交通機関の運転手こそが、もっとも「かっこいい」仕事に映ったのだろう。けれど、成長して「社会のしくみ」がわかったような気になるにつれて、民衆の一人ひとりが毎日行なっている「仕事」を「すごいなあ」と感じる気持ちを、わたしたちはいつのまにか忘れてしまう。

わたしたちはたぶん、孤島で生きる磯崎さんよりもずっと強く「社会のしくみ」に依存して生きている。その「しくみ」の「ねじ」になっているおびただしい数の「仕事」がきちんと果たされなかったら、一ヶ月生き延びられるかど

*1 **「仕事」調査一覧**
（◆は、第Ⅱ部に収録した、卒論へと発展した調査の原形）
◇「京都の漬物屋について」椿谷友希（一九九四・総人・一）
◇「お豆腐屋さんからみた京都」大友文（一九九四・総人・一）
◇「豆菓子の製造（五色豆）」千田順司（一九九五・総人・二）
◇「京のサンドイッチマン」望月幸治（一九九六・総人・二）
◇「京都仁王門の仕出屋」重田真希（一九九七・総人・二）
◇「堅田にみる琵琶湖漁業」安野正樹（一九九八・総人・三）
◆「京都・野菜・人」田村うら（一九九九・総人・二）
◇「広島風お好み焼き研究」坂本由紀（二〇〇〇・総人・二）
◇「農村の暮らし」梶丸岳（二〇〇一・総人・三）
◆「仰木の圃場整備事業」山田有佳（二〇〇一・総人・三）
◇「京友禅染めの職人世界」川原絢子（二〇〇二・総人・三）
◇「日本刀と刀鍛冶」菅和志（二〇〇二・総人・二）

うかも怪しいものだ。「仕事をするとはいかにスゴイことなのか」を再発見することは、「世界の謎」へわけ入るいちばんの近道ではなかろうか。

町を歩けば、そこかしこで「仕事」に携わる人びとに出会う。だからこそ、このフィールドはとてもとっつきやすそうだが、ひとすじ縄ではいかない難しさを孕《はら》んでいる。第一節と第二節では、二つのレポートを叩き台にして、フィールドワークの初心者が出会う基本的な問題点を明らかにしよう。

2　何をしているんだろう？――「仕出屋」の料理と出前

重田真希は「懐石料理・出張専門・＊＊」という看板を目にして、「へえ、出張専門なんてのがあるんだ」とびっくりした。その後、京都に関する本を読んでいて「仕出屋」ということばを知った。それにしても、料理を作って人の家に届けるという商売がどうやって成り立っているのだろう。それが気になっていた矢先に、下宿のすぐ近くに「御料理仕出し・たまもと」という看板を見つけ、思いきって「突撃」することにした。「人生至る所フィールドあり」を地でゆくような出だしである。彼女の研究はまた、フィールドワーク初心者らしい瑞々《みずみず》しさに溢れていると同時に、そのことの限界をも感じさせる。

重田は九月上旬から一一月上旬にかけて、計九日にわたって昼過ぎから午後三時半ぐらいまでのあいだに店に行き、たまもとのご主人（六〇歳）が料理を作るプロセスを記録した。[*2] この店で働いているのは、ご主人のほかには、その母親（おばあさん）だけである。観察日は九日といっても、そのうち三日は注文がなかった。残りの六日を、重田は、「私の独断で注文数と内容によって」「平均的な日」（三日）と「特別な注文のある日」（同じく三日）に分けて報告している。たとえば、ある「平均的な日」では、〈サバの西京焼きの下ごしらえ〉［↓ただしこれは二日後に使うという］、〈帆立とグジ（甘鯛《あまだい》）の塩焼き〉［↓近所の旅館へ］、〈カツオとイカのお造り〉三人前［↓一般家庭へ］、〈大根・里芋・サツマ芋の〈炊いたん〉＋焼き魚＋ハモのマリネ〉一人前［↓出前先の記載なし］、〈二日前から〈塩した〉サバの酢のもの＋帆立の焼き物〉四人前［↓一般家庭へ］というように、五種類の作業が行なわれた。[*3]「特別な注文のある日」では、たとえば「お彼岸のお客さん用の弁当」三個の製作工程が延々と記録されている。

これらの記録は、空腹時に読めばナマ唾がわくかもしれないが、はっきりいって「退屈」である。さらに、料理の内容以外に、「何人前なのか」と「どういう所へ出前するのか」ということは、この研究にとって欠かすことのできない「変数」だが、いくつかの料理（下ごしらえも含めて）ではそれが明記されていない。

「仕事」研究にとっての最初の難関は、事細かな作業をいかに精確に記録す

＊2　その前に、ご主人の一日の「おおまかな流れ」を明らかにすると、七時半から八時にかけて市場に行き、一〇時ごろ帰宅し魚の処理をする。時間はよくわからないが、お得意先を回って注文をとる。昼過ぎからは、午前中に回らなかったところから夕食の注文が電話でくるので、それを受けつける。二時半ごろから料理を作りはじめるが、このあとも注文が電話で入ってくることはある。五時ごろから出前に出発する。

＊3　右の記録内の〈　〉、［　］などの記号はわたしが入れたものである。レポートでは、だらだらと普通の文章で書いてあるので、非常にわかりにくい。

るかということである。だがそれだけでなく、そうした「工程記録」を読むに堪える記述へと組織しなおさなければならない。記録のほうがいきあたりばったりだと、それは明晰な記述の土台にはなりにくい。だからどんな「変数」を記録すべきなのか、最初からきちんと決めておかねばならない。

　また「記述」と「分析」とは表裏一体のものである。この場合には、すべてのメニューと食材を集計して「表」に書きだし、全体像を把握する努力が不可欠であった。そうした全体的な見取り図と照らしあわせてはじめて、個々の記述が生きてくるのである。

　重田の最大の疑問は「いったいどんな人が仕出し屋に注文をするのか」ということであった。この疑問を晴らすいちばん確実な方法は「顧客」にインタビューすることであったろう。だが、重田には踏みきれなかった。私生活を詮索《せんさく》して顧客に不快感を与えたら、「たまもと」の商売に迷惑がかかるのではないかと怖れたようだ。しかし、少なくとも、ご主人に頼みこんでお得意さんを二、三軒紹介してもらうぐらいの努力はしてもよかった。最初からあきらめてしまうのは、自分の臆病さを正当化することにすぎない。

　重田の疑問への答えは、一応ご主人が与えてくれた。顧客は「お商売をしているおうち」がほとんどだというのだ。要するに「自分の商売の切り盛りで忙しいという事情が仕出しを頼む一因となっているようである」と重田は結論している。しかし、フィールドワークの鉄則のひとつは、「つねに〈伝聞証拠〉を疑い、自分の目と耳で確かめよ」ということである。[*4] その意味では、この調査は未完のまま終わったといわざるをえない。

　これらのきついコメントは、重田の仕事のもっともすばらしい核を損なうものでは、けっしてない。その核とは、店の中に入りこんでご主人の仕事ぶりを「参与観察[*5]」したというそのことである。

二　仕事研究の三つのレベル

1　身体にしみついた知識

「たまもと」の定休日に、「仕出屋の仕事」についてご主人にインタビューするという状況を仮想しよう。ご主人はまず「朝七時ごろ、軽トラックに乗って＊＊市場に食材を仕入れに行く」ことを教えてくれる。ノートに書きとめた「時刻」「交通手段」「市場名」といった項目を、あなたは確実な知識として貯えることができる。けれど、午後の料理の段どりをぽつりぽつりと説明するご主人のことばは、現実のごく小さな一部にすぎない。なぜなら、冷蔵庫を開け閉めし、出刃包丁をとりあげ、俎板《まないた》をさっと水で洗い、いっぽうで、出し汁を

＊4　他の鉄則としては「誘導尋問をしない」ことが重要である。それと、わたしは半ば冗談まじりで「転んでも夕ダでは起きない」を挙げることがよくある。

＊5　**参与観察**（participant observation）人類学的なフィールドワークを確立したことで有名なマリノフスキーが初めて提唱した方法。現地の人びとが行なっている日常の活動のなかに参加し、それを体験すること。これが、現地の文化の全体像を把握するもっとも確実な方法である。

煮るためガスに点火し……といった流れるような動作の連続を、彼自身はことばにできないからだ。いちいち意識しなくても自然と体が動くのだ。ご主人と同じ作業場に立ってはじめて、インタビューではけっして得られない膨大な現実があなたの五感にどっと押し寄せてくる。

抽象化していえば、仕事をする人が日々活用している「実践的な知識」には、言語化できるものとできないものがある。現地の人自身もどう説明したらよいかわからないような、《身体にしみついた知識》[*6]に接近する唯一の道は、あなた自身もその仕事の現場に身をおくこと、つまり「参与観察」することだけである。こうした《身体知》こそは、あらゆる仕事の基層をなしている。[*7]

2　ローカルなテクノロジー――豆菓子製造

もちろん徒手空拳で仕事ができるわけはない。外部の人には窺《うかが》い知ることのできない、「局地的《ローカル》」な道具と技術が《身体知》という基層の上に覆いかぶさり、それと分かちがたく癒合する。豆菓子製造を例にとって、ローカルなテクノロジーの具体例をみよう。千田順司は和菓子作りに欠かせない「職人芸」を知りたくて、京都名物として知られる五色豆の製造工程を調べた。

フィールドとなった「くらはしや総本店」は、明治時代初めは雑穀煎豆を扱う店

＊6　「身体にしみついた知識」は「暗黙知」などと呼ばれることもある。マイケル・ポラニー『暗黙知の次元』（佐藤敬三訳、紀伊國屋書店、一九八〇）参照。

＊7　俗に「頭脳労働」といわれる職業も、膨大な《身体知》に支えられている。たとえば、胸部外科の医師はレントゲン写真の「意味」を解読する「眼」を長い鍛練で獲得する。この例についての印象的な分析は、もともとM・ポラニーの『個人的知識』（長尾史郎訳、ハーベスト社、一九八五）にみられ、M・バーマン『デカルトからベイトソンへ』（柴田元幸訳、国文社、一九八九）によって注目された。

であったが、明治一九年に屋号を改名すると同時に、五色豆の製造を開始した。原料となるのは豌豆《エンドウ》だ。[＊8] 製造工程の詳細は省略し、[＊9] 豆を「煎る」ことと「衣をかける」ことにのみ注目しよう。まず「煎る」ほうだが、以前はフライパン大のものを使用していたが、現在は畳一枚ほどの広さの焙煎機を使い、ガスバーナーで煎る。豆がはじけるときの音と香りに注意しながら、できるだけたくさんの豆がほどよく〈はじいて〉柔らかく、しかも焦がさずに煎りあがることに神経をそそぐ。

「衣がけ」はどうか。以前の方法では、大きな鍋に砂糖水を入れて煮つめて蜜をつくり、その中に豆を入れ、しゃもじでかきまぜていた。まぜていくうちに適度な空気が入り、衣をつけた豆が一粒ずつ離れてゆく。しかし、蜜で固まった豆をしゃもじでバラバラにするのに非常に力がいり、豆の大きさも大小さまざまになった。そこで、現在では、釣鐘状の釜の中に豆を入れて、釜を機械で回転させながら、煮つめた蜜を流しこむ。はじめは豆と蜜が一緒になって大きな固まりをつくるが、回転を続けるうちに一粒ずつがバラバラになる。しかも、小さい粒が端のほうに集まるので、その部分に多くの蜜をかけることにより、どの粒の大きさも均等にしあげることができる。

「煎る」ことと「衣がけ」双方の記述から浮かびあがってくるのは、近年になって起きたテクノロジーの大きな変化である。しかも、この変化は、職人の《身体知》の変化をも誘発する。「衣がけ」を例にとれば、釣鐘状の釜を使う

＊8　古くは京都近郊の六波羅豌豆や、中国産の白豌豆が使われていたが、現在はおもに北海道産の青豌豆を使用している。ニュージーランド産が使われることもある。

＊9　大まかな製造工程は以下のとおり。⑴水洗い：乾燥した豌豆を水洗いし、付着した土や埃を除去する。⑵〈熟ます〉：洗った豆を一日ほど水に漬け、含みぐあいを見てから水を切り、二、三日間ほどよい柔らかさになるまで熟成させる。⑶〈煎る〉：熟成させた豆を煎る。⑷〈撰り分け〉：煎るさいに〈はじきすぎて〉つぶれたもの、逆に〈はじかずに〉小さく硬いものを取りのぞく。⑸色つけ・味つけ：「白」は砂糖の色をそのまま生かし、「赤」と「黄」は食用着色料、「青」は青海苔、「茶」は肉桂粉を、「蜜」のなかに入れる。⑹〈衣がけ〉：豆に「蜜」の衣をつける。

ようになってからは、団子になった豆を「しゃもじでバラバラにする」とき発揮された「腕力」は必要なくなった。逆に、「端のほうに集まった豆に蜜を注ぎたす」といった微妙な匙加減が要求されるようになった。

参与観察することによって、あなたは「釣鐘状の釜」という異様な道具がどんなふうに回転しているかといったことを、ガスの火の熱気とともに「体感」できるだろう。さらに（千田のサボったことだが）、職人へのインタビューや文献渉猟によって「言語化されうる知識」を収集すれば、この「技術革新」がいつごろ起きたのかを明らかにすることもできるだろう。

だが、豆がはじけるときの音と香りを感じとったり、適度な濃さまで蜜を煮つめたりする「こつ」そのものを記述することはきわめて困難だ。それゆえ、前項1で述べた《身体知》をさらに区別する必要がある。第一は、観察することによって再構成することのできる《知》である。各工程をこなす動作が継起する順番や、そのリズム、スピードなどは、客観的に計測し記録することが可能だ。第二に、みずから「体得」することによってしか理解できないような、《知》の最深部がある。しかも、仮に千田がこの店に弟子入りして、長い時間をかけて「こつ」を体得したとしても、それを正確に言語化できるかどうかは保証のかぎりではない。人類学において、こうした《身体知の最深部》の解明は、今後いっそう重要なテーマになってゆくだろう。*10

＊10　こうした研究の例として、武術教室で培われる身体技法を解明した倉島哲の論文がある。『日常的実践のエスノグラフィ』（田辺繁治・松田素二編、世界思想社、二〇〇二）所収の「武術教室における身体技法の習得――『線』の感覚を手がかりに」を参照のこと。

3　仕事への文化的な意味づけ

豆菓子製造の例からは、テクノロジーという層のさらに上にかぶさる第三の層が浮かびあがってくる。それは、仕事（の生産物）に対して賦与される歴史的・文化的な価値づけである。豆の五色、つまり青（緑）、赤、黄、白、黒（茶）は、万物組成の元素である木、火、土、金、水を象徴している。このため、祭りや慶事にふさわしいとされ、昔から珍重されてきた。[*11] このように「仕事」の価値や意味が歴史的・文化的に構築されることは、多かれ少なかれ、どんな仕事にもあてはまることだ。「仕事世界」への探究は、《身体知》、テクノロジー、そして《文化的な構築》という三つの層のどこに焦点をあてるかによって、かなり違ったものになってくるのである。

*11　とくに宮中からの御用達が、「京の五色豆」の特権性を高め、それがひいては「京名物」としての人気と需要に結びついてきたのである。

三　参与観察でわかること、わからないこと

この節では、テクノロジーを表層的に記述するだけでは、《身体知》の深層へ至ることは難しいということを例証する。ついで、「仕事」を取り巻く社会状況の変化を解明するためには、参与観察だけでは不十分であることを示す。

1　樽と重し――漬物屋の作業場から

椿谷友希の漬物屋調査は、一一月から一二月にかけての四日間にわたって行なわれた。調査期間は比較的短いものであったが、仕入れ・販売・漬物づくりの三つの項目にまたがって、非常に丁寧な記述を行なった。彼女は、「地域の人びとに親しまれ、庶民の日常生活に密着した店」を調査したいと考え、地元の人で賑わう商店街をフィールドに選んだ。昭和四年に創業した「野茂本舗」は、その商店街のほぼ中央に位置する。店の構成員は、「ご主人」「おばさん」そして二人の従業員である。以下では漬物づくりに焦点をしぼって抜粋する。

漬物づくりは、ご主人が一人で担当している。店から三分ほど歩くと、仕事場にしている倉庫がある。倉庫には樽と重し石が、いろいろなサイズで揃えられている。実際に見ることができた野菜は、白菜、かぶら、大根、壬生《みぶ》菜、日野菜であった。／漬物には大きく分けて浅漬け、液漬け、糠《ぬか》漬けの三種類がある。どの場合にも、まず塩漬けにしてから加工される。これは「あら漬け」といって、だいたい二日ほど漬けられる。／漬物屋にとってもっとも重要なのは重しである。重しの大きさ・重さによって野菜からの水分の出加減、歯ざわりが変わってくる。大根などの固いものには比較的重い石を、白菜など柔らかいものにはもっと軽い石を選ばなければならない。「極端な話、樽と重しがあれば、漬物屋ができるね」

＊12　たとえば、白菜は、愛知や長野産の大きなものを二つに割って、大樽で二日ほどあら漬けにする。一度に三〇個ほどが加工される。あら漬けのあと、取りだした白菜を水洗いし、色

とご主人はいう。／漬物に使う原料はとくに良いものを選ばなければならない。質の悪い野菜ではうまく漬からないし、歯ごたえが悪くなってしまう。「胡瓜でも、茄子、白菜でも、漬物屋はいちばんいい野菜を使うんえ。高くってもいいのを使わんとだめやね*[12]」

こういった調子で、白菜、かぶら、千枚漬け、大根、壬生菜の製法を淡々と記述したのちに、椿谷は、つぎのような感想を書きとめる。

漬物製造はたいへんな仕事だ。夏は暑く冬は寒い倉庫の中で、一人で数々の野菜を扱わなければならない。水仕事で手が荒れないかと思ったのだが、ご主人の手は本当にきれいだった。糠を扱っているためだという。また重し石がじつに重そうである。ご主人は何気ない様子で持っておられたが、ほかの人が持とうとしてもなかなか持ちあがらないだろう。

さらに彼女は、調査それ自体について反省する。

相手が仕事をしていることもあって、どこまで時間を割いてもらってよいのか、迷惑をかけていないか、など、躊躇《ためら》いや不安にしばしば悩まされた。また、自分がどんな目的でこの調査をしているのかという説明もしっかりできなかった。今後はインフォーマントとの相互連絡をもっと緊密にとり、しっかりした信頼関係*[13]をつくっていかなければならないと感じた。

を見ながら、浅漬け用と糠漬け用に分ける。浅漬けは、樽に昆布・唐辛子を入れて重ねる。いっぽう糠漬け用は、塩と味の素を少し加え、糠と唐辛子を載せ、二日ほどおいてから、店頭に出す。このほかに「みじん漬け」も作る。倉庫の中にある機械によって野菜をみじん切りにする。これに、みりん、酢、塩、味の素でつくった液を加えて味つけする。さらに、昆布、胡麻、ゆでたシメジを加えて、店に出す。

＊13　人類学や発達心理学といった分野でよくお目にかかるのが、「信頼関係」を意味するラポール（rapport）という術語である。べつに目くじらを立てることもないが、現地の人びととのあいだに交わされた心楽しい（ときに、腹だたしいことだってある）やりとりに、このようなラベルを貼ることになにか積極的な意味があるとは思えない。「焼酎を酌みかわすことを通じて、この気難しい漁師とのあいだに確実なラポールを育んでいった」？　おえっ。わたしと磯崎さんとの関わりは、このような取りすました文に置き換えられるようなものではなかった。

椿谷の仕事は、調査実習のレポートとしては模範的なしあがりになっている。だが、意地悪な批評をするなら、この優等生的な作品からは調査者の「ときめき」が伝わってこない。「どんな目的でこの調査をしているのか」しっかり説明できなかったと本人が反省しているとおり、彼女には、自分の「わかりたい」ことがよくみえていなかったようである。

漬物づくりの記述のなかでもっとも存在感をはなっているのは、「石」である。「極端な話、樽と重しがあれば、漬物屋ができるね」というすばらしいことばを書きとめながら、なぜ彼女は、この《身体知》の詳細にもっと踏みこもうとしなかったのだろう。「重し石がじつに重そうである」という感嘆は素朴でカワイイが、「重そうだ」と思うなら、自分で持ちあげてみなければならない。さらに彼女がもっと徹底した経験主義者であったなら、なんらかの工夫をして、その重量を計測したであろう。*14*15体得することの難しい《身体知》にあの手この手で接近する工夫をしないかぎり、綿密な「工程記述」は読者をげんなりさせる「くそリアリズム」で終わってしまう。

もちろん、もう一歩踏みこんで調べることは、ときとして「迷惑をかける」かもしれない。だが、このご主人にとって、自分が日ごろ一生懸命やっていることに、若者が「すごいなあ」と感心することは、愉快なことであったにちがいない。調査者が「躊躇いや不安」から解放されて目を輝かすことこそが、

＊14　経験主義（empiricism）とは、すべての知識の起源を経験におく認識論的な立場の総称。唯物論（materialism）と実証主義（positivism）に大別される。唯物論者は、科学法則は客観的に実在すると考えるが、実証主義者は、それを世界の様態ともっともよく合致する、名目的なものにすぎないとみなす。『哲学事典』（平凡社、一九七一）。

＊15　石ならば、体重計で簡単に計れる。大きな袋などは自分でかついで乗り、体重を差し引けばよい。

「現地の人」をいっそう愉快にする。もちろんほんとうに「仕事の邪魔」をして、厳しく叱られることもあるだろう。そのときは、心から頭をさげよう。

2 リヤカーとラッパ——豆腐屋からみた京都

大友文は、昔からの町並みが残っている地域に下宿していた。通学途上によく出会う、リヤカーを曳《ひ》きラッパを鳴らしながら豆腐を売り歩くおじさんの姿に、心を惹かれた。「こういう仕事をしている人こそ、人びとの暮らしが息づく町としての京都をよく知っているのではないか」と考えたのである。そこで、おじさんに思いきって声をかけた。「仕事を見せてほしい」という唐突な依頼をこころよく引き受けてくれたのは、「ひこや」という豆腐屋のご主人であった。[*16] 大友は、朝五時半から始まり夕方の六時半に終わる、一三時間におよぶ労働に三日間にわたって密着した。

ひこやが製造している豆腐製品は、〈しろ〉(木綿豆腐)、〈おやき〉(焼き豆腐)、〈あげ〉、〈あつあげ〉、〈ひろうす〉(がんもどき)、〈豆乳〉の六種類である。このレポートの半ば以上を占めているのは、豆腐づくり工程の詳細であるが、そこに深入りすると、「お豆腐屋さんの視点から京の町を見なおす」というテーマがぼやけてしまうので、「リヤカーを曳いての売り歩き」に焦点をしぼる。

*16 「ひこや」は昭和元年に創業された。現在のご主人は三代目で、祖父は石川県から移住してきた。

五時半から九時の朝食までは豆腐づくりの仕事に追われる。朝食後、〈あげ〉を油で揚げ[*17]、一〇時には出発の準備にかかる。一〇時五〇分にリヤカーを曳いて出発し、一二時にはいったん店に帰り、昼食を済ませて品物を補充し、三時半に二回目の出発をする。五時に戻って品物を補充し、さらに一時間以上売り歩き、夕方六時半に店に帰る。一日に二回、同じ所を同じ時間帯でまわるので、時計代わりにされている。「一〇分でも遅れたら『遅いなぁ』っていわれんのや」

大友は、ご主人と一緒に歩いた道すじを正確に地図におとしている。重要な発見は「同じ道を二度は通らないが、同じ角は二度通るようにくふうされている」ということだ。ご主人は言う。「豆腐を買う前に豆腐屋が行ってしもても、角のとこで待っとけば、もう一度くるってわかるやろ」

一日にまわる距離は八〜九キロメートルである。この仕事の生命線ともいうべきリヤカーは、すでに二〇年以上使っている[*18]。売り歩きでは、毎日のように買ってくれる「お得意さん」がもっとも重要だ。出発してすぐの耳鼻科には、すでに四、五〇年にわたって、朝と夕方の二回、玄関に入って声をかけることになっている。通りに面したある家は、なにか買いたいものがある日は、かまぼこ板に「ひこや」と書いて玄関に立てかけておく。また午後のコース上にあるマンションでは、お得意さんの郵便ポストに、曜日に応じて〈あげ〉(月、水、金)または〈しろ〉(火、木、土)を入れる。

＊17　〈あげ〉は菜種油で揚げる。油を満たした金属槽は、二度揚げをするために、まんなかで二つに仕切られている。低温用のほうは火が三つ、高温用のほうは四つついている。油を温めはじめてから一〇分後に、低いほうの火三つを徐々に消すが、高いほうの四つの火はつけっぱなしにしておく。〈あげ〉用に固めた豆腐を切り分けたもの一二枚ずつを低温の油に入れて、浮かんできたのを高いほうへ移し、一気に揚げる。

＊18　二〇年のあいだに、ヒノキの台を四、五年に一回作りなおし、一部の金具もとりかえた。タイヤは一年半ごとに一本ずつを交換している。五〇CCバイクのタイヤが硬くて使いやすいのでそれを利用している。ラッパは長さ二六センチで、ちょうどその真ん中あたりで、ゴム部分が真鍮部分にはまっている。このゴムは一年に一回替える。

売り歩きの途中で、大友は、ご主人から、お得意さんが減っているという話を何度か聞いた。「豆腐を好きなご主人が亡くなった」とか「引っ越した」という理由だったが、あちこちにできたスーパーに客をとられたことがもっとも大きな理由なのだろうと、大友は推測する。

客の減少に対抗するために、「組合」は値段をあげる方向に出た。この調査以前には一丁一三〇円だった豆腐が、調査時では一五〇円になっており、一七〇円で売る店さえ出はじめていた。「ひこや」はこれに反対して組合をやめ、一丁を一四〇円で売っている。豆腐屋のなかにも、スーパーへの卸しに専念し、外まわりをやめてしまうところが出てきた。さらにこの一五年ほどで「ひこや」の知る豆腐屋が三軒も廃業した。「ひこや」にも後継者がいない（家族は、先代、ご主人、奥さんの三人だけである）。将来はどうするのか、と尋ねると、「店が終わるだけや」という答えが返ってきた。

大友の記述からはご主人の温かい人柄がほのぼのと伝わってくるだけに、この吐き捨てるような答えは衝撃的である。このことばに凝縮されている現代の「お豆腐屋さん」の苦境をまのあたりにしたとき、大友のフィールドワークは、売り歩きへの参与観察から、もう一歩べつの場所に踏みだすべきであった。なかでも重要なのは、レポートの末尾近くに唐突に登場する「組合」である。たとえば、そうした組織の事務局におもむき、京都市の豆腐屋がおかれている状況について、全体的な見取り図を手にする必要があった。[*19] 現地の人の目線に立ちつづけることがもっとも重要であることは確かだが、ときには参与観察の限られた視界から抜けだし、現地の人を追いつめている大きな流れを鳥瞰《ちょうかん》することを求められるときもあるのだ。

　こうした不十分さはあるものの、レポートの読後感はとても爽《さわ》やかだ。それは、この調査が、なんの気負いもなく自然体で行なわれたせいであろう。発表の席上で「朝ご飯や晩ご飯までご馳走《ちそう》になってしまいまして……」と彼女は照れくさそうに微笑んだ。子どものいない「ひこや」のご夫婦には、突然闖入《ちんにゅう》してきた女子学生が、娘のように思えたのかもしれない。仕事をする人の懐にふわっととびこんでしまうことは、フィールドワークのもっとも素朴な原点である。少なくとも、そのとき、あなたは日々単調な労働をくりかえしている「ご主人」や「奥さん」の退屈しのぎぐらいにはなるかもしれない。

四　仕事の文化的構築

1　「歩く看板」と「見えない人」——サンドイッチマンの文化史

ある種の仕事は、時代の文化的背景にきわだってつよく規定されている。た

*19　京都市中心部の「ドーナツ化」や「あちこちにできたスーパー」についても、具体的な資料を集める必要があった。

とえば、現代においては、サンドイッチマンが社会的な栄誉から遠い職業であることは確かだろう。[*20] 望月幸治は、もともと街頭パフォーマンスの研究を志していたが、方向転換して、このユニークな研究を完成させた。その中心をなすのは、サンドイッチマンの「親方」への克明なインタビューである。

一九三四年に満州の大連で生まれた親方は、大邸宅に住む裕福な家庭の「おぼっちゃま」だった。戦後まもなく父親の死によって一家が没落したあとは、「稼ぐのに必死」という学生生活を送った。卒業後、「なべ底不況」の就職難の時代（一九五六年）に広告代理店に勤務したが、すぐにやめ、一九六〇年に軽い気持ちでこの仕事を始めた。まさか三七年も続くとは思っていなかったという。

親方は「なんやかんやあんねん」と口ぐせのように言うとおり、毎日、こまごまとした用事で多忙である。仕事は、大きく《営業》と《人員管理》に大別することができる。

(1)《人員管理》（a）スカウト：京都の十数箇所を車で流して、適当な人物を物色する。親方は、「サンドイッチマンをやる人間の特徴は一目でわかる」といい、その判別には絶対の自信をもっている。[*21] 適当な人を見つけたら「仕事をしないか」と話しかけ、用意したビラを渡す。「サンドイッチマン募集」という大見出しの下に、「・年令はいくつでもよろしい／・お金は日払（日給）です／・働く

＊20　望月は、この職業を、看板広告に「同化」し「人間としての存在が無視されて」しまうと特徴づけている。

＊21　レポートに明記されているスカウトに適したスポットに共通した特徴を推測すると、暇そうにぼんやりしている人の姿が多い場所なのだろうか。また、「適当な人」を見わける、親方の判別規準はかなり差別的なので、ここでは引用できない。

時間は6時間ほど」といった条件が書かれ、その下に事務所の所在を示す地図が描かれている。事務所を訪れた人には、「登録用紙」に日付・本籍・連絡先・氏名・生年月日を書かせるが、その真偽についてはいっさいノーチェックである。

(b)住居の世話：事務所の二階が寮である。八畳間を四人が四等分し、それぞれの「陣地」にふとんや荷物を置く。一階の事務所には「番頭さん」の寝る場所がある。

(c)食事の世話：ほとんどの人が、三食を一階の食堂で食べる。曜日ごとにメニューが決まっていて、材料の買い出しは親方が行なう。親方の奥さんが自宅でつくった料理を、親方が持参し寮で盛りつける。朝食はご飯とみそ汁で一〇〇円、昼食と夕食はご飯と日替わりおかずのセットで一五〇円を徴収する。昼と夕のおかずは同じである。

(d)予定表づくり：広告とサンドイッチマンの数が安定しているときは、だれがどこに立つかは決まっているが、体調が悪い人は楽な仕事にまわしたり休ませたりするので、臨機応変に割り当ての調整をする。予定表は毎日書き、事務所の見やすい場所に置く。

(e)給料の支払い：時給約五〇〇円をそれぞれの労働時間数にかけて、毎日給料を計算して支払うが、帳簿はつけていない。*22 このほかに、バリカンで散髪をしたり、持病をもつ人の薬を買いに行ったりと、親方の「世話」はなかなか細やかだ。

＊22 税金の申告は、革新政党系の中小企業団体の専門家に相談して行なう。税務署の立ち入り検査をうけたとき、サンドイッチマンの給料が安すぎることが問題視された。長く看板を出している店が、何年も前の契約当初の値段をそのままにしているためであることが原因とされ、税務署はこうした店への指導を行なった。だが、店がわは、「それならもう看板は出さない」と言いだし、結局、税務署があきらめたという。

(2)《営業》 人員管理のこまごまとした詳細に比べると、営業活動の内容はいたって単純で、「広告取り」と「看板づくり」のみである。前者に関していえば、昔はＰＲカードを配ったりしたが、今はどこにも広告を出していない。それでも、サンドイッチマンに直接話しかけるか、タウンページを見て電話をかけてくるかのどちらかのチャネルで、広告依頼が入ってくる。それゆえ「電話番」はかなり重要な仕事である。看板づくりのほうは、看板の木枠を作る→広告を紙に書く→広告を木枠に貼る→ビニールでカバーする、の四つの工程にしたがって進行する。

親方が十数回にもわたるインタビューに応じてくれたのは、だれからも注目されていなかった自分の仕事について初めて語る機会を得たことが、彼にとって楽しい経験であったためのようだ。さらに、親方の娘は教師をしているので、後継者としてあてにできない。「君が継がんか」と真顔で相談をもちかけられたとき、望月の心がどんなに揺れ動いたかを想像すると楽しくなる。フィールドワークがいつも「現地の人」への「迷惑」になるわけではなく、彼自身の生について語りなおす契機ともなるのだという事実は、わたしたちを勇気づける。

望月の研究のもうひとつの価値は、サンドイッチマンという職業の時代的な変遷を、綿密な文献渉猟によって、丹念に跡づけていることである。仕事の文化的な構築を理解するために欠かせない部分だけを引用する。

敗戦後にサンドイッチマンが脚光を浴びた一時期があった。とくに一九五〇年代はサンドイッチマンの黄金期であり、都内には約三〇〇人のサンドイッチマンがいた。望月は、銀座の英雄ともいうべき名サンドイッチマンの半生を、当時の資料から、詳しく再構成している。サーカス団で生まれた上田敬三は演劇芸術としてのサンドイッチマンを極限まで追求した。ハリウッドの二丁拳銃スターと笠置シヅ子が馬に相乗りしている看板をまねて、下宿の娘さんと馬に二人乗りして銀座を走った。その後も数々のパフォーマンスに工夫をこらし、*23 一九五五年には、弱冠二八歳で、浅草雷門に一五人が所属するサンドイッチマン養成スクールを結成し、演技力・風刺の精神・洗練されたセンスに裏打ちされた「コマーシャル・アート」を発展させようとした。

誇り高きサンドイッチマン像をまのあたりにすると、八畳間を四人で共用し、昼も夕もおかずの同じ一五〇円の飯を食べている現代のサンドイッチマンの零落ぶりが、鋭く胸にせまってくる。「職業に貴賤《きせん》はない」という金言に偽善を嗅ぎつける人は多いだろうが、時代と文化が、これほどまで決定的に「貴賤」をつくりだしてしまうことに、わたしたちはなかなか気づかないのである。

2　なんでこんなに高いんや？——友禅染めの職人世界

仕事のなかには、「伝統」の重みをしょいこんでいるがゆえに、時代の移り

＊23　上田が挑戦したパフォーマンスは以下のとおり。水死体のまね、玉乗り、銀座の柳によじ登って蟬のまね、アドバルーンからのぶら下がり、ローソクの張りぼてかぶり、女装と髭、マネキン人形とのダンス、一輪車乗り、河童になってお堀にとびこむ、羊年にちなんで洋服屋とタイアップし生きた羊をひっぱりまわす、夫婦で腰のあいだにテーブルを結びつけコーヒーを飲みながら街をながす、等々。

ゆきのなかで苦境に追いこまれているものもある。川原絢子の実家にはもともとたくさんの着物があったが、彼女自身がそれを着る喜びにめざめたのは、大学入学後に日本舞踊を習いはじめてからであった。たまたま、着物職人のことをよく知っている祖母から、友禅染めの細かい分業体制のことを聞かされ、興味をそそられた。

この川原の仕事は、問題意識の適確さといい、フィールドワークの精度といい、模範的な水準に達している。だが、その産物としての「書かれたもの」はかなり混沌としたしあがりになっている。[*24] このことに苦言を呈したうえで、文句なしに「おもしろい」部分にだけ焦点をあてることにする。

川原がテーマとした分業構造の解明は、周到なインタビューに基づいているだけに、大きな説得力をもっている。まず登場するのが、悉皆屋《しっかいや》という職業である。ある反物を携えて、複雑に分業化した友禅職人のあいだをまわり、それが染めあがるまでの工程を統括する着物プロデューサーのことである。彼は、染めに関するあらゆる工程に通じているばかりでなく、販売後のしみ落とし、洗い張り、紋描きなどのアフターケアも請けおう。

川原がインタビューした悉皆屋P氏は、みずからを「染元」と自称する。「悉《ことごと》く皆」引きうけることは、職人に比べ専門性が低いという意味にもなりがちなので、

＊24　友禅染めの歴史、工程、流通構造といった多岐にわたるデータがぎっしりつめこまれているのはよいのだが、これらの情報の多くが「箇条書き」のかたちで呈示されているために、とても読みづらいものになっている。

P氏のようにコーディネーターとしての技術に誇りをもっている人は、「悉皆屋」と呼ばれることを好まない。／P氏が「持ち駒《ごま》」と呼ぶお抱え職人は六〇軒にものぼる。染元は、友禅のデザイン・配色はもちろんのこと、全工程の経過や個々の職人の癖まで、それこそ一から十まで知っていなければならない。さらに「ひとくせもふたくせもある気難しい連中」を使いこなすだけの器量がいる。P氏の口調からは、自分は職人より一段上にいるのだという自負がありありとうかがえた。／染元は、できあがった着物に自分のプロデュース代をうわのせして、問屋に売る。いくらのせるのかで商売のセンスが問われるという。「商売はいかに相手を納得させてだますかや。そこが腕の見せどころや。値段決めるのもうちやし、着物つくるのもうちや」とP氏はうそぶく。すべての工程が完了した時点で、そこに関与した十数人の職人に払われる平均的な金額は八～一〇万円である。それをP氏は二四万円で売るという。賃金を前払いしたり材料費を提供したりする必要経費を差し引いても、P氏一人が稼ぐ一四万円と一〇人以上の職人のあいだで分割される一〇万円との差はあまりにも大きい。

つぎに、職人のがわに目をむけよう。といっても、川原がインタビューした人たちは、職人のなかでもかなりのエリート層に属していた。

Q氏は国に認定される「伝統工芸士」の資格をもち、問屋の注文をもとに図案を描き、自分の工房で雇っている弟子に作業をさせる。職人というよりも「着物作家」であり、展示会に出品したり、美術研究所を設立・運営したりと、美術家としての活動に深く関与している。／染色工芸作家であるR氏の場合は、もっと自律性が高い。彼は二四歳までサラリーマンをしていたが、学生時代に学んでいた日本画への思いを断ちがたく、友禅職人の道へとびこみ、特殊なローケツ染めの技法に熟達した。個性的な着物を一人で作り、展覧会を開いたりして売っている。客からの注文をうけることもあるが、客のほうも、R氏のブランド名と独特なデザインを求めている。いきおい価格は、一般よりも高くなる。

こうした名匠たちは、悉皆屋のように他の職人たちを見くだす気配はない。Q氏の工房にいる職人たちは、彼の技芸を尊敬する「弟子」であり、「持ち駒」ではない。他の工房とのつきあいもじつに細やかであり、そこに属する職人たちとの会話にも、上下関係のようなものはまったく感じられなかった。[*25] それだけに、Q氏が悉皆屋をみる眼は厳しい。「職人からみると、悉皆屋っていうのはいいイメージやないなー」つまり、悉皆屋は、顧客である問屋にはいい顔をするいっぽうで、職人には「安く早く」しあげるようにせかし、職人が作った製品を問屋に高く売りつけて金儲けをするというのだ。[*26]

こうした記述を積み重ねたのちに、川原は、一九七六年前後の「全国における和装染織製品の流通」に関する統計資料を援用しながら、「着物が高くなるわけ」を明らかにしようとする。白生地問屋から出発して、染め加工問屋、染

＊25　川原は、顔の広いQ氏にいくつかの工房を案内され、そこでのやりとりを綿密に観察している。

＊26　だが、「悉皆屋は職人を搾取する存在であるという」という川原の記述は、果たしてQ氏のことばの正確な再録なのかどうかをわたしは疑っている。もしも《搾取》が調査者の用いる分析概念なのだとしたら、それと、「現地の言いまわし」との区別を明記しなければならない。これは、フィールドワークの鉄則である。

め織り加工業者、前売り問屋、地方問屋、小売店の介在を経て、消費者の手に入るときには、着物の値段は白生地の価格の一〇倍以上にふくらんでいる。老舗といわれる呉服屋では商品に正札はついておらず、値段は客との交渉で決まる。高級な着物は量産しないので、同じものはわずかしかなく、容易に値段は上げられる。さらに、需要が極端に減った今日では、問屋はひとつひとつの製品をなるべく高く買わせようと必死だ。こうして着物の値段は途方もないものとなり、消費者の着物ばなれをますます助長するという悪循環に陥る。

R氏は、この流通構造の実態を知って「これではあまりにもお客さんに申し訳ないし、問屋が何も作らずに儲けるのは馬鹿らしい」と思ったという。「自分が作ったものは、手間やコストに見あう価格で売りたい」と考えて、口コミでじかに消費者に売ったり、小売り専門の呉服屋からの注文を直接うけて作ったりしている。そのようなR氏も、「着物を見る眼のある人が減った」ことに危機感をつのらせている。

最後に、川原は多岐にわたる資料と考察を束ねて、友禅染めの現在をまとめ、その未来を展望する。バブル崩壊後、問屋が利益の大半を吸いあげるような体制のなかで、職人たちの生活は追いつめられている。そのいっぽう大手の問屋がつぎつぎと倒産し、中間マージンは急速に淘汰されている。一九九七年一一月に結成された京都手描友禅染工業協同組合連合会[*27]の理事長は「いざとなれば技術をもつ職人がいちばん強い」と檄《げき》をとばしている。

たしかに、もともと上流階級や茶道・華道・日本舞踊などの家元を顧客としてきた手描き友禅にはまだ需要がある。[*28]しかし、大衆向けの「型友禅」をになう職人は、まさに存亡の危機に瀕している。庶民向けに安く大量に生産してきたために、着物ばなれがこれほど進行すると、需要は致命的なまでの水準に落ちこんでしまった。

もうひとつ、「産業の空洞化」は職人世界でも確実に進行している。川原が記録したある糊置き職人のぼやきは衝撃的だ。

細い線を糊で描くための特殊な道具である「筒のり」は、その先に「筒金」という円錐形の金属がついており、先端に数ミリの穴があいている。この穴の大きさで線の太さがきまるので、できばえを左右する決定的な要素になる。だが、最近は、この穴のしあげがいい加減なために糊の出にむらができてしまう。こうした道具づくりの世界でも、良い後継者が育ちにくくなっているのかもしれない。

川原の仕事は、この社会の未来へと思いをめぐらすわたしたちすべてを粛然とさせる力に満ちている。ミシェル・フーコーは自分の知の労働を精密に「ねじを刻む」職人の仕事に喩えたことがあるという。[*29]仕事世界の無数の結節の内

＊27　この組織は「京都染色協同組合連合会」（京染連）から独立するかたちで発足した。

＊28　一般消費者も、めったに着物を買わないだけに、買うときには高級品を求める傾向がある。

＊29　ジェームズ・ミラーによる以下の優れた評伝を参照のこと。『ミシェル・フーコー／情熱と受苦』（田村俶ほか訳、筑摩書房、一九九八）。

部で、一人ひとりの労働者がきちんとした「ねじ」を刻みつづけないかぎり、社会という「ジャンボジェット機」はいつか墜落するしかない。知が刻む「ねじ」は、社会をつなぐ無数の「ねじ」のひとつになりうるのだろうか。仕事世界への探求は、そのことをわたしたちに鋭く問いかけつづける。

第2章 社会とその周縁

一 社会へのアプローチ[*1]

1 見える社会、見えない力

今まで気楽に「社会」という語を使ってきたが、このことばを正確に定義することは、最大級の難問である。社会はときには目に見え、触れることのできる実体であるかのようだ。「役割」「地位」「制度」「集団」といった概念は、実体としての社会の姿になじみやすい[*2]。しかも、こうした概念と結びついた社会は、しばしば「容れ物」や「器具」として客体化される。あなたを採用する「会社」という制度はビルディングとして聳《そび》え立ち、あなたの昇進を決定する役割を担う「人事部長」という地位を占める人は、ある部屋の中の立派なデスクの前にすわっている。

だが（かなりばかばかしい例だが）あなたは血液型がB型であるという理由で、

＊1 **「社会」調査一覧**
◇「セックスワーク」M―（一九九六・総人・三）
◇「競走馬生産とその処理」新井淳一（一九九七・総人・三）
◇「釜ヶ崎の野宿者」丸山里美（一九九九・文・三）
◇「女装バー文化」徳田めぐみ（一九九九・総人・三）
◆「私たちの肉食」比嘉夏子（二〇〇〇・総人・二）
◇「京都市のホームレス」長谷川和樹（二〇〇〇・総人・三）
◇「酒文化」古川聖也（二〇〇一・総人・三）
◇「県民性調査――静岡県」大野翔太郎（二〇〇二・総人・二）
◇「屋久島への移住者の生活」田澤知行（二〇〇二・総人・二）

＊2 こうした視点は、ラドクリフ＝ブラウンに代表される「構造機能主義」によって発展させられた。社会の諸要素は、人間の行為として観察可能である。

血液型性格判断に凝っている人事部長から差別的な待遇をうけるかもしれない。この「えせ科学」はあなたを脅かす「力」として働く。しかし、「地位」にあぐらをかき無慈悲に「役割」を遂行する人事部長をぶん殴ったり、彼のデスクを蹴とばしたりすることはできても、「血液型性格判断」の胸ぐらをつかむことはできない。「社会」と呼ばれる「行為空間」*3のなかには、こうした「見えない力」が縦横無尽にはしっている。本章では、フィールドワークから、社会に充満する見えない力を照らすことを試みる。

2 「のんきな人びと」はいるのか?——「県民性」調査

まず、一見たわいもない例から始めよう。関西出身者である大野翔太郎は、大学で知りあった静岡県出身の友人たちの「のんきさ」に感心し、静岡県民特有の「県民性」があるのではないかと考えて現地におもむき、アンケート調査を実施した。しかし、発表のときにわたしが、統計的検定をしなければ明確な結論は得られないと批判したために、彼は急遽、その方法をマスターした。計一三二人の静岡県在住者の回答をあらためて分析しなおすと、統計的に有意味な結果はほとんど得られなかった。*4 ただ「県民性があると思う」と答えた人たちの大多数が、「のんびり」「おおらか」「穏和」といった特質を挙げているのは、たしかに大野の第一印象を裏づける結果ではあった。

*3 わたしがもっとも気に入っている社会の定義とは「ふるまいが行為として解釈され応接される可能性が限定された行為空間」というものである。大庭健『他者とは誰のことか』(勁草書房、一九八九)参照。

*4 回答全体で、男女にはまったく差異が認められなかったが、年齢層による差異はあった。はっきりと立証されたのは、静岡県出身者のほうが、この県への移入者よりも、「静岡県民だという意識をもっている」という、あたりまえといえばあたりまえの結果であった。

しかし、こうした量的な分析だけでは割りきれないような興味ぶかい観察があった。わたしの昔の教え子だった女性研究者が静岡のある大学に勤務していたので、彼女に大野への助言を依頼したところ、学生たちを集めて「県民性」座談会をやってくれたのである。座談会では、彼女自身が、みずからの遭遇したカルチャーショックについて語った。

逸話a：米を切らしたのでスーパーへ買いに行くと、レジのおばさんから「明日が特売日で安いから、明日買いにきなさい」と言われた。きょう必要なのだとがんばると、「きょうは〈サトウのご飯〉[*5]を買って、明日また買いにきなさい」と言って、どうしても売ってくれなかった。／逸話b：バスで静岡駅に行こうとして、まちがって東静岡行きに乗ってしまった。すぐ気づいて運転手に「行き先をまちがえたからつぎで降ります」と告げると、彼は「東静岡まで行って電車に乗りかえたほうがぜったい早い」と主張し、降ろしてくれなかった。／座談会には静岡県出身の男子学生YとNが列席していた。彼女が逸話aを語り終えると、Yが「いい人だよね」と感想をもらした。逸話bを語り終えたときも、Yは「いい人だよね」と言った。大野：いまのをいい人だって思うんですか？／Y：いい人じゃないの？／N：おれもいい人だと思った

この事例は二つのことをわたしたちに教える。第一に、「定性的」な観察は、アンケートではけっしてすくいとれないような経験を把握することを可能に

＊5　レトルトパックの白飯のこと。

する。[*6] 数量に還元することのできない「社会」のリアリティが、人と人とのやりとりそれ自体から立ち現われる。第二に、そのリアリティが「見えない力」に関するあなたの想像力を賦活《ふかつ》する。べつの機会に、この女性研究者は、県外出身者X氏に二つの逸話を披露したことがあるという。X氏の辛辣《しんらつ》なコメントは「静岡ってのは閉じた町だから、外の世界を知らずに、自分たちのルールが世界中どこでも通用すると信じてるんだ」というものだった。

ある風土に生まれ育つことが、X氏の言うような「自分たちのルール」を個々人のふるまいかたに刻みつけることがあるのかもしれない。もし、あなたが「静岡県人」だとしたら、この二つの逸話になんの不条理も感じないのだろうか。ただし、わたしがこのような問いを投げかけること自体が、「県民性」の実体化に手を貸し、「見えない力」となってあなたに絡みつく可能性にも注意を怠ってはならないのである。[*7]

二 「底辺」としての周縁——二つのホームレス研究

1 「夜まわり」と「希望」——橋の下に寝る人、支援する人

序章の初めにふれた「周縁」とは、必ずしも都市的な「中心」からの地理的

＊6 調査・研究の二つのアプローチとしてよくいわれるのが、定量的（quantitative）、定性的（qualitative）という区分である。前者は数として計測できる量的なデータ、後者は言語的な記述でしか捉えられない質的なデータを収集・分析することである。

＊7 大野の発表のとき、受講者の一人からとびだしたコメントの鋭さに、わたしは感服した。「県民性が実在するかどうかではなく、〈県民性〉なる概念がどんなふうに利用されているのかを考えるべきだ」。まったくその通りである。これならば、教師はいらない。

な遠さと合致するわけではない。都市の内部にひそむ周縁性は、「社会の底辺」という使い古されたラベルと重なりあう。「底辺」へ人を押しやる「力」とはどのようなものなのだろう。

長谷川和樹をホームレスの調査へ向かわせたのは、ひとつの後味のわるい出来事だった。コンビニのバイトをしていた長谷川は、店を訪れる浮浪者に対して露骨にイヤな顔をする店長の態度に反感をおぼえ、みずからは形式どおりの接しかたを心がけていた。だが、その長谷川でさえ「見るのもいやな」相手がいた。「垢まみれで、いちばん臭くて汚い、そのうえやたらと話しかけてくるじいさん」であった。二〇〇〇年の二月、コンビニ近くの空き地でこの老人が凍死したことを知り、長谷川は「もっと優しく接していれば、もう少しは長生きできたんかな」と気がとがめたという。

夏休みに入ってから長谷川は、鴨川にかかる橋を二日間かけて歩きまわり、その下に住むホームレスの様子をうかがった。しかし、話しかける勇気がわかず、いたずらに日が過ぎた。八月上旬に、日本茶のペットボトルを手土産にして、橋の近くをぶらついている男に話しかけた。最初は「あー、あかんあかん、話すことなんて何もないよ」と相手にされなかったが、茶を進呈すると少し気を許してくれた。これを皮切りに、何人かのホームレスと知りあった。とくにTさんは気さくな人で、計三回のインタビューに応じてくれた。

Tさんの年齢は五〇歳すぎ。九州出身で、建築関係の仕事をしていた。人間関係のもつれからホームレスの道を選んだ。「ほら、これがおれの第二の人生だからね」二年間大阪にいたが、大阪は［ホームレスどうしの］「競争率がはげしい」ので、二年前に京都に移ってきた。食べものは、近所からの差し入れに頼ったり、近所の掃除をして得た小銭で買ったりしている。犬を二匹と猫を一匹飼っている。「仕事しなくても、こういう所に住んでることを除けば、ふつうの人間だからね。けど、いくら取材したって、何もかも捨てたホームレスの気持ちはわからんよ」

調査に行きづまりを感じだしていた長谷川は、三回目のインタビューのときTさんに相談した。「それじゃ、おれたちを支援してる人たちのことも調べたらどうだ」とアドバイスされ「夜まわりの会」の存在を知った。九月になるとこの会の活動に参加しはじめた。

「夜まわりの会」が発足したのは一九八六年である。[*8] 現在は、中年の女性（老人介護施設勤務）と男性（美術館理事）が運営の中心をになっている。構成員は約二〇名で、その多くが社会人である。週二回（月曜と木曜）夜九時一五分から一一時三〇分までのあいだ町を巡回し、ホームレスの生活上の相談にのったり市の福祉サービス情報を教えたりする。[*9]「ヒマな学生」である長谷川は、この会のメンバーたちが、忙しい仕事を終えたあとに毎週欠かさず支援活動を続けていること

＊8　一九八五年に横浜で起きた少年による野宿者襲撃事件をきっかけにして、京都でもさまざまな団体がホームレスの調査を行なった。それが原動力になって、この会は発足した。当初は、釜ヶ崎日雇い労働者組合、部落解放同盟、在日自助グループなどが協力していたが、徐々にそれらの団体は離脱した。

＊9　短時間に広範囲をまわるので、一人につき二、三分話をする程度である。月曜の夜は、河原町通りを三条から南下して四条界隈をめぐり御池通まで戻る。木曜の夜は、京都駅構内と近隣の公園を巡回する。集合・解散場所は河原町通りにあるカトリック教会である。

に驚き、「すなおに尊敬してしまった」。「なぜこの活動を続けるのか」と質問するとつぎのような答えが返ってきた。「人権とか、あたりまえに思えていたことが、ぜんぜんあたりまえじゃなかった」「頭で考えたって自分の想像の範囲を越えん」「[夜まわりして] 風景が違ってみえた」「人を救うのに理屈なんかいらない」、等々。

活動への参加を通じて、長谷川はこの会の「目標」を漠然と把握する。それはひとことでいえば《自助》であり、具体的には、ホームレス自身による生活権の獲得であった。それゆえ、夜まわりではお茶をくばるだけで食べものを支給することはせず、むしろ積極的に福祉サービスをうけることをつよく勧める。後述する「希望の会」が結成されてからは、そこへの入会を勧誘することも「夜まわり」の重要な目的になった。

「希望の会」は、最初は「仲間の集い」という名称で発足し、一九九九年三月以降に現行のかたちが整った。ホームレスが団結して行政がわと交渉することがおもな活動内容である。[*10] だが、この会の歩みはけっして平坦ではない。当初の代表は、「ワンマンだ」とか「役人にナメられている」といった批判をあびて、他の仲間との折りあいがわるくなり、長谷川が調査をはじめてまもなく、名古屋へ働きに行ってしまった。

*10　具体的な成果としては、京都市中央保健所の一室で、自主運営のもと、毎週火曜日に入浴と洗濯ができるようになった。

やがて長谷川は、京都市のホームレスが均一な生きかたをしているわけではなく、いくつかのはっきりした類型に分けられることに気づく。エスニック・マイノリティ研究からヒントを得て、彼は《社会復帰志向》をX軸とし、《「夜まわりの会」に対する認容度》をY軸とする平面上に四つの類型を位置づけた。[*11]

レポートのできは、発表を初めて聞いたときの「傑作だ！」という印象を裏切るものだった。記述が浅く断片的であり、箇条書きで済ませている部分が多い。[*12] 最後の類型化もかなり強引である。《社会復帰志向》というX軸の抽象的な変数に対して、《「夜まわりの会」に対する認容度》というY軸の変数はあまりにも具体的にすぎる。

何よりの問題は、「根源的な」問いかけが欠落していることだ。弱者を支援することを当然のことと信じてヴォランティア活動に精をだすのはごく少数の人びとに限られ、大多数の人びとは無関心をきめこんでいる。おそらく後者のなかには、「慈善」にこそばゆさや偽善性を感じる人も多いだろう。[*13] にもかかわらず長谷川はなぜ「すなおに尊敬する」ことができたのか。彼が九月から一一月までのまる三ヶ月間、「夜まわりの会」の活動に参加しつづけたことの根っこには、「レポートを書く」こと以上に重たい思いがあったはずだ。その思いについて、自分のアタマで徹底的に考えぬくことが必要だった。

＊11　四象限を（X・Y）の正負で表わせば、
（＋・＋）：「希望の会」関係者。

（＋・－）：ある児童公園にテントを張って住む数人のホームレス。「夜まわりの会」に対しては冷淡であるが、収入の道は確保されているようである。

（－・＋）：四条界隈のホームレス。「夜まわりの会」に対しては好意的だが、ヤクザの差し入れを受けており、よく酒盛りをしている。

（－・－）：鴨川のホームレス。橋の下に「家」があるために、近隣社会とのコネができやすく、集めた缶などを貯蔵する場所もある。仲間意識は低く、「夜まわりの会」にも「希望の会」にも非協力的である。

＊12　ホームレスへのインタビューが困難であったことは理解できるが、「夜まわりの会」メンバーとは、もっとつっこんだ議論ができたはずである。

＊13　事実、「夜まわりの会」のメンバーの発言のなかに「［最初は］どっかに自己満足の世界があったな」というものがあった。

一月になると、ホームレスのなかでいちばん世話になったTさんが、橋の下を去った。[*14] 噂を聞いて訪れてみると、彼の布団、段ボール、食器が散乱していた。冬の鴨川の強く寒い風のなかで、Tさんの飼っていた猫たちが、残されたキャットフードにかじりついていた。工事が始まれば、この猫たちもちりぢりになるのだろうと長谷川は考える。そして、「今度コーヒーご馳走してやるからな」と言って笑ったTさんの顔を思いだす。「しかし彼がいまどこにいるか私は知らない」

この結末を感傷と嗤《わら》ってはならない。かつてジャン＝ポール・サルトルは、二十歳《はたち》であったころの「わたしの心の地平への労働者大衆の重苦しい現前」について書いた。[*15] おそらくいまはエリート・サラリーマンとして働いているであろう長谷川の心の地平にも、ふだんわたしたちが目をそむけている「社会の底辺」の相貌がひそみつづけているかもしれない。

2　生の多様性と豊かさ——釜ヶ崎の野宿者

丸山里美のレポートは、この調査演習の産物としては最高峰の部類に属する。彼女は、所属学部の卒論で釜ヶ崎でのヴォランティア活動について書きすすめていた。提出されたレポートはその「副産物」であるが、「卒論には盛りこめないと思われる、重要な人との出会い、私の思いなどの記録をなんらかのかたちで残しておきたかった」[*16]

＊14　鴨川河川敷工事のためにTさんの「家」は強制撤去された。

＊15　J＝P・サルトル、『方法の問題』（平井啓之訳、人文書院、一九六二）、一二六ページ。

＊16　丸山は、現在、京都大学の大学院文学研究科に在籍し、釜ヶ崎でのフィールドワークを続けながら、プロの研究者への道を歩んでいる。本書で紹介することが彼女の研究のプライオリティを損なってはいけないので、民族誌的な詳細を抜粋することは避け、もっぱら彼女の「思い」を跡づけることにしたい。

丸山が釜ヶ崎に行く気になったのは、野宿者支援活動への参加を呼びかけた一枚のビラを見かけたためである。一歩足を踏みいれて、彼女は魅せられた。「人間の生のかたちがあからさまで、人間が人間であることの喜びで溢れている」。だから最初は「非日常の空間にわずか電車二時間で来られる」という旅行気分を味わっていた。けれど、「一目見て好きになった釜ヶ崎」を卒論のフィールドにすることに決めて頻繁に訪れているうちに、丸山の頭のなかでは、「苛《いら》だちにも似た思い」がふくれあがる。それは、世間一般に流布している野宿者像が固定化されていて、かれらの生の多様性や豊かさが捉えられていない、という思いであった。ある団体が行なう大規模な炊き出し活動を手伝いながら、彼女は、多くの人たちと親しくなり、徐々にこのコミュニティの奥深くへ入りこんでゆく。ここでは、もっとも鮮烈な印象を与える一人の野宿者の肖像だけを紹介したい。[*17]

Dさんは四十歳代から五十歳代で東京都の出身。野宿生活は長そうだが、身なりはきちんとしている。盗んだ台車に持ち物すべてを積んで移動している。「なにわのドン・キホーテ」と自称し、台車にもスペイン語で「ドン・キホーテ」と書かれている。若いころ、仕事でフィリピンとスペインにいたことがあるといい、英語とスペイン語が話せる。丸山にスペイン語の詩を朗読して聞かせてくれた。「わたしみたいになっちゃだめだけど、まだあなたには夢があるんだから、こと

*17　丸山は、長谷川よりも体系的に野宿者の多様な生活形態を分類しているが、かなり複雑な議論になるので、ここでは省略する。

ばは勉強しないとだめよ」／彼はいつも図書館で借りた本を持ち歩いている。元気なときは、中之島の図書館まで二時間かけて歩き、英語の小説を訳すのを楽しみにしている。あるとき自分が書いた英語の詩を見せてくれた。「遍歴」を意味するタイトルがついたその詩には、「いつか自由に好きなところに行きたい」という夢が溢れていた。／彼は、「炊き出しでなんとか生きてますよ」というくらい、朝早くから熱心に列に並ぶ。収入のあるときは廃棄処分になった弁当やハンバーガーを買って食べるが、ゴミをあさることもある。ある日、朝の四時ごろハンバーガーのゴミあさりをしていたら、路上で遊んでいた数人の若者が「腹へった」と言って、自分たちもあさろうとするので制止した。「わたしは社会の底辺にいるからいいけど、若者がこんなふうになっちゃだめだ。わたしが拾うから待ってなさい」そう言って、拾ったハンバーガー二、三個を彼らにあげたという。／夏を過ぎるとDさんに会わない日が続いた。心配していると、道で偶然に見かけた。やつれて身なりも薄汚くなり、丸山は一瞬目をうたがってしまった。ゴミの中から拾ったタイプライターで清書した英語の詩を見せてくれ、「これを来週までに暗記して、教会で外人のシスターに聞かせるんだ」といつもの調子で語っていたが、丸山には「夢でどうにか身を支えているようにみえた」。

こうした胸を刺す記述を積み重ねたのちに、丸山は、釜ヶ崎と「普通の生活」とを隔てる「見えない壁」について考察をめぐらす。「リストラにあい、高齢のため再就職口もなく、失業保険と貯金が尽きれば借家からも追いだされる」といった条件が重なれば、「普通の生活」と「底辺」とを隔てる壁が「想像以上に薄い」ものであることを思い知らされるだろう。だが逆に、野宿者生活を抜け出そうとすると、日雇い労働を続けているときにはそれほどにも感じられなかったこの壁が「想像を絶するほど厚いものになる」[*18]。

「一目見て釜ヶ崎を好きになった」と言いきる丸山の感性にはたぐいまれな強靭さが具わっている。「かれらはただ搾取されるだけの被害者に甘んじているだけではない。いきいきと、そしてしたたかに、みずからの生をいきている」と共感をうたいあげるいっぽうで、丸山は、ときとして容赦なく「かれら」の弱さをえぐる。こうした情熱と冷徹さをあわせもったフィールドワーカーが育ちつづけるかぎり、周縁へと向かう知の運動は、「底辺」をつくりだす社会のしくみそれ自体を変える実践と結びつくことができるかもしれない[*19]。

三　隠された領域

1　「性の商品化」なぜわるい？——セックスワーク研究

ＭＩが「からだを売る」ことについて考えはじめたのは高校のときである[*20]。自立心の旺盛な彼女はたくさんのアルバイトをしていたため、「短い時間でた

＊18　その要因を彼女は丹念に腑わけする。もっとも印象的なのは、彼女が最後に挙げた「自分たちは自由であるという思いこみ」である。たしかに好況で日雇い仕事の収入も多いときは、働きたいときに働き、休みたいときに休めばよい。だがいったん不況になると、毎日顔を出さなければ雇ってもらえない。収入が底をつけばドヤにも泊まれず路上生活を余儀なくされる。にもかかわらず「自分は自由だ」という思いにこだわることにより、「ミジメ」な自分を慰める。それは野宿をせざるをえない自分を正当化するための「生きる知恵」なのかもしれない——そう丸山は考える。

＊19　丸山の仕事に出会ったとき、わたしを襲った感慨がある。学園闘争の時代、わたしの属していた理学部のクラスでは、同人誌を発行していた（わたしは編集の中心だった）。べつのクラスに属するーは、このガリ版

くさん稼げる仕事」に敏感だった。あるとき、好きなマンガ家の作品のなかの一シーンに強い印象をうけた。ＯＬのかたわらホテトル嬢をやっている主人公ユミは、同僚のＯＬたちが「お金がほしい」とぼやくのを聞いて思う。「そんなにほしけりゃからだを売ればいいのに」

大学に入ってゆっくりものを考えられるようになってから、この記憶がよみがえった。ひとつのきっかけは大阪府警がつくったチラシを見たことである。「援助交際って、売春やで――あなたは、数万円で見ず知らずの人に売り渡す程度の価値しかないのですか？」だが、ＭＩはこのコピーにかちんときた。べつに自分自身を「売り渡して」いるわけではなく、「行為」を売っているにすぎないのではないか。この疑問をはらすべく、彼女はファッションヘルスの受付というバイトをしながら、「からだを売る」仕事について調査してみようと思いたったのである。

ぎっしりと行をつめて打ちだされたレポートは、四百字詰めに換算したら一〇〇枚近くにおよぶ大作である。ＭＩはまず自分の調査対象を概念規定するところから着手する。「からだを売る」とは「本番」つまり膣＝ペニスによる性交のみを含む概念ではない。本番ぬきのさまざまな風俗業種をこの仕事から排除することは、あまりにも範囲を限定することになる。*21 そこで彼女はセックスワークという用語を採用した。定義すれば、「男女にかかわらず、自分の性的な

刷り同人誌に寄稿してくれた。だが、Ｉは、数人のわたしのクラスメートとともに、釜ヶ崎の解放闘争にとびこみ大学から姿を消した。二八年後に、わたしは丸山の言及した日雇い労働者組合運動のリーダーの名前が、Ｉと同姓同名であることに気づいた。思わず丸山に、「Ｉと会う機会があったらよろしく言ってくれ」と告げた。だが、のちに丸山と会ったそのリーダーは、「別人だ」と言いきったという。

＊20　この優れた仕事の著者を仮名とすることは不要な配慮かもしれない。しかし、わたしは現代の日本社会における男性中心的な性観念の保守性について幻想をもっていないので、彼女につまらない迷惑がかからぬよう、あえて仮名にした。

＊21　もっぱら膣＝ペニス性交を内包する「売春」という語も不適切である。

属性を、顧客の性的欲望の対象として売ることを主要な内容とした仕事」ということになる。

「ファッションヘルス」とは「個室で女性が半裸または全裸になり、男性客を射精に導くために、性交以外のサービスを行なう店」のことである。MIが「受付」として勤めた店には七つの個室がある。客へのサービスを担当するのが〈ヘルス・コンパニオン〉である。これは風俗求人誌で使われる用語だが、店では単に〈女のコ〉と呼ばれる。店のスタッフは、「受付」のほかに、《秘書》《マネージャー》「社長」（店の経営者）がいた。[*22]《秘書》は、二十歳代前半の女性で、社長からの信頼があつく、接客やフロントでの業務を巧みにこなす。[*23]《マネージャー》は開店する午前一〇時から夕方六時までの責任者であり、その後、閉店する深夜の一二時までは、社長が指揮をとる。

この店はビルの七階にあるので、客がエレベーターに乗ったときから、接客の流れは始まっている。階表示のランプに気づくと「受付」はエレベーター前で姿勢を正し待機する。[*24]ここから、帰りにエレベーターに乗りこむまで、あたかも客はベルトコンベアーに載せられているかのように、すっすっと送られてゆく。この過程を、MIは「考える時間が与えられない」というフレーズで特徴づける。セックスワークを組織するこの特性は、「女のコ」の処遇においてもつらぬかれている（後述）。「流れ作業」の詳細を順々に明らかにする記述の

＊22　MIは、社長以外のスタッフに個人名のイニシャルをあてているが、わかりにくいので、あえて《秘書》《マネージャー》という分析概念を用いる。

＊23　彼女の給料は固定給で、店で借りているマンションを「寮」として住んでいる。

＊24　初めての客からは「入場料」として二〇〇〇円を支払ってもらう。これを渋る客はけっこういる。

緻密さはみごとなものだが、ここではセックスワークの核となる「女のコ」のサービスに焦点を合わせて抜粋する。

> 客を迎えた「女のコ」はベッドに二人ですわり、コース内容を説明する。(イ)JJコース：時間は三〇分。「女のコ」はパンティを穿《は》いたままで、客は胸にのみタッチしてよい。「口と手のサービス」をうけるが、基本的に客は受け身である。(ロ)JJコース：時間が四〇分であること、「女のコ」が全裸になることが、(イ)と異なる。(ハ)SJコース：(ロ)と同じく四〇分で全裸だが、それ以外に「下タッチ」「シックスナイン」「素股」などが許される。要するに「本番以外はなんでもあり」／コースが決まると、「女のコ」は客から代金を受けとり、いったん個室を出てフロントにコースの種別を伝えるとともに、代金全額を渡す。それから個室に帰り、サービスを開始する。[*25]／フロントのほうは、「女のコ」が個室に戻る時点で、コース・時刻・「女のコ」の名前・部屋番号を用紙に記入し、それを壁に張ったピアノ線に洗濯物のように吊るす。先に始まった順にこの紙を右から左へと移動させてゆく。コース終了五分前に合わせてタイマーをセットし、その時間がくると、内線電話で一回コール音を鳴らす。それから五分以内に「女のコ」は「〇〇です。お客様お帰りになります」とフロントに電話を入れる。[*26]

この店の大きな特徴は、客にコンドームの装着が義務づけられていることである。これを拒否する客には、帰ってもらう。[*27] 性病の感染を予防し、「女のコ」

＊25　椅子にすわらせシャワーで客の腹や股間を洗う。タオルで客の体を拭き終えたら、ベッドに移動し、コースに応じたサービスをする。客が射精すればティッシュで拭き、またシャワーで洗い、客が服を着て終わる。

＊26　店が混んでくると、コース時間は五分短縮され一回コールが終了一〇分前に鳴らされる。終了時間になっても連絡がない場合には、三回コールを鳴らす。「女のコ」は、個室にいても、店内に流れている音楽の種類が切り替わることで、混雑状況をモニターする。混んでいることを知ると、早めに切りあげられるよう注意をはらう。

＊27　このとき入場料二〇〇〇円は全額返される。

の健康に配慮する方針のようにみえるが社長の思惑はべつであった。「コンドームは質のいい女のコを集めるためや」。あるとき社長から風俗求人誌に載せる広告文を考えるように頼まれたMIは、この方針を強調することがほかの店との差をきわだたせるポイントになることに気づいた。最初、社長は「こういうのはキツすぎてようないって［求人誌会社の人に］言われたことあるからなあ」と渋っていたが、結局、彼女の文案をそのまま採用した。*28

　MIの探究のもっとも重要な側面は、セックスワークの労働条件について丁寧な分析を行なっていることである。まず先にふれた「考える時間が与えられない」というかたちでの《抑圧》がある。求人誌を見て電話をかけてくる人は、「とりあえず一度店に来てくれ」と盛んに勧められる。面接が終わると、きょうから働いてみるように勧められ、同意するとすぐさま「講習」が始まる。《マネージャー》が客の役を演じて、接客の基本的流れから始まって、全身舐め、フェラチオ、素股まで練習させられる。*29

　就業してからは、同僚である「女のコ」どうしの交流の機会はいちじるしく限られている。店がすいているときは、個室間を往き来しておしゃべりすることは可能だが、積極的に会話する「女のコ」は店がわスタッフともツーカーであることが多いため、店への不満などを漏らすわけにはいかないし、条件のよい他店に関する情報交換などは不可能である。

*28　その文案は以下のとおり。「今や時代はゴム！『生はどうも心配で抵抗があるナ〜』という声をよく耳にする昨今、当店では安心していっそう楽しく仕事をしていただけるようゴムの着用を義務づけております」

*29　求人誌の広告では、どの店も「アリバイ対策は完璧」であることをうたっている。これは、風俗勤めであることを周りに知られないような店がわの工夫を意味するが、実際はきわめてオソマツなことが多い。面接では、年齢確認のため身分証明書の提示が求められる。写真を貼った履歴書も出さねばならず、貼ってなければその場でポラロイド写真を撮られる。この写真はずっと保管され、一度辞めたコにまた頼む必要が出てきたとき、「どんなコだったか思いだす」ために使われる。

「女のコ」の給料は「日払い・能力給」で、コースによって店の取り分が決まっている。[*30] だが、残りの金額すべてが「女のコ」の手に入るわけではなく、「雑費」という名目で一日一五〇〇円が引かれ、さらに残額の一割が「所得税」という名目で引かれる。「女のコ」の純益は、日によっても個人によっても大きな幅があるが、平均すると一日あたり三万円ぐらいであろう。しかし、ここに「罰金制度」という罠がある。始業時間から一五分以内の遅刻（ただし要連絡）二〇〇〇円から始まり、一五分ごとに加算され一時間を超えると一万円の罰金が課せられる。連絡を入れて当日欠勤すると、二万円支払わなければならない。[*31]

セックスワークはしばしば「儲かる仕事」だといわれる。たしかに短期的には高額を稼ぐ人もいないではない。だが、きついシフトを迫られ、遅刻すれば罰金を課せられるのだから、労働条件は苛酷である。店によっては「タオル代」「備品代」といった名目で搾取を重ねることも珍しくない。なによりも、この仕事は「若いうちに集中的に稼がねばならない」ものであり、長期的な目でみると、とくに儲かる仕事とはいえない。

この研究がわたしたちの胸をうつのは、「からだを売る」ことをあくまでも「働く女性」の問題として吟味するという姿勢につらぬかれているからである。最初の発表では、ＭＩは、「性の商品化」という概念がどのように構築され流

＊30　いちばん安い夕方までのJコースは、客の払う五千円のうち、「女のコ」が三千円、店が二千円をとる。最高額のSJコースの代金は一万四千円で、「女のコ」と店とでちょうど折半される。

＊31　無断欠勤には五万円が課せられるが、実際にこの制裁が発動されることはない。無断欠勤とは、そのまま店を辞めることを意味するからである。

布されたかを精密に跡づける文献研究をも披露した。その手腕に感服しながらも、わたしは「やはり性の商品化を肯定する気にはなれない」という感想を正直に述べた。彼女のレポートから「性の商品化」の是非をめぐる議論が除かれているのは、読者たるわたしの「限界」を見きわめての措置だったのかもしれない。わたしの感情をこのように限界づけるものこそ、この社会全体にはりめぐらされた力、そしてわたしの身体の奥底にまで侵入してくる力なのである。

2 隠蔽される終末——競走馬の処理

新井淳一の調査は剛直で、しかもなにかしら不穏な気配を漂わせる。調査は、彼が競馬ファンであったことに起因する。引退した競走馬はその後どうなるのだろう？　この単純な疑問が、彼を北海道日高地方での一ヶ月にわたるフィールドワークに駆り立てた。一二箇所もの牧場に何度も足を運び、粘り強い聞きとりを行なった。彼のレポートの前半は、競走馬の歴史から説き起こされ、競馬に関する基礎データの提示、さらに各牧場におけるサラブレッド生産の詳細がぎっしり書きこまれている。これだけでも十分読みごたえがあるが、「引退した競走馬の行き先」を追跡する部分にのみ注目する。

出発点となる資料は日本中央競馬会発行の『競馬年鑑』である。中央競馬には毎年約四五〇〇頭が「入厩《にゅうきゅう》」するので、必然的に、同数の馬が「登録抹消」され引退する。その大多数は四歳馬である。[*32] 新井は、『競馬年鑑』に明記されている頭数が実際にはどんな行き先を辿っているのかを、インタビューと他のさまざまな文献資料から推計した。

⑴種牡馬・繁殖牝馬《ひんば》：新井が調査した一九九七年に種牡馬は全国に三六一頭いたが、同年生まれの牡馬で種牡になれるのはわずか一パーセントである。いっぽう繁殖牝馬は九九五四頭いた。引退牝馬の約三割は繁殖牝馬となる。

⑵地方競馬：名目上は三割強の一四〇〇頭が地方競馬に移籍するが、実際には、かなりの数の馬が名義変更しただけで、家畜商にひきとられる。

⑶乗馬クラブ：引退馬のおよそ四割（二二〇〇頭）は乗馬クラブにひきとられる。実際の需要は年間約一〇〇〇頭なのだが、その半数は一般乗馬用に作出された〈ポニー種〉（競走馬ではない）でまかなわれる。それゆえ引退競走馬の需要は、ポニー種を差し引いた残り約五〇〇頭にすぎない。あとの一七〇〇頭は家畜商にひきとられる。こうした事実は、関係者のあいだでは暗黙の了解とされ、乗馬クラブに送ることを「ワンクッションおく」と表現する。

⑷祭事：少数は全国の祭りに払い下げられ、祭り終了後に、その地域で飼えない場合は家畜商にひきとられる。

⑸養老専門牧場：引退馬を飼養するために設立された牧場のことである。少数がここで天寿をまっとうする。この種の牧場で日本初のものでは、預託料は月額六万円で、二三頭が飼養されている。ここの経営者は有名な生産者であったが、処

＊32　馬の平均寿命は二〇～三〇年であるから、もし天寿をまっとうするなら、一五～二五年は余生が続くはずである。

分される馬にいつも心を痛めていて、養老牧場へ転換したという。[*33]
(6)安楽死処分：競走中に故障したり廃用になった馬は安楽死処分される。北海道のある町に所在する「死亡獣畜処理センター」がこの業務を行なっていると推測されるが、詳細は不明である。

右の(2)(3)(4)に登場する家畜商とは競走馬が肉になる過程の始点となる職業である。家畜商法にのっとり家畜取引の講習会をうけ、都道府県によって免許を与えられる。生産者が電話するとトラックで牧場などに来て馬を詰めこみ、馬肉消費地である東北、長野、九州に搬送する。[*34] 競走馬は他の肉畜と異なり、薬物投与されておらず、しかも厳しいトレーニングで全身筋肉になっているので、肉質がきわめて悪い。このため、肥育して肉を柔らかくする必要がある。肥育場は右の馬肉消費地にあるが、最近は供給過剰でどこも飼養の限界に近く、肥育されずに屠畜場[*35]に送られる馬も多い。肥育場を経る経ないにかかわらず、馬は最終的に屠畜場に送られ、屠殺されて肉になる。

バブル経済の崩壊によって競走馬が売れなくなり、多数の馬を処理しなければならない事態に直面した生産者のなかには、馬の余生に対する意識を高める人びとが現われた。とくに、北海道浦河町では、引退馬をひきとって世話をする養老専門牧場の数が少しずつ増加している。さらに、浦河町軽種馬協同組合

＊33　この経営者は「競馬のシステム上、淘汰馬がでることはしかたがない。養老牧場を増やしてもなんの解決にもならない」と醒めた見解を述べる。だがこの部分の新井の記述は混乱しており、「真の解決」が何を意味するのか不明である。

＊34　ひきとる際、家畜商は若い馬には一頭につき二〜三万円、競走馬には二〜三千円を払う。しかし、この調査の数年前は、不況のために競走馬が売れなくなり、ひきとる馬が急激に増加し、さらに牛肉輸入自由化で馬肉の価格が暴落したため、逆に家畜商に運送料として五万円払ってひきとってもらったという話もある。

＊35　私営のものと公営の食肉センターとがあるが、近年は前者から後者への統合が進んでいる。第II部第3章の比嘉論文を参照のこと。

は、町の補助をうけて巨大な乗馬クラブを建設した。このほかに乗馬療法をする身体障害者養護施設の誘致や、馬のテーマパーク建設など、「新しい馬文化の創造と、引退した競走馬の就職口確保」にむけた取り組みが盛んである。[*36]
市民団体による「もと競走馬」救済の運動もある。昭和四七年に一人の主婦が興したある会は、わずか九人の会員で発足したが、二五年間で二〇〇人にまで増えた。福島県にある牧場で二三頭の馬を飼養しているほか、虐待された馬の治療、虐待への抗議活動などを行なっている。だが、このような活動に対する新井のまなざしは異様なまでに冷淡である。「論理性の欠如、感情論の先走り、ただの主婦感覚による単なる行政批判と社会批判に収斂していて目的が明確でない」とさんざんなまでにこきおろしている。
このくだりを読んで、わたしはいたく失望した。新井自身も競馬を愛するものとして、競走馬の命運に関心をもったのだから、それら（かれら？）が長い余命を残しながら「食肉」として生の終末をむかえることを知って心の痛みをおぼえたはずである。「ただの主婦感覚」をここまで侮蔑するのであれば、論理性と明確な目標をもった「競走馬」の生と死をめぐる思想とはいかなるものなのか、その展望を示すべきであったろう。[*37]
さて、この新井の研究が照らしだす「社会に充満する見えない力」とはなんであろう。それこそは、競走馬の終末のかたちを知ることをタブーとし、それ

＊36　ただし、新井はこれらの施設が「町の規模とは不釣り合いなほど巨大で立派」であることに違和感をおぼえている。自衛隊基地のある浦河町が政府から財政的に特別な恩恵をうけていることが施設の財源になっているのではないかと彼は推測する。

＊37　ここで、わたしは、「競走馬」を、われわれの「友」としての、そして「他者」としての動物一般を代表するシンボルとして捉えたい。宮本輝の『優駿』（新潮文庫）という小説は、動物の生と死が、人間のそれと深く絡みあうものでありうることを教えてくれる。

を隠蔽しようとする諸力である。この諸力を新井は大きく三つに腑わけする。

第一は、人を破滅に導くギャンブルあるいは社会悪としての「競馬」のイメージが、近年、「ロマンに溢れたスポーツ、家族連れやカップルも楽しめる明るいレジャー」のイメージへと変貌をとげたことと関係している。競走馬の末路が広く知られることは、このプラスのイメージを致命的に損なうことにつながりかねない。

第二は、生産者の心理的な葛藤である。「家族の一員＝高価な商品」という競走馬の二重性は、生産者がよく口にする「馬は経済動物だからしかたがない」ということばに集約されている。馬は人間にとってきわめて感情移入しやすい動物であるために、罪責感はいやがうえにも増幅される。多くの牧場に祀られている生産馬供養のための馬頭観音は、こうした生産者の苦悩のシンボルであると新井は解釈する。

第三に、もちろん被差別部落の問題が関わっている。新井の出会ったすべての人たちが、「肉になるプロセス」の始点をなす「家畜商」のことになると、にわかに口が重くなってしまったという事実は、わたしたちをたじろがせる。斃牛馬処理という職能に向けられる根深い差別意識と偏見が、挫折した調査記録のなかから、そのくろぐろとした姿を現わす。

本章では、「血液型性格判断」というやや陳腐な仮想例から始まって、「県民性」という「神話」かもしれない民俗知についてふれた。[*38]「底辺に生きること」や「からだを売ること」に対してわたしたちはどのように想像力を投げかけることができるのかという設問を経て、競走馬の終末へと行きついた。

この一見ばらばらな方向を向いた探索に、あなたはとまどったことだろう。だが、これらすべての方向は、ただひとつの単純な事実のなかに束ねられる。「あいつのわかりにくさは京都人特有のもんだよな」と陰口をたたくことも、廉恥心をかなぐりすててゴミあさりすることも、ズボンを脱ぎながら「キミみたいにキレイなコがどうしてこんな仕事してるの？」[*39]と言って「女のコ」をうんざりさせることも、すべて「この」社会構造に深く埋めこまれて起きている。にもかかわらず、こうしたこまごまとした「実践」のどれひとつとして、「この社会」の骨格をなす役割・地位・制度・集団に還元することはできない。そんなふうにあなたやわたしを動かすものこそ、幾重にも重なりあった「見えない力」である。「競走馬の終末」についての分析は、この種の力の重層性をもっともクリアに照らすものであった。本章の最後にこのフィールドワークをおいたのは、そのためである。

*38　この世界はさまざまな領域（domain）によって構成される。ある領域に含まれる事象の分類やふるまいかたについて、個別社会に特有な知識や説明の体系が発達している。これを民俗知（folk-knowledge）と呼ぶ。たとえば、「人間はAという感情をもっていれば、xをするはずだ」といった予測は、「民俗心理学」（folk-psychology）の一部である。

*39　風俗嬢にもっとも軽蔑される発言であると、なにかのエッセイに書いてあった。これとそっくりな台詞を、わたしはアメリカの人類学者の論文中に発見して驚いた。

第3章 コミュニケーションの内と外
――疎通・伝播・伝承

一 行動観察からの出発

1 コミュニケーションとはなにか[*1]

まず基本的な用語を整理しよう。動物や人間が「なす」ことは、観察者にそれが知覚できるかぎりは、「行動」(behavior) または「ふるまい」と呼ばれる。「行動」に社会的な意味が付与されている場合、それは「行為」(act) と呼ばれる。二頭 (二人) 以上の動物 (人間) が、たがいの行動に影響を及ぼしあうことを、「相互行為」(interaction) という。[*2]

「コミュニケーション」とは部分的には「相互行為」と重なりあう概念である。このことばの意味するところは人によってかなりまちまちだが、曖昧《あいまい》なままでは話を進めることができないので、わたしなりの定義を与えておく。字数節約のために、コミュニケーションにCという略号をあてれば、Cには「強い

＊1 「コミュニケーション」調査一覧
◇「サル山の前の会話分析」田淵敦美 (一九九四・総人・二)
◇「トイレにおける人の行動」大橋美穂 (一九九五・総人・三)
◇「電車の中での行動」井関光晴 (一九九六・総人・三)
◇「障害をもっている子どもたちとのコミュニケーション」石井敬子 (一九九七・総人・四)
◇「リアリティの在りか」宇都浩一郎 (一九九八・総人・三)
◇「自閉症児と療育プール」田中克尚 (二〇〇〇・総人・三)
◆「銭湯へ行く」佐藤せり佳 (二〇〇〇・総人・二)
◇「ダンスセラピーへの参与観察」西谷昌子 (二〇〇二・総人・二)

＊2 「片目をしばたかせる」は行動レベルの記述だが、「ウィンクをする」は行為レベルの記述である。G・ライル『心の概念』(坂本百大ほか訳、みすず書房、一九八七)、C・ギア

C」と「弱いC」の二種類が区別される。「強いC」とは、〈相互疎通〉つまり「わかりあう」ことである。「弱いC」とは「他者のふるまいや姿のなかに現われるなんらかの顕著さに思いをこめる」ことである。「弱いC」という概念は、まかりまちがえば荒唐無稽になりかねない。いろんなふうに姿を変える「お月さま」に思いをこめることもコミュニケーションだということになる。本章では、混乱を避けるために、この「他者」を「人間」に限定する。

2　テリトリーとルール——電車内の行動と相互行為

〈近代〉の都市生活において、わたしたちは匿名の群衆の一人として、数えきれないくらいの人と出会い、一瞬の相互行為を通過し、別れてゆく。*3 井関光晴は、レポートの冒頭で高校時代の通学電車の思い出にふれている。同じ車輌で毎日見かける「神田正輝に似た皮ジャンの男、いつも大股広げて眠っている女子高生、マニアックな模型雑誌を見ている禿げた二十代の男……」。井関は、大学に入ってからも長時間の通学を続けていたので、「電車内の行動」をフィールドワークすることにした。分析の軸として(1)テリトリー、(2)コミュニケーション、(3)ルールという三つの視角を設定した。

(1)テリトリー——車内で人はどうやって他人と距離をとり、自分の場所を確保

ーツ『ローカル・ノレッジ』（梶原景昭ほか訳、岩波書店、一九九一）。action は「行為」と「動作」という、レベルを異にする二つの意味をもつ。interaction は「相互作用」とも訳される。

*3　都市生活での「出会い」（encounter）を分析する概念装置を整備したのは、アメリカの微視社会学者アーヴィング・ゴッフマンであった。とくに「焦点の定まらない相互行為」（unfocused inter-action）と「儀礼的無関心」（civil inattention）という概念は重要である。公の場に共在する人びとは、おたがいへの無関心を装いながら（「儀礼的無関心」）、ちらっと目をやったり、漏れ聞こえる会話に耳をすましたりして、ひそかに情報を収集し、ふるまいを微妙に調整しあっている。会話のようにはっきりした焦点はないのだが、たがいの行動に影響を与えあうという意味での相互行為（「焦点の定まらない相互行為」）は絶えず進行している。街頭で、通行人どうしがぶつからずにすれ違えるのもこうした調整が働いているからである。

するのか。「座席」に鞄を置くといった例はだれでも知っていることだが、「テリトリー侵害」の例としてはなかなかすごいものがある。満員電車で、前に立つ人の背にもたれて眠っている高校生がいた。前の人は迷惑そうにはらいのけたが、高校生はそのときだけ顔を起こして「ほとぼりがさめるのを待ち」、またすぐに同じ人の背にもたれた。

(2)コミュニケーション――車内での人と人との接しかたにはどんな形態があり、いかなる可能性が考えられるのか。この設問に対する答えは、うすら寒いものである。つまり、「異常な行動や迷惑行為に対する反応として」起こることが多く、「そのため一方通行のコミュニケーションになりやすい」[*4]のである。中年のサラリーマンが、押されるか足を踏まれるかしたのか、高校生にむかって「なんやおまえどこの高校や」「なんや口もきけんのか。そんなんやったらロクな社会人にならへんぞ」と怒っていたが、高校生は沈黙をまもっていた。こうした事例のほとんどすべてで、叱責される高校生（や大学生）は、ひとことも謝らず黙りこくったままであった。[*5]

(3)ルール――車内という特殊な状況で、独特な「規範」が生まれる可能性がある。だが、この仮説に合致する事例は少ない。唯一、乗客のなかに自然発生的に生まれたのではないかと思われるルールは、「ドア付近に立っている者は、いったんホームへ降りて、そこで降りる乗客を通すべし」というものだ。[*6]ある駅で止まったときに、ドア付近の初老のサラリーマンがいったん降りた。しかし、その

＊4　ここには井関のコミュニケーション概念の混乱がよく現われている。もしそれが「強いC」のことだとしたら、「一方通行」ということはありえない。

＊5　つぎの例はむしろほほえましい。大学生二人が大声でしゃべっていると、前にすわっていた中年サラリーマンが、「うるさい」と注意した。学生二人はきまりわるそうにしていたが、すぐにおどけた様子で、「こいつ、うるさくてすみません」「おっちゃん、こいつもうるさかったですよね」と言った。サラリーマンのほうも笑って、「おとなしくじっとしとけ」と言った。

＊6　電車に乗りはじめたばかりの中高生はこのルールに従わないので、降りる人にはねとばされるようにして車外に出てしまう。

駅ではだれも降りる客がいなかったので、彼は照れくさそうに車内に戻った。

このほかにも、井関は興味ぶかい事実に気づいている。電車の中で交わされる会話では、過去に車内で遭遇した異常行動や迷惑行為が話題になることがしばしばある、というのだ。[*7]

このように散発的な発見はあるものの、井関の調査が全体として迫力にかけるのは、「アドリブ・サンプリング」に宿命的な限界のためであろう。[*8] 特異な事象とありきたりなこととを隔てる〈差異〉を感知する能力は、観察者の常識や先入観によって規定されている。組織的なデータ収集をみずからに課すことによってはじめてみえてくる〈差異〉もあることを忘れてはならない。

3　「個室」の内と外——公共トイレでの行動

大橋美穂は、井関の研究とは対照的に、徹底的に定量的かつ組織的なデータ収集に挑んだ。選んだテーマは、「公共の女子トイレ」という異色なものであった。[*9] 大橋は、この空間をつぎのように特徴づける。「排泄というプライバシーに密接した行為が、扉一枚隔てて『公衆のなかで』なされる。しかも、個室とはいえ、防音もされておらず、たいへん無防備で不安定な空間である」

彼女は七月から一〇月まで、延べ一六日にわたり、大学、デパート、若者むけシ

＊7　ここでは「車内にいる」こと自体が「文脈」となり、それに整合した記憶に言及することは、「文脈効果をもつ」（つまり関連性のある）発話となる。D・スペルベル／D・ウィルソン『関連性理論』（内田聖二ほか訳、研究社、一九九三）。

＊8　行動データの組織的なサンプリングの方法としては、以下が代表的。「個体追跡法」（一個体に焦点をあて、行動や関与した相互行為を記録する）、「見渡し法」（ある時点で観察者が見渡せる全個体の行動を記録する）、「相互行為追跡法」（相互行為を継起的に追跡し、参与者の同一性にはこだわらない）。「アドリブ・サンプリング」とは、適宜、気づいた行動を記録するもっとも素朴な方法である。

＊9　大橋は、男子トイレの出入りも外側から観察しているのだが、論旨を明確にするためにこのデータは省いた。ただし、全滞在時間は女のほうが男より有意に長かった。

ョッピング・ビルの三箇所で調査を行なった。鏡の前で化粧を直すふりをしながら、個室滞在時間と水を流す回数を計測した。また、トイレから出た女性が鏡の前で行なうことを記録した。年齢層は直感的に〈ミセス〉と〈ヤング〉に分けた。
統計的検定を駆使した結果、有意な差が得られたのはつぎの一点だけであった。[*10]「〈ヤング〉のほうが〈ミセス〉よりも『二度流し』を頻繁に行なう」。「二度流し」とは、個室に入ってすぐに水洗を流し、その音で排泄音を打ち消すことである。〈ミセス〉がこれをあまり行なわないのは、「おばさん化」して羞恥心《しゅうちしん》が失われているからなのだろうか。大橋は、むしろ若い女性に顕著になった「清潔志向」がこの傾向を生んでいるのではないかと推測する。「他人が自分と排泄物を結びつけるのを嫌うだけでなく、自分自身の視覚・聴覚・嗅覚からシャットアウトすることで、自分自身と排泄物との結びつきを文字通り流し捨ててしまおうとしている」

女自身が、「女の排泄行為」という秘匿された領域にまっすぐな観察のまなざしを向け、現象を冷徹に分析している。そのあっぱれな姿勢には賞賛を惜しまないが、大きな物足りなさが残る。「公共トイレ」のどこがそんなに理論的に重要なのか。そのことをめぐる省察が、この研究には欠けている。深読みすれば、緻密な分析へと大橋を駆り立てたのは、「女の排泄」が厚い羞恥のベールに覆われていることへの反撥だったのではなかろうか。みずからの反抗心を

＊10　女性の延べ観察人数は二七五人におよんだ。全滞在時間も個室滞在時間も場所による差はなかった。当日の気温と全滞在時間または個室滞在時間とのあいだに相関はなかった。〈ミセス〉と〈ヤング〉のあいだで個室滞在時間に差はみられなかった。

見つめなおすところから、〈近代〉において「女の身体」がおかれている状況に対してさらに鋭い分析のメスを入れることができただろう。

二　リアリティの在りか——日常会話と演技の会話

1　発端——なぜ「わざとらしい」のか

わたしが奨励したにもかかわらず、日常会話をテーマとして取りあげた学生は少なかった。会話分析という作業が膨大な労力を要するわりには、どんな問題を論証すべきなのかが理解しにくいことが、敬遠された理由かもしれない。だが、ひとつだけ驚嘆すべき仕事が現われた。宇都浩一郎は、意表をつく角度から「会話」へ切りこみ、調査演習での研究を卒論へとふくらませた。[*11]

研究の着想はふとしたきっかけから生まれた。ある日、宇都が何気なくテレビのスイッチを入れたら、監視カメラがとらえたような粒子の粗いモノクロ画面の中で数人の男女が言い争っていた。だが、宇都は、瞬時にして、それがドラマの一シーンであることを見破った。俳優たちの演技のどういう部分が、ドラマの会話を〈リアリティ〉から遠ざけてしまったのだろう。

宇都は、この根源的な問いに接近するために、卓抜な分析方法を考えついた。

＊11　この節のタイトルは、彼のすばらしい卒論の題名をそのまま借用している。

日常会話を台本化して、それを俳優に上演させるのである。まず、男女二人の会話をビデオに収録し、そこから演技が比較的楽と思われる断片を抜粋し、台本を作った。この台本では、ある台詞からべつの台詞へ移行するタイミングをぼかし、「ターン交替」の自由度を確保する工夫をした（表参照）。[*12]

2 「できない」ことと「やりすぎる」こと——演技の限界

宇都の分析は膨大なものなので、ここで詳しく紹介する余裕はとてもない。わたしは、彼の調達した俳優たちの迫真の演技に何度もげらげら笑ったが、この愉快な鑑賞体験を通じてとくに深く心に刻まれた「驚き」をラフに素描するにとどめる。

第一は、演技と比較したときの〈現実会話〉の驚くべきスピード感である。〈現実会話〉のほうが、一分ちょっとで終わってしまうのに対して、演技では、どのヴァージョンもその一・五倍から二倍もの時間がかかっている。〈現実会話〉の速度を保証しているのが、会話分析理論でいわれる「移行適切場」の流動性である。[*13] 聞き手は、話し手が話している途中でその内容を先どりして口をはさむことがある。また、話し手は、「笑い」や「息つぎ」によって一瞬発話を途切れさせることがある。聞き手は、これを移行適切場と誤認して話しはじめるが、話し手が発話を再開するのに気づき、とりかけたターンを「放棄」する。どちらの場

＊12　この破天荒の試みを可能にしたのが、宇都の来歴と交友関係であった。彼は高校で演劇部に所属していた関係で、大学に入ってからも、周囲にはセミプロの舞台俳優として演劇活動に没頭する友人が何人もいた。〈現実会話〉は若い男女間で交わされていたので、俳優は男女のペアを二組用意し、それぞれのペアに、ⓐテレビドラマ風の自然な発声による演技とⓑ大ホール風の大勢の観客を前にした演技の二通りをやってもらった。

＊13　会話分析理論の中核である、ターン・テイキング（順番どり）について説明する。ターンとは、話者が至近的な未来にむけて投射する「完結可能性」として定義される。聞き手は、

表　演技者に渡した台本

	男	女
1	でも結婚するってことは、要はさ、	
2	も、ほかには手だしませんて一応もう、	
3	そこで契約してしまうわけやから	あー
4	自分ちがうかもしれんけど	なんでー（笑）
5	…やー、　　　　あれ？	や、そうやで。私、つらぬくよ。
6	〔首をかしげる〕　ふふ（笑）	や、ん…どうなんやろなー
7	でも、けつー…ふつう…〔言いかけて〕	でも自信あるー？結婚して、も、その
8	あーない、あーない、そんなんない	人としかー一生しんねんっていう…
9	そんなん全然ない。	ないやんなー、だってさー、ふっと
10		出会って「わ、やられた」って、
11		めっちゃ「この人やったんやー」って
12		人に会うかもしれへんやん。そんな不安
13		とかあらへん？
14	でも結婚する…ってのは、言うたら	
15	いっこの妥協やんか。「この人で	うん…契約やしな
16	いいか」で結婚できるわけで、	
17	「この人が最高」って結婚したら	
18	絶対もてへんと思うねんわ。だから、	
19	やっぱ、さき見越して見越して、	
20	ある意味、なんか策略みたいな感じで	
21	「この人と結婚…で、ええか」って	
22	なんか、何人か女の子会ってきて	
23	「この人でええか」みたいな	
24	かんじなるやん	うん…妥協？
25	妥協…やと思うねん、結婚は。	

注
4行目／男　「自分」：関西圏では、この語を一人称ではなく、二人称として使う地域が多い。標準語の「きみ」に対応する。
8行目／女　「一生しんねん」：「しない」の意。通常の関西弁だと「せえへんねん」「しいひんねん」。
18行目／男　「もてへん」：「もたない」（保たれない）の意。異性に「もてない」ことではない。

その完結可能性が実現する瞬間を、ターンの「移行適切場」として認知する。話者が聞き手に「質問」する場合には、「答え」を要求しているのだから、「現話者が聞き手を次の話者として指名する」ことになる。この指名をしなければ、聞き手だった者は、みずからがターンをとってもよい。聞き手がそうしなければ、現話者はさらに話しつづけてもよい。こうして、「会話」には、話者と聞き手が順次交替するという秩序が生まれる。『会話分析への招待』（好井裕明ほか編、世界思想社、一九九九）。

合にも、発話のオーバーラップが生まれる。ターンの交替や放棄の瞬間に起きる微細なかけひきは、演技者の想像をはるかに越えるものであった。それゆえ、演技のほうでは、ターン交替は、まるでキャッチボールのように、過度に整然としたものになってしまったのである。

日常会話では、相手から刻一刻と開示される情報を即時に理解することが必要とされるが、演技者は、自分と共演者の台詞を完璧に記憶していなければならない。このことから、現実にはありえない身ぶりの同調が起きてしまう。[*14] 表面上は二者の所作はきれいに噛みあうので、「いきいきした」演技にみえるかもしれないが、〈リアリティ〉のほうは確実に蝕まれている。

日常会話では、慣習化されていない「隠喩的身ぶり」[*15]が、話者によって即興的に「発明」されることがある。〈現実会話〉で、男は「結婚」について持論を開陳しようとしたが、女がしゃべりつづけるので、二度にわたって言いかけてやめた。二度とも、両手のひとさし指と親指で四角形（「結婚」という概念を隠喩的に表象していると考えられる）をつくる身ぶりをしたが、あきらめて「ターン放棄」する際に、この四角形をねじって反転させながら手を下へ降ろした。女の発話が一段落して、晴れて自説を披露する段になると、男は、驚くべきことに、最初の四角形ではなく、それを反転させた形を指でつくりながら話しはじめた。そのために手をねじっていることが男に違和感を与えたらしく、「手先のまごつき」にひきずられるように、発語がもつれた。

＊14　たとえば、話者が自分の目の前の空間に仮想の対象を呼びだしそれを指さすとき、まったく同時に聞き手が同じ場所を指さしたりする。現実には、聞き手は話者の「発話＋身ぶり」を理解してはじめて、自分も同じ身ぶりをするよう促されるのだから、やや出遅れるはずである。

＊15　心理言語学に依拠する身ぶり研究の第一人者デイヴィッド・マクニールは、身ぶり（gesture）を以下の四種に分類している。
類像的（iconic）：物の形状や運動の似姿を描く。

隠喩的（metaphoric）：抽象的な概念を表象する。

直示的（deictic）：現実または仮想の対象を指さす。

ビート（beat）：発話のリズムをとるような単純な手の動き。

隠喩的身ぶりの例としては、「心」「ジャンル」といった概念を表わすものが報告されている。宇都の事例では、「結婚」という概念と「四角形」とのあいだには形態的な類似は認められないから、両手の指で四角形をつくることは隠喩的な身ぶりであると考えられる。

最後に紹介した隠喩的な身ぶりほど、〈現実の〉会話で起こっている驚異的な複雑さを示すものはない。それは話者の思考と緊密に噛みあいながら生起すると同時に、相互行為の内部で進行する超微小な「かけひき」とみごとに連動している。いかに想像力に富んだ名優であろうと、〈現実〉の奥底を流れる、こうした無意識的な過程までをも再現することは不可能なのである。

この「実験的フィールドワーク」は、わたしたちが普通に行なっている「うてばひびく」ような意思疎通の奇蹟的なまでの円滑さを照らしだした。だが、それだけではない。俳優たちがリハーサルを重ね、本番にこぎつけた、そのプロセスの複雑さもまた途方もないものだ。〈演技の会話〉は「強いC」の装いをもつようあらかじめ仕組まれている。だが、そのように「仕組む」こと自体が、無数の「強いC」を撚《よ》りあわせることによってはじめて可能になったのである。

三　相互疎通の困難と希望——二つの自閉症研究

1　戸惑いから始まり戸惑いへ還る——自閉症者とのソフトボール

この世界には、相互疎通することがきわめて困難な他者が存在する。自閉症と呼ばれる知的障害の中核的な特徴は、「強いC」としてのコミュニケーション能力に深刻な欠陥があるということだ。自閉症者である長男についてわたしは何度か書いたことがあるが、[*16] 授業でとくにテーマとして推奨した記憶はない。だが、二人の学生が、自閉症者との関わりを通してコミュニケーションについて再考するという野心的な課題に挑戦した。

石井敬子は、大学入学後かるい気持ちで、知的障害者支援のヴォランティア活動にとびこんだ。青年期の〈子どもたち〉と、毎週日曜の午前中にソフトボールをするのである。[*17]

「正直いってしんどい」。土曜は早く寝て日曜は早起きし、一時間もかけて電車に揺られてゆく。電車の中ではきまって憂鬱《ゆううつ》感にさいなまれる。だが着いてしまえば、楽しい。その楽しさがなんだかわからないままに続けている。けれど、〈子どもたち〉と別れて一人になると、ふと戸惑いがこみあげる。自分にとってかれらとのコミュニケーションとは何なのだろう。

石井の専攻分野は認知心理学である。同じ分野の高名な研究者にこの戸惑いのことを話したら、「だめだね、そんなのでは」と言われた。彼女の評言は彼女に重くのしかかった。その研究者は「冷静な目で観察しなければだめだ」と言おうとしたらしい。だが、石井は、「冷静な目」を向けたとたん、〈子どもた

＊16　拙論「反響と反復——長い時間のなかのコミュニケーション」『コミュニケーションという謎』（秦野悦子・やまだようこ編、ミネルヴァ書房、一九九八）所収。また自閉症に関しては、つぎの二冊を最高の名著として推薦しておく。U・フリス『自閉症の謎を解き明かす』（冨田真紀・清水康夫訳、東京書籍、一九九一）。C・ハート『見えない病』（高見安規子訳、晶文社、一九九二）。

＊17　ソフトボール部の「部員」はレポート執筆時点で一一人、自閉症のほかに知的障害、ダウン症もいる。石井は、ついかれらを〈子ども〉と呼んでしまい、その呼びかたから抜け出せないと反省している。実際には、年齢は、石井と同年配の部員が多く、いちばん若い子でも高校一年生である。彼女が入りたてのころ、親から「うちの子と同年代の方が入ってきてくれて刺激になります」と言われたことが妙に印象ぶかかった、と石井は述懐している。

ち〉と築きあげてきた関係は崩れ、自分が感じてきた戸惑いに「借りてきたことばをあてはめる」だけのことになってしまうのではないか、と悩む。彼女は、二〇歳の自閉症の青年「ただしくん」との関わりを、詳細に記録することによって、みずからの戸惑いを見つめなおそうとする。

一〇時からの練習が始まると、ヴォランティアは〈子どもたち〉の一人と組をつくり体操をする。ただしくんの「質問」にまじめに答えていると、彼は石井と体操をしたがるようになった。言語的やりとりのほとんどは、「パターン化」したものである。[*18] たとえば、T：ブルボンはどんなマーク？／I：外が金で、中が赤／T：丸か三角か四角？／I：丸／T：どんな形？　ボールみたいの？／I：そう、ボールみたいにまん丸……、云々《うんぬん》。だが、このパターンはけっして不変ではない。ただしくんは、自分でタオルで口を塞いでわざと答えないようにしたり、逆に、石井が答えるべきことを自分で先に言ったりする。石井のほうもわざとわからないふりをしたりする。ただしくんにとっては、石井が答えるのを待つことが、スリリングな楽しみになっているようだ。

興味ぶかいのは、三年以上の歳月が経過するなかで、ただしくんがいくつかの変化をみせたことである。それまで「呼応関係」に出てこなかった「新着情報」（TVタレントの名など）が、ある日突然口にされて、そのまま定着したこ

＊18　高機能の自閉症者によくみられる特徴だが、ただしくんは精確無比なカレンダー記憶をもち、ラジオが大好きであらゆる局の社名と周波数を憶えている。また、「かたち」へのこだわりがつよく、とくに「丸」「卵型」といった曲線図形に興味を示す。

ともある。逆に、ただしくんをあれだけ虜にしていた「ブルボン」は、いつのまにか消えてしまった。

人間関係のごたごたで多くの人がやめてしまい、*19 石井に監督の役が押しつけられたあとに、思いがけない変化が起きた。ただしくんは、体操のときに石井の手をひっぱることも、つきまとって質問ぜめすることもなくなった。「いきなりチームを仕切りだした私に、どう対処していいかわからなかった」のかもしれない。「正直いってただしくんと話すことは疲れる」のだが、石井は「もう彼にとって、私の存在はどうでもよくなってしまったのかなあ」と寂しさをおぼえた。それと同時に「『疲れる』と感じる裏で、自分なりにそれを楽しんでいた」ことを実感する。

最後に、石井は、戸惑いから出発しながら、いまも戸惑いを抜け出せない自分を正直に認めている。けれど、ただしくんとの「会話」を楽しんでいた自分の姿を忘れてはならない、と彼女は考える。「それは既成のコミュニケーションから解放された私の姿であるかもしれない」のだから。だが同時に、彼女は障害を仮想的な文化とみなし、健常者と障害者の関わりを「異文化コミュニケーションの一種」とみなすような楽観論をきっぱりと拒む。障害者を美化することは、「私たち」との差異を固定化し「私たち」が「同じ色どうしのなかで

*19 〈子どもたち〉に注ぐ優しいまなざしとは裏腹に、石井は、このヴォランティア活動で関わった親たちに対しては、憤りを隠さない。親たちこそが健常者と障害者を二項対立させるこの社会のなかで、二項の「架け橋」となるべきなのに、かれらは、「障害者の親」というひとつの色で自分たちを染めあげているにすぎない、と石井は批判する。どのような軋轢があったのか記述が断片的でよくわからないが、「試合に勝つことと、みんなが楽しむことのどちらを優先するのか」「守備ポジションの配分をどうするのか」といった問題で対立が生じたとき、表面では全体の方針に賛同したような顔をしながら、プイとやめてしまう、といったことが相ついだようである。

安穏と生きる」ことを楽にするだけではないか、と石井は問いかける。

2　日常性の創出――自閉症児とプールで泳ぐ

田中克尚が自閉症児ノリオと出会ったのは、学生たちが組織する障害者支援団体に所属することを通じてであった。[*20] 彼は、まる二年間にわたって毎週月曜と水曜の放課後に、ノリオと一緒に温水プールで一時間半を過ごしてきた（回数にすると約七〇回にのぼる）。送り迎えのほうは、ノリオの母親が車で行なっている。ノリオは、見知らぬ人に対する緊張と不安が著しく強いので、プール内でも、そばにくる人とのあいだでトラブルを起こさないよう、つねに神経をくばる必要がある。

ノリオは出会ったときは、養護学校中等部の二年生（一四歳）で、レポート執筆時点では、高等部一年生（一六歳）であった。ノリオは身長一七五センチ、体重九〇キロとかなり大柄であり、対する田中は身長一六七センチ、五三キロのやせっぽちである。ノリオの母親は、活動開始当初は、田中がノリオをコントロールできるかどうか、かなり不安に思ったらしい。

この団体のメンバーは、毎回の活動が終わると「活動報告書」に記入を行ない、保護者に提出することを義務づけられている。田中が、ノリオとの関わり

＊20　この団体は純粋な「ヴォランティア」ではなく、有料のアルバイト斡旋組織である。

をふりかえるうえで、主要な資料にしたのが、この活動報告書であった。*21

親がもっとも気にするのが、「問題行動」の有無である。ノリオの場合、緊張や不安にかられて、近くにいる見ず知らずの他人の肩や腕にさわるというかたちで現われる。プールが混むことは、問題行動を誘発する最大の要因なので、最初のころは、混みぐあいにばかり目がいっていたが、二年間の後半部では、「ノリオの様子」に関する記述の分量が、前半部の三倍ほどにも増えているのだ。これは、関わりが深まったことにより、田中が自然とノリオの心の動きをわかるようになったためであろう。*22

最後に、田中は、二年間ノリオとプールで過ごすことによって「関わりが深まった」というその感覚を、「日常性」というキイワードを軸にして考察している。そこで彼はじつに印象的なエピソードを二つ挙げる。

活動が一年八ヶ月を過ぎた夏のことだ。田中は、団体の後輩である若い女性Mさんを伴って、ノリオの自宅を訪れた。ノリオは自分と関わってくれる相手をキスで迎えるという「こだわり行動」*23をもっているが、慣れっこになっていた田中は、うっかりMさんのことを忘れていた。玄関先でノリオはMさんに迫った。慌てて制止したあとに、田中は母親に「すっかり慣れっこになっていたんで、女の子だったらどうなるのかなんて考えもしませんでした」と言った。それに対する母親

*21 保護者から回収できた三六枚（一枚につき二〇〇字前後）の報告書から、九項目を抽出した。(a)総括文：「プールで泳ぐ」など活動のもっともおおまかな内容、(b)環境描写：プールの混みぐあい、天候など、(c)ノリオの様子：機嫌のよしあしなど、(d)プール内での行動：潜って遊んだ、泳いだなど、(e)問題行動、(f)ことばのやりとり、(g)その日の達成：二五メートル泳ぎきったなど、(h)田中の評価：その日の雑感、(i)以上いずれにも該当しないエピソード。

*22 たとえば常備薬の調合が変わった日の報告は以下のとおり。「プールに入ってからしばらくは心ここにあらずだったのですが、途中からいつもの楽しそうな表情になり、さらには普段よりも激しく体を動かし泳いでいました。ただ、一回静かになると、今度は過剰に神経質になり、周りの人に対する警戒心が増すようでした」

*23 自閉症の診断基準として、つぎの三つが挙げられる。(a)対人コミュニケーションの質的欠陥、(b)想像的活動の質的欠陥、(c)常同行動や儀式的段どりへの

の答えは、「田中くんもやっと親心がわかってきたわね」であった。

活動が二年を越えた初冬に、後輩のOくんも一緒に、三人でプールに入った。ちょっとの隙に、ノリオはそばにいたおばさんの脚にタッチしてしまった。田中は即座に「ごめんなさいは？」とノリオに謝罪を促し、勘弁してもらった。三人になってから、田中は「まあ、おばちゃんもふだんさわられることなんてないから、いいんじゃないの」と言った。Oくんが怪訝そうに「そんなこと言っていいんですか？」と聞き返したので、冗談の通じないヤツだと白けた。活動を終えて、母親にノリオをひきわたすときに、その事件を報告した。すると母親は「おばちゃん喜んでたんじゃない？　若い男にさわられて」と答えたのである。Oくんは唖然とした顔をしていた。[*24]

田中がキイワードにした「日常性」とは、生を満たす膨大な困難をあたりまえのこととして受けとめる、すべての民衆が身におびているはずの可能性のことである。田中とノリオのお母さんが期せずして同じ冗談をとばしたという「偶然」は、わたしたちの心を奥底から揺さぶる。「関わりが深まる」とは、そのようなユーモアのセンスを——すなわち〈勇気〉を共有することなのである。

この節で紹介した二つのフィールドワークを「人類学ではない」ときめつける人もいるかもしれない。[*25]だが、こうしたきめつけは、人類学的な想像力を

固執。「こだわり行動」とは(C)の俗称である。

＊24　田中の考察は以下のとおり。「私もノリオの母親もけっして他人に対するノリオの行為を軽視しているわけではない。むしろその逆だ。真剣に考えなければならないとわかっているからこそ、ことばに余裕をもたせ、その場のコミュニケーションの円滑化をめざすのだ」。けれど、この二つの事例がおびている重たさに比べると、田中の総括は舌たらずの感をいなめない。「ユーモアの回復」については、＊16の拙論を参照のこと。

＊25　人類学のフィールドワークが、あるコミュニティをつくって暮らす「現地の人」自身にインタビューすることを至上命令とするならば、たしかに、これらの研究はその要件を満たしていない。言語能力に大きな障害をもった人たち自身にはインタビューなどできないし、知的障害者自身がそのコミュニティの組織や制度の構築に責任をもっているわけでもない。だから、そこで「インフォーマント」になるのは、「親」であったり、「先生」であったりする。

「強いコミュニケーション」のなかだけに閉じこめてしまう。人びとの生活世界は、要所要所を「強いコミュニケーション」で束ねられながらも、その下半身は「弱いコミュニケーション」に深く浸されている。文化人類学を支配してきた「言語中心主義」から脱却し、人びとの「日常性」そのものと「関わりを深める」ためには、人類学のフィールドワークは「弱いC」にこそ思いをこらす必要がある。その意味において、知的障害者の生きる世界を探究することは、人類学にとってこのうえなく豊饒なフィールドになりうるのである。

四　コミュニケーションとしての「民俗」——伝播と伝承

1　都市伝説への接近——彦根の腹痛石

いままで注目してきたコミュニケーションとは、人と人とが同じ「場」で相互行為するときに起こるものであった。同時に、観察者の視点もまた、その「場」の内部におかれていた。だが、第1章の「お豆腐屋さん」研究で強調したように、フィールドワーカーは、現地の人と「同じ目線」に立つだけでは見えない社会状況を外部から見おろす必要に迫られることもある。コミュニケーション研究のなかに「鳥瞰的な視点」をもちこむとはどういうことだろう。

仮想例――福岡県志免町の竪坑を訪れたあなたは、カンテラを持った坑夫の姿を目撃し、その体験を友人に話す。友人は夫に話し、夫は職場の同僚に話し……二年後には「宮崎県の飫肥の竪坑に口裂け女が出る」という噂が九州一円に流布されている。

実際の「話の場」で起きたのは、「コワかったよぉ」とか「コワイ話聞いちゃった」といった前置きで始まる「物・がたり」であろう。聞き手も「そんで？　そんで？」などと言いながら、先を促しただろう。つまり「強いC」が起きていたのである。けれど鳥瞰的にみれば、複数の場を貫通して「公的な表象」が変容しながら伝わっていったのである。[*26] このような過程を〈伝播〉と呼ぼう。「都市伝説」とは、こうした伝播のプロセスを経て成立する。

彦根から通学する松岡久美子は、「わが町彦根」に何か調査の題材はないかと迷ったあげく、前から気になっていた「腹痛石《はらいたいし》」をとりあげることにした。腹痛石とは、彦根城を望む住宅地の道ばたに置かれた高さ五〇センチほどの石であるが、触れると腹痛を起こすという伝説がある。[*27] この伝説について聞き歩く過程で、松岡は「一連の因縁噺」に出会った。すでに郷土史家によって出版された噺を紹介したうえで、松岡が聞いた順に三つの異伝を掲載する。[*28]

異伝A「八幡の運転手」〔宮岡思洋　初出一九五四（昭和二九）年〕　昭和一四、

＊26　表象（representation）は、心的（mental）なものと、公的（public）なものに二分される。心的表象とは、人間が心の中に抱くいっさいであり、五感のすべてを資源としうる（キンモクセイの匂いを思いうかべるといった場合は、嗅覚が資源となる）。公的表象とは、心的表象が知覚可能な物理的実在に変換されたものである。「キンモクセイ」と言ったり、キンモクセイの絵を描けば、それは公的表象になる。D・スペルベル『表象は感染する』（菅野盾樹訳、紀伊國屋書店、二〇〇一）

＊27　腹痛石は「本体」と、その前に置かれた丸い石の二つに分かれている。本体の正式名称は「巡礼の腰掛石」である。丸い石は「重軽石」と呼ばれる。「重軽石」とは、古来から「石占い」に使われたものである。なにか願をかけてこれを持ちあげ、軽くあがれば願いがかなうが、重く感じるとかなわないという。

＊28　これらの語り手は七一〜七五歳の男性である。

五年頃、八幡町のトラックが誤って溝にはまり、石にあたった。石は三片に砕けてしまった。さわってもおなかの痛くなるような石を砕いたからには何ごとか起こるのではないかと案じていたら、果たしてその日のうちに、トラックは八幡への帰途、能登川付近で汽車に衝突し、運転手は即死した。人びとは僧を呼んで供養し、三片の欠け石をセメントでつなぎ合わせ、道の傍らに安置した。*29

異伝B「倒産」　石の置いてある角のところには、かつてIさん・Zさん父子の建築事務所があって、そこにしょっちゅう車が出入りしていた。おそらく事務所の入口に車を入れるために、石の置いてある辻で車をきりかえしていたときに、石に当てたのだろう。石を割ったのはZさんで、石をつなげたのはIさんだった。その後、大きな仕事を請け負ったが失敗して会社は倒産した。倒産は戦後のことだったのではないかと思う。

異伝C「吉川病院」　子どものときに聞いた話。今の丸桝商事の場所に吉川病院があった。自分は吉川先生を知らないが、子どものころは「吉川病院」と看板が出ていた。吉川先生は、まだ彦根に車が二、三台しかなかったころ、車をもっていた。診察に行く途中に石にぶつかり、石が割れてしまった。そのままにして走り去ると、一時間もしないうちに「さりょう」の踏切で事故に遭い、汽車に轢かれて亡くなってしまった。

異伝D「小林病院」　昭和一〇年以前、おそらく八年ごろだと思う。町にまだ二、三台しか車がなかったが、今の丸桝商事のあった場所に小林病院というのが

*29　この噺に出てくる八幡町とは、彦根市の南に位置する近江八幡市内にある八幡町のことではないか、と松岡は推測している。

あって、そこの先生が車を使っていた。この小林先生が、往診かなにかのときに、石に車をぶつけてしまった。何もないといいが、と思っていると、果たして、即日、能登川の「さりょう」の踏切で事故に遭い亡くなってしまった。列車につっこんだか何かしたらしい。自殺か事故かもわからない。子どもだったので詳しい話は聞かされなかった。[*30]

四つの異伝を比較対照し、松岡は、この「都市伝説」が伝播したプロセスを大胆に再構成した。そこで彼女が依拠したのは、「デマ」の社会心理学[*31]で提唱された「強調の法則」である。以下の議論に関連する項目のみを示す。

(a)強調をうける要素は数が増えたりサイズが大きくなったりする。
(b)古い事件も、ごく最近に起きた事件に転移しやすい。
(c)よくわからない事件も、自分のよく知った事件として「枠づけ」される。

最後にめぐりあった異伝D「小林病院」こそ、一連の噺の祖型であると考えられる。異伝Cは、Dとほぼ同一のかたちをもっているが、「強調」による変形をうけている。「小林先生」が「吉川先生」に変わっているのは、「強調(c)」によって理解できる。「吉川病院」はこの町に長くあり、近隣の人びとによく知られていたのに対し、「小林病院」は短期間しか存在しなかった。そのため、少年時代の語り手の耳にこの噺がとどくまでのあいだに、なじみの薄い「小林先生」からよく知られていた「吉川先生」へと枠づけの変化が起きたと考えられる。他の細部

＊30　歴史的には、現在の丸桝商事の場所には、昔、醤油屋があり、その後、小林病院、吉川病院、丸桝商事へと代わっていったらしい。

＊31　G・W・オルポート『デマの心理学』(南博訳、岩波書店、一九五二)。

には「強調(a)」が働いている。D→Cとすれば、「即日→一時間もしないうちに」「往診かなにかのときに→診察に行く途中」「列車につっこんだか何か→事故に遭い汽車に轢かれ」など、要素の強度が増したり、曖昧《あいまい》さを含んだ表現が断定的なものに変わっている。

つぎに、異伝Aが成立する過程でD／Cにおける「医師」が、異種要素である「トラック運転手」に置き換わった。ここでも「強調(a)」が働き、ただの「車」が「トラック」に格上げされたのだろう。さらに異伝Aを母体にしてBが成立したと仮定するなら、ここで異質な要素が混入して、噺は大きく変形されたことになる。「事故死→倒産」となってしまったのだ。ここでは「強調(b)＋(c)」が働き、「昔のよく知らない事故→最近のよく知っている倒産」へと転移と枠づけの変化が起きたのであろう。

それにしても、松岡のいう「祖型」(異伝D)に対応するような事件が、過去に本当にあったのだろうか。彼女は、彦根市立図書館で昭和七年から一〇年の新聞の地方版をマイクロフィルムで調べたが、それとおぼしき事故の記事を発見することはできなかった。*32 ただ、当時、踏切事故はかなり多く、こうした噺が想像される余地は十分にあったということだけはわかった。

松岡は、腹痛石の歴史について緻密な文献考証も行なっており、その旺盛な知的好奇心には圧倒される。「民俗学」のレポートとして非のうちどころがな

*32 ただし、欠落している日付も多いので、「そんな事故はなかった」と確言することもできない。噺に出てくる「さりょう」の踏切がどこを指すのかは不明だが、異伝Aに登場する「八幡町」の所在地と推測される近江八幡の踏切事故の記事は見つかった。しかし、事故を起こした人の名前や状況は、腹痛石にまつわる噺とはおよそ似ても似つかぬものであった。

いことを認めたうえで、この研究にさらに「人類学」的な視点を導入してみよう。

まず注目したいのは、傍点部の「何ごとか起こるのではないかと案じていたら」「何もないといいが、と思っていると」といった文体の奇妙さである。だれがこのような心配をし、その心配をだれにいつ語ったのだろう。

「話者」を曖昧にした「自由間接文体」こそ、従来の民族誌を支配するものだった。[*33]「○○社会の人びとは、『＊＊』と信じている」といった報告文がその典型である。現実には、○○社会に属する生身の個人が、あるときどこかで「＊＊だヨ」と発話したはずである。腹痛石伝説の曖昧な文体は、《発話原点》を曖昧にして民族誌を書くことに対する鋭い警告となっているのである。

都市伝説が伝播した過程を鳥瞰的に再構成することは、推理小説のような知的興奮に溢れている。[*34] だが、それだけでは、人類学の資材として心もとない。いったん手にした「鳥瞰図」から「相互行為の場」の内部に復帰する工夫が求められる。なぜなら、「物語」という表象は、語り手自身の認知や記憶の傾向性によってだけでなく、聞き手との「やりとり」を通じても変容しうるからである。たとえば、異伝の担い手たちを一堂に集めて討論させるといった実験的手法は、「伝播」の結果論ではなくその生成論への道を拓くだろう。[*35]

＊33　この問題への鋭利な批判は、以下を参照のこと。D・スペルベル『人類学とはなにか』（菅野盾樹訳、紀伊國屋書店、一九八四）。

＊34　そのような知的興奮が好きな人のために、現代アメリカの都市伝説研究として有名なものを一冊だけ挙げておく。J・H・ブルンヴァン『消えるヒッチハイカー』（大月隆寛ほか訳、新宿書房、一九八八）。

＊35　わたしは、グイ・ブッシュマンの民話が日常会話のなかで「かけあいで語られる」場面を詳しく分析したことがある。拙著『語る身体の民族誌』（京都大学学術出版会、一九九八）の第五章「物語の愉悦」を参照のこと。

2 〈ニイ〉から〈若い衆〉へ——西浦田楽の伝承過程

鳥瞰的な視点から「民俗芸能の伝承」を眺めれば、「伝播」とよく似たことが起きていることは明らかだ。都市伝説の場合は、空間的に離れた場から場へと「噺」が伝わるのに対して、民俗芸能の場合には、世代から世代へと時間軸をつらぬいて特有の「身体技法」が伝わってゆく。しかも、「無形の文化財」がそうころころと変容することは許されず、原則的には同一性を保持したまま伝えられねばならない。[*36] コミュニケーション研究の観点からもっとも重要なことは、「同一性の保持」という至上命令のもとで、どのような相互行為の場が組織されるかということである。

以下では、わたしが二人の共同研究者とともに五年以上にわたって調査を継続している静岡県水窪町の西浦《にしうれ》田楽を題材にして、「伝承」という特異な実践形態を人類学的にフィールドワークする視点を明らかにしたい。

西浦田楽は二百数十年の歴史をもち、〈能衆〉と呼ばれる集団に属するイエの当主と長男によって演じられる。中心となる祭礼は〈観音様〉と呼ばれ、旧暦一月一八日の夜から翌朝まで、〈地能〉三三演目、〈はね能〉一二演目を徹夜で舞う。[*37]

〈能衆〉の一人は、「舞は見て覚えるってのがいちばん重要だね」と語った。

*36 藤田隆則はこれを「保存命令」と呼んでいる。「古典音楽伝承の共同体——能における保存命令と変化の創出」『身体の構築学』（福島真人編、ひつじ書房、一九九五）所収。

*37 〈観音様〉の前夜には小規模な〈鎮守祭〉が挙行される。〈地能〉の個々の演目は、各イエにおいて父から長男へと厳密な世襲制によって継承されてきた。昭和四〇年代初頭には二四軒あった〈能衆〉のイエは、過疎化により現在では一四軒を残すのみである。当初、調査の太い軸は、世襲制崩壊の危機のなかで、舞という《身体資源》がいかに再配分されてきたかを明らかにすることであった。菅原・藤田・細馬「民族芸能の継承における身体資源の再配分——西浦田楽からの試論」『文化人類学』七〇巻二号（二〇〇五）を参照のこと。

年長者の技芸に思いをこめることは、「弱いC」の典型である。しかし、実際の練習場面では、「手とり足とり」から始まって多種多様な「教示＝習得」の相互行為が複雑に連鎖する。もちろん、これらは「強いC」によって鞏固《きょうこ》に束ねられている。年長者は名前から二字をとって「○○ニイ」という愛称で呼ばれ、青年層は〈若い衆〉と呼ばれるので、この現地語をそのまま使う。

練習は、〈観音様〉のおよそ一週間前から、二、三回行なわれる。われわれの研究の主眼は、〈若い衆〉たちが〈ニイ〉たちの舞を注視し、〈ニイ〉たちの教示に従い、ときにキツイ冗談を交わしながら、おのれの技法を磨いてゆくそのプロセスを解明することである。ここで《身体の配置》を観察することが決定的な意味をもつ。〈ニイ〉の所作を模倣するうえでもっとも合理的なのは、その真後ろに位置を占めることである。しかし、舞のほとんどは大きな回転運動を伴うので、自分の前にいたはずの〈ニイ〉がつぎの瞬間には背後になってしまうことがよくある。それゆえ〈若い衆〉たちの学習過程は、けっして単純な模倣には還元しえない。〈ニイ〉たちのほうも、横並びになって舞ったり、所作の「悪い見本」と「良い見本」をかわるがわる呈示したり、ひとつひとつ区切って言語的な説明を与えたりと、多様な教示の工夫をあみだしている。

あるとき〈能衆〉の中心メンバーが言ったことばに、われわれ調査者は深く励まされた。「今まで学者先生はなんぼでも来たが、練習から見たいって言ったのは、みなさんが初めてだ。だってぼくらのほんとうの基本はそこにあるんですもの。祭りは、ほんの氷山の一角なんですよね」

この褒めことばの背景をなす文脈を説明しよう。かの折口信夫《しのぶ》が一般に紹介して以来、西浦田楽は日本の代表的な民俗芸能として大きな注目を浴びてきた。国の重要無形民俗文化財に指定されてからは、*38 舞台の周囲にはカメラの放列が蝟集《いしゅう》し、村人自身の鑑賞はかなり阻害されるようになった。*39 民俗学的にこれほど知名度の高い対象に新しい角度から斬りこむことは、人類学的なフィールドワークの切れ味をためす試金石ともいえるだろう。そこでわれわれが企てたのが、調査者それぞれの「得意技」を生かす共同研究であった。

わたしの役割分担は「民族誌的な文脈での会話分析」である。だが、これは既成の「会話分析」とはかけ離れたものである。練習場面での発話の多くは「こうやってこう」「はいそっち」「こんどこっちむく」といったふうに、徹底的に身体の動きに従属し、身体を示すことによってのみ意味をもつ。これほど密接な身体と言語の協応を分析することによって、コミュニケーション研究に新しい地平を拓くことができるだろう。

民族音楽学者で能の専門家でもある藤田隆則は、「田楽を舞う」という協同作業の舞台裏を走っている複雑な「分業体制」を解剖することに関心を向けている。さらに藤田は〈若い衆〉になかなか体系的に教授されない秘伝（とくにステップ

*38　一九七六年に「西浦の田楽」という名称で指定された。

*39　だが、藤田は重要な観察をしている。深夜を過ぎると観光客は急速に減り、夜明け以降になると、もっとも熱心に見ている観客は〈能衆〉の家族なのである。この点を例証する談話を抜粋する。「女房が好きなんですよ、すごい。［朝］帰ってくるでしょ。で、『ご苦労様です』ってやるわけですよ、三つ指ついて。それで、草鞋をパチンとやるわけですよ、鋏が置いてあって。それでね、こう草鞋をパッと脱ぐわけ。それで祭りが終わるんですよ、うちはその瞬間に。そうすっと普通の人にパッと還るわけね。そうするとと今度は講評係りがおるわけよ、女房が（笑）。『あのナニナニちゃん、今年もうあの舞やるようになったんだね―。あのフリはお父さんにそっくりだ』とか言って。で、はじめてそのとき第三者の声を聞くわけじゃないですか、お祭りの講評を。『息が荒れてた』とか『ちょっと足がよろけた』とかね、見てるわけ。いちばんヤですよ、あれ言われるの」

の踏みかた）を構成するロジックを明らかにしつつある。こうしたアプローチは「徒弟制」の研究から生まれた「状況に埋めこまれた学習」の理論に一石を投じるものになるだろう。[*40]

細馬宏通は認知科学的な身ぶり研究の専門家である。彼は、〈能衆〉の語りに伴う身ぶりを分析し、「方角を指示する身ぶり」が揺るぎない「絶対方位」にしたがっていることを立証した。[*41]この発見は、身ぶりという半ば無意識的な行動が、いかに正確な環境認識に基づいているかを示すものである。

前途多難ではあるが、これらのアプローチを統合するような理論を造りだせるならば、それこそ「コミュニケーションの人類学」の名にふさわしいであろう。ここでわれわれが関心を向けているのは、祭礼や芸能のなかに封印された象徴や表象を読み解いたり、それに関する現地の人びとの「釈義」を吟味したりすることではない。水面下に隠された「ぼくらのほんとうの基本」すなわち現地の人たちの膨大な実践のなかに撚《よ》りあわされている、多種多様なコミュニケーションの回路を丹念に解きほぐしてゆくことなのである。

＊40　ジーン・レイヴとエティエンヌ・ウェンガーは、徒弟制をモデルにして学校教育とは対極的な学習理論を提唱し、ある仕事の共同体の周辺に身をおき、実践を積み重ねることによって徐々に充全な参加者になってゆく過程を「正統的周辺参加」（Legitimate Peripheral Participation：LPP）と名づけた。『状況に埋め込まれた学習』（佐伯胖訳、産業図書、一九九三）。

＊41　語り手が席を移し、身体の向きを変えても、身ぶりの方角指示は絶対方位と合致した。

第4章　信じることの手ざわり

一　イワシの頭も信心から[*1]

1　わからない人にはわからない？

まだ京大に教養部があったころのことだ。文化人類学実習の授業を受講していた女子学生が、地蔵盆の行事に関する発表のしめくくりに、宗教に対する思いを語った。彼女の家族はみな「霊感」が強く、神秘な力を信じている。京大受験の朝、仏壇に供えてあったお茶に茶柱が立ったまま凍りついていた。「受かる」という神のお告げだった。わたしが苦笑すると、彼女は言った。「わかってくれなくてもいいんです。わからない人にはわからないんだから」

わたしはとてもがっかりした。「わからない人にはわからない」と言いきって対話を閉ざしてしまうことは、人類学からもっとも遠い態度であると思えた。わたしがそのことをきちんと彼女に伝えられなかったのは、「信じる」人と

＊1　「宗教」調査一覧
◇「きみなが療導院での記録」石井琢悟（一九九四・工・三）
◇「修学旅行生の参拝行動」本常環（一九九四・総人・一）
◇「日本人の宗教観」上野みな子（一九九四・総人・一）
◇「地蔵盆と町の人びと」春増健一（一九九五・総人・二）
◇「新宗教はいかに人の病と人生に関わるか」石原明子（一九九六・文・M1）
◇「おみくじの文化史」山本耕平（一九九八・教育・二）
◇「京都の地蔵とその周辺」碓井隆行（一九九九・総人・四）
◇「運勢鑑定のフィールドから」安藝英里子（二〇〇〇・総人・三）
◇「現代人の宗教――モルモン教を事例に」勢島奏子（二〇〇一・総人・三）
◇「宗教法人創価学会参与観察」中禮海（二〇〇二・総人・三）

「信じない」人とのあいだに横たわる深淵をどうやったら跨ぎこせるのか、自分自身にも見当がつかなかったからだ。

2　神託はどこでつくられるか——おみくじの文化史

わたしのような無信心な人間でも、正月には初詣でに行きおみくじを買う。日本中の多くの人びとが同じようなことをしているだろう。女友だちと仲たがいしたあとなどは、「待ち人、来る」という託宣に心を慰められたりもした。「おみくじを買う」ことは、わたしたちが、「一見して非合理な信念」[*2]にいざなわれる、ささやかな機会である。

山本耕平は、おみくじの歌や託宣の文面がいかにして作られているのかに興味をもった。だが、この単純な謎を解明することは意外に困難だった。まず大学近くにある神社を訪れ話を聞いたが、おみくじの由来については何もわからなかった。つぎに、菅原道真を祀る神社で尋ねると、和歌は道真の詠んだものであり、現在の形式は明治以降続いているということだった。[*3]

どちらの神社でも、すべての和歌と託宣の内容を知りたいという願いは拒絶された。「神秘的なものだから」という理由だった。発表のとき、わたしは「それは投資不足だ。自力でたくさんサンプルを集めるべきだ」とアドバイスしたが、彼には、おみくじ購入に身銭をきる気はあまりないようだった。[*4]

＊2　ダン・スペルベルは、同名の題の論文のなかで、人間の象徴的な知識の成り立ちを斬新な手法で解きほぐしている。『人類学とはなにか』（菅野盾樹訳、紀伊國屋書店、一九八四）。

＊3　京大近くの神社では、振り箱には「大吉」「吉」「半吉」「末吉」「凶」の五種類に対応する竹の棒が二五本入っており、「まんなか」（つまり半吉？）がもっとも多い。道真を祀った神社でも、竹の棒の本数はやはり二五本だが、「大吉」「中吉」「吉」「小吉」「半凶」「凶」の六種類ある。大吉は三、四本、凶と半凶をあわせて全体の一割程度（二、三本ということか）だそうだ。

＊4　ちなみに妻がとってあったおみくじは以下のようなものだ。「わがおもう　港も近くなりにけり　ふくや追手の風のまにまに／運勢　大吉／災害自ずから去り福徳集まり誠に平地を行くが如く追手の風に舟の進むが如く目上の人の助けをうけて喜事があります　信心怠らず心直く行い正しくなさい」

図書館でもこれといった情報は集まらず、山本は焦りを深めた。だが『神道辞典』を読みなおしていると、うっかり見落としていた一文が目にとびこんだ。「全国のおみくじシェア第一位。おみくじの文面の特許を所有するのは山口県S町のJ社」。早速、J社の宮司M氏に電話インタビューを試みた。

J社は、明治三九年、M氏の祖父が設立した敬神婦人育成組織を母体とする。神道には仏教のような「女人不浄観」はないという思想のもとに、「神道における女性解放」を推進し、その活動資金をまかなうためにおみくじを作った。祖父は名の知られた歌人であり、おみくじに載せる和歌の大半をみずから詠んだ。託宣の文面は、江戸時代から伝わる〈神占い本〉を参考にして作った。[*5] J社により、明治後半には全国のおみくじの大半が作られたが、その後、時代とともに内容は徐々に変えられていった。[*6]

山本は、「現代のおみくじについて疑問点は多く残るが、その大半はJ社の作ったものであったことがわかったのは大きな収穫であった」と結論づけている。実際にJ社を訪ねたり、京都市内のおみくじ印刷会社へ話を聞きに行くことが「今後の課題」として挙げられていたが、レポート提出後には連絡が途絶えたので、追跡調査の結果はわからない。この尻切れトンボの結末は、授業の単位に拘束されたフィールドワークの限界を示すものかもしれない。

＊5　この書物は表紙が欠落しており書名はわからない。

＊6　かつては託宣項目のなかに「蚕産」「走り人」（失踪者）、「抱え人」（使用人）といった項目があった。

3　自分で決められないとき——運勢鑑定への依存

安藝英里子はもともと鬼門に関心をもっていた。[*7] 方角にまつわる民俗知について調べようと、市内にある「方除け」の寺社を訪ね歩き、丑寅禅寺で毎月定例の「運勢方位鑑定」が行なわれていることを知る。[*8] 一〇月上旬から一二月下旬まで、九回にわたって寺に足をはこび、鑑定を傍聴するとともに、鑑定士と相談者へのインタビューも行なった。

鑑定室に隣接した待合室で順番を待つ人びとには、鑑定士と相談者の様子はよく見え、相談の内容も洩《も》れ聞こえてくる。鑑定は毎月四回行なわれ、四人の鑑定士がそれぞれの担当日を受けもっている。[*9] うち二名の鑑定士から話を聞いたが、ここでは鑑定界のスター的存在であるI鑑定士（五三歳、女性）に注目する。彼女は「気学」を専門とし、出身も現住所も東京である。京都には毎月、新幹線で通ってきている。父は関西の名刹の僧侶、母は鑑定士という環境で育ち、I本人も一七歳で鑑定の勉強を始めた。学生時代は日本史の教師になりたかったが、卒業後に神道への関心に取り憑かれ、神官養成学校に一〇年間も通った。その後、関西の神社で神官を務めているときに、信者の一人からこの寺を紹介され、三年前からここで鑑定を始めた。[*10]

＊7　鬼門とは北東（表鬼門）または南西（裏鬼門）の方角のことをいい、とくに家相上、忌み嫌われる方角である。京都の町では、あちこちで「鬼門除け」を目にする。

＊8　丑寅禅寺は、比叡山延暦寺とゆかりがあり、方除けの神として信仰が篤い。寺院とはいえ、神道色がつよい。

＊9　鑑定日は毎月五日、一五日、二五日、二八日である。時間帯は午前一〇時ごろから午後三時ごろまで。鑑定料は、「おろうそく代」として支払われ、通常二〇〇〇円である。相談内容によってはアップされることもあるが、五〇〇〇円を超えることはない。

＊10　Iは神道教師であるとともに、鑑定士派遣会社、関連出版社の代表取締役社長でもある。カルチャースクールで教鞭をとるばかりか、ラジオ番組やホームページにおいて運勢コーナーをも担当している。

安藝が傍聴した鑑定は四七件、相談者の九割が女性だった。内容別にみると、上位を占めたのは、住居問題、結婚問題、仕事・職場の悩みであった。[*11]

(1)住居問題――ご主人は七五歳ぐらい、奥さんは六〇代後半。長女夫婦の引っ越し時期について。「小学生の孫のことを考えると新学期が始まる前の春休み中がよいと思うのだが、〈時期〉としてふさわしいか」「住民票の変更はいつがよいか」「表札はどんなものがよいか」といった質問が続いた。また、「自宅を一部改築してガレージを拡張したいのだが、家相的にはどうなのか」。奥さんは、「家をなぶるわけですし」「『荷物動かさなくても、釘一本打っただけでも、引っ越すことになる』って、よくいいますやろ」などと言い、「鑑定慣れ」していることが明らかだった。鑑定後に安藝がインタビューを申しこむと快く応じ、後日、自宅にまで招いてくれた。[*12]

(2)結婚問題――相談者S（二二歳、女性）と鑑定士Iのやりとり。S：最近知りあった人とつきあいたいんですけど／I：つきあってみないとわからないわ／S：相性をみてもらえないでしょうか（自分と相手の生年月日を言う）／I：相手の男性は優柔不断で、あなたがひっぱっていくほうでしょう。精神的に自立できない人ね。うざったくなるわよ／S：（小声で、悩むような話しぶり）／I：つきあってみなさい。四月までに結論がでるから／S：打つべき手はないんでしょうか／I：そんなもの打つ必要はありません／（中略：Sは迷う気持ちをくどくど述べる）／I：先生（鑑定士本人のこと）がダメと言っても結婚する人はいるしね。

*11　四七件の内訳は、結婚問題（一一）、仕事・職場の悩み（一一）、住居問題（八）、家族関係（六）、将来の不安（五）、体調・病気（四）、命名（二）であった。

*12　ご主人は京都市北部の農家の生まれ。丑寅禅寺との関わりは「生まれたときから」で、転宅、新築、改築などの際には、必ず相談にくる。また「内容について丑寅さんにうかがったら、作法については伏見区のべつの神社に相談に行く」という念の入れようだ。後者の神社からは、「お清めの砂をいただく」。
　奥さんは京都市左京区内の出身で、父方は農家、母方は造り酒屋であった。「土用に土をなぶったらあかん」「鬼門はよくない」といったことが、子ども時代から、実家ではよくいわれていた。小学校の教諭をしていたころ、知人に誘われて、姓名判断や墓相に関する勉強を七年間していた。

(3)職場の悩み――Tさんは五一歳の女性。一昨年の春から現部署に勤務しているが、そこに三〇年も勤めている同年齢のX女史にいびられ憔悴している。異動願いを出そうとも思うのだが、二年後に新しい部署がスタートする予定なので、その準備委員であるX女史が異動する可能性もある。I：異動できるんだったら、したら？　さ来年まで我慢することないんじゃない？／T：部署でいい方角とかないでしょうか？／I：ない、ない。彼女に対するあなたの気持ち次第でしょ？あたしが決めることじゃない／T：いえ「今は我慢したらいい」とか言わはるかなと思って／I：「おなかがキリキリ痛い」って言う人に「入院は今はよくないから三日後にしなさい」とは言えないわ。

これは、安藝が待合室のベンチにすわり、足もとから這いのぼる冷気に震えながら、せっせとノートに書きとった記録のごく一部である。家を「なぶる」際には鑑定してもらうことが確固たる習慣になっている老夫婦をべつにすれば、自分で決断することができない相談者たちの姿は痛ましくさえ思える。傍点部に示した相談者を突きはなすような発言は、I鑑定士のカウンセラーとしての伎倆《ぎりょう》を感じさせる。[*13]彼女は、鑑定結果を押しつけるよりもむしろ、相談者の意志を奮い立たせることを優先しているようにみえる。それにしても、これほどまでの鑑定への依存は、どんな生のかたちから育まれているのだろう。安藝が聞きとったTさんの来歴は、ひとつの手がかりを与える。

＊13　Iは、応用心理学を学んだことがあり、カウンセラーの資格ももっているというが、どんな資格なのか詳細は不明である。

Tさんは二四歳のときに父を亡くした。両親とも京都出身ではなく、近くにお墓をもたなかったので、遺骨を自宅に安置したまま五年が過ぎた。京都郊外にできた大霊園が墓地区画を売りだしたのを機に、二〇〇万円かけてお墓を建て、納骨した。その直後からTさんは体調を崩し、微熱が続いた。[*14] 半年間休職し、一時は自殺さえ考えた。友人に勧められ韓国籍の「霊媒師」にみてもらうと、「墓を建てた時期も方角も悪かった」と言われ、二万円でお祓いしてもらった。体調は徐々に回復し仕事にも復帰できた。これ以降、物事の「時期」や「方角」を気にするようになった。「新築の家に引っ越した途端に体調が悪くなって死んだなんていう人はたくさんいる」「生きるか死ぬかってことにつながるのに、信じないわけにいかないでしょ?」と力をこめて話す。

安藝は「何かを判断しなければならないとき、過去の経験の記憶は強烈にTさんによみがえってくるようだ」と、なかば同情的な筆致で書きつけている。みずからの行為が病苦や災厄をまねくことに対するすさまじいまでの《不安》が、ここから読みとれる。辛酸をなめたのちに「救われた」という経験は、特別な《学習》として、実存の深層に刻みこまれるのかもしれない。

*14 こうした経験に特徴的なことだが、いくら医者に通っても、これといった異常は発見されなかったという。

二　ミイラとりはミイラになるか？――巨大宗教との接触

1　食べてみなけりゃわからない？――創価学会への参与観察

中禮海《ちゅうれい》は、宗教というテーマに正攻法で挑んだ。信徒数一千万人以上と公称する巨大宗教の活動に参加し、その吸引力を検証しようとしたのだ。[*15] 参与観察の記録は単なる箇条書きで、読める代物ではなかったが、宗教研究の前に立ちはだかるジレンマに、彼が気づき、悩んだことは大きな収穫だった。

信徒は調査者にこう告げる。「うちのことは実際に拝んでみなくちゃわからない」「ケーキは食べてみなくちゃわからない」。だが、「実際に拝む」という単純なことが、中禮にはどうしてもできなかった。以下は、彼の告白である。

会合では、みんながやっている手前、ご本尊の前で手を合わせ「南無妙法蓮華経」とぶつぶつ呟くぐらいのことはできたが、それを一人で毎日やることには、相当な覚悟がいる。新宗教に対する抵抗感や嫌悪感が、根強く自分にあることに気づかされた。けれど、反新興宗教の人がよく言う「林檎に毒がはいっていたらどうするのか」という批判も変だ。「林檎には薬が入っているかもしれない。病気で苦しむ人に『食べるな』と命じる根拠があるのか」と反論できるからだ。

＊15　中禮が参加したのは、座談会、男子部会合、青年部会合、総本部講演会、ニューパワー集会といったものである。

「ケーキ」も「林檎」もしょせん水かけ論だ。あるパラダイム[*16]に全面的に傾倒しないかぎりそれを理解することが不可能だとしたら、人類学の実践は砂上の楼閣に終わるしかない。あくまでも「外部」にとどまりながら、「内部」の経験世界をいきいきと想像する道を見つけられないものだろうか。もどかしい思いで中禮のレポートをめくっていたら、巻末付録に貴重な手がかりが眠っていた。「入信体験」の事例が二〇以上も羅列されていたのだ。会合や行事を箇条書きするよりも、こうした語りを分析するほうがずっと有益だったろうに。

とくに興味ぶかい資料は、中禮の友人である学会員の青年が留学先からよこしたEメールである。そのなかで、彼は、「功徳」「祈り」「御加護」といった「偏見が強いことば」について、彼なりの考えをあけすけに書いている。

他人に対して思いやりをもって接していこうとする、僕の友人や先輩のパワフルな態度には感動する。極端にいえば、毎日が功徳の連続。身に起こるすべてが感謝すべきことと思えるようになった。「祈り」とは、「決意」「誓い」といった意味だ。毎朝、「きょうも最高の一日にしよう」と誓いを立て、「南無妙法蓮華経」を唱え出陣する。祈って彼女ができたって話も聞く。「世界の平和と一切衆生の幸福のために」が究極の目的だが、自身の幸福を築くことも大事だ。「祈り」という「決意」をすることで、彼女に告白する勇気をもてる。この「勇気」こそが学会員のキイポイントだ。「Aさん可愛いな、彼女にしたいな」と思っても、願

*16　パラダイムとはトーマス・クーンが提唱した科学哲学の用語で、ある時代において、研究活動の総体を規定する基盤的枠組のことである。この概念は拡張されて、人類の個別的な文化にも適用されることが多い。異なる二つのパラダイムの共約不可能性には、翻訳不可能性、知解不可能性、傾倒（コミットメント）の三つのレベルがある。前二者は、近似的に乗りこえることが可能だが、最後のレベルを突破するのは容易ではない。野家啓一『科学の解釈学』（新曜社、一九九三）参照。

望だけでは事は実現しない。決意をすることにより、願望を達成するために、具体的かつ緻密な手段・方法を考えるのだ。偶然という要素も大きなウェイトを占めるけれど、その偶然（チャンス）をつくっていくのが、信仰のすごいところじゃないかな。

これは「決断し、行為する」ことを促す、穏当な人生哲学の一種のようにみえる。神を否定する実存主義者でさえも、社会と他者に積極的に関与しようとするかぎり、似たような行動指針を掲げるだろう。なぜ、最初に「拝む」というのか。「ケーキ」を食べなければ、決意と勇気によって生を輝かすことができないのか。これこそは「外部」にとどまるかぎり解けない謎なのかもしれない。

2　伝道の道――モルモン教徒の個人史

勢島奏子の研究は、合衆国ユタ州を本拠とする特異なキリスト教セクトの実践を精密に掘り起こした力作である。前半はモルモン教の歴史と教義に関する詳しい解説にあてられているが、レポートの核心部は、五人の信者から丁寧に聞きとった「個人史」である。個人史を理解する前提となるのが宣教師制度である。男は一九歳、女は二一歳から、本人の出願に基づき宣教師に任命され、二年間の伝道に出発する。[*17] 必ず二人一組で行動する。とくに興味をそそられる

*17　各地の「宣教師センター」で数ヶ月の講習をうける。派遣先は、神の意思によるとされ、中央部からの通達で知らされる。国内か国外かは選択できる。費用は自己負担。

のは、伝道中に遭遇した「不思議な体験」である。

(1)Mさん（四十歳代、男性、会社員）は二〇歳から二二歳まで、大学を休学して、国内伝道に出た。ある朝、きょうの行き先を決めるために、相棒と二人であてずっぽうに地図を指さしたら、偶然同じ場所になった。遠いうえに雨も降っていたが、迷わずその町に向かった。だが、行く先ざきで〈強い結構〉*18をうけた。「これで最後にしよう」と思いながら、一軒の玄関を開けると、年配の男が、Mさんたちの姿を見るなり奥にとってかえし、手紙を手にして戻ってきた。「なんだか変な宗教にひっかかってるんだ」と言いながら見せてくれたのは、べつの県に住んでいる娘からの手紙だった。「モルモン教のバプテスマ（洗礼）をうけたい」という願いが切々と書かれていた。「これは、私たちの教会です」と言って詳しく説明をすると、男の表情は和らいだ。その夜、寄宿先である地区長老の家でくつろいでいると、べつの県で伝道している姉妹から突然、電話が入った。「父親からバプテスマを許してもらえない女性のために断食して祈っていたが、きょう、あなたがたのおかげで許しが出たことを知った」とのことだった。

(2)Kさん（二十歳代終わり、女性）は、大学院で国際政治学を専攻し、充実した毎日を送っていた。しかし、二五歳のとき、ポルトガルへの伝道を命じる通達を手にした。研究生活を捨てる決心がつかず、とても悩んだ。祈りと断食を続けても決断できず、焦って「あかん」と思ったとたん、〈答え〉を得た。心がすごく平安な気持ちで満たされるのを感じた。ポルトガルに着いて三日目に、彼女は貧し

*18　宣教師内部のジャーゴンで、強い調子で「結構ですっ！」と拒まれることをさす。

そうな団地を歩いていて、デボラと名のる女の子に出会った。デボラは彼女の手をつかんで家まで連れていった。なんと、デボラの母親はアンゴラ難民のモルモン教徒だったのだ。[*19]

勢島も指摘するとおり、これらの「不思議体験」はユングのいう「共時性」に近い。[*20] 離れた場所に生きる人たちが、「集合的無意識」に導かれて、奇蹟的とも思える合致を経験する。モルモン教徒でなくても、偶然が積み重なって起こる出会いを「宿命的」と呼ぶことがある。「信じない」あなたは、中禮の友人が「偶然」と「チャンス」をすりかえたことに首をかしげたかもしれないが、「信じる」あなたにとって「偶然」は神の恩寵なのである。

勢島がこの調査を始めることを知った友人たちは、「あなたは入信してもいいけど、私に布教はしないでね」と釘をさしたそうである。だが、それは杞憂で、彼女は、信徒たちが神への信仰を熱く語ることに違和感ばかり感じつづけた。「それは不快な違和感ではなく、不思議な、新鮮な違和感であったが……」

熱心にミサや勉強会に出席し、かなり精神的影響をうけながらも、バプテスマをうけることなく「俗人」にとどまったのは、「日本酒好きという煩悩が私をひきとめたといえないこともない」。こんな冗談をとばしながらも、勢島は、「絶対的な存在者としての神」という概念がどうしても腑におちない、と率直に告白して

＊19　ポルトガルに来てからは、近くに教会がないために信仰から遠のいていたという。その地域は治安が悪くて、今まで宣教師が寄りつかなかったのだが、この出会い以来、デボラの母を通じて、バプテスマをうけたいと希望する人が何人も現われた。

＊20　共時性（synchronicity）も集合的無意識もユング心理学の概念。フロイトのいう個人的無意識の深層には、人類普遍の生得的な集合的無意識の領域がある。無意識の流れというミクロコスモスは、事象の流れであるマクロコスモスと同期して、「虫の知らせ」「夢のお告げ」といった通常の因果律では説明できない経験を生む。神秘主義としてしばしば批判される考えかたである。『発達心理学辞典』（ミネルヴァ書房、一九九五）。

いる。「かといって、私はまったくの無神論者ではない。もしそうであったら、このような調査自体する気になれなかったかもしれない。なんらかの超越的な力が個々の人生に働くとする『共時性』概念のようなものには、大いに共感をもっている。coincidence と呼ばれる出来事に対して、私は物語的な意味を見出そうとするタイプである。ただ、私のなかで、その『超越的な力』に『神』という名前がついていないだけの話である」

勢島の思考の鋭利さにわたしはうたれた。ここには、「信じる」ことと「信じない」こととのあいだの黄昏域《トワイライト・ゾーン》を彷徨する心性がみごとに定着されている。

三　苦悩に向きあう装置──病治しの実践

1　オカルト治療のテクノロジー──「波動」による療導

全レポート中の白眉を紹介しよう。石井琢悟（当時、工学部金属系学科の三回生だった）は、「わが街京都研究」を旗印に発足した授業の初年度に、この驚くべき仕事を成しとげた。授業の最初に、彼は「霊感商法」で悪名を轟かせている大教団の調査をしたいと言いだした。わたしは即座にそれを禁じた。「どうしてもやるというのなら、この授業を受講することは許さない」「なぜですか」「カルト教団の洗脳技術を見くびったらダメだ。君が洗脳されたら、わたしは教育者として責任がとれない」[*21]。彼は不承不承ひきさがった。

わたしは、「こぢんまりした病気治しの宗教がおもしろいよ」とアドバイスした。彼は、イエローページを繰って、それらしい所を探しあてたのである。

きみなが療導院は、京都市近郊の住宅地の中にある。エステティックサロンの立て看板が道に出されており、薬局のような外観である[*22]。療導院は宗教法人としての認可はうけていないし、主宰者、君永多恵は、医師免許どころか、薬剤師、鍼灸師などの免許ももっていない。君永みずから明言する。「ここでやってることはほんとは〈治療〉とは口に出せない。薬事法にふれるから」。以下では、「患者」「先生」「治療」ということばをあくまで便宜的に使う。

治療の根底をなすのは「波動」である。宇宙のすべての事柄は、それぞれ特有の波動をもっている。人間が病気になるのは、その人の波動が病気の波動と合うからである。病気によって自分の魂の低さに気づいた人は、波動を高めなければならない。とにかく感謝すること。病気がおのれを気づかせてくれたことに感謝し、食べものに感謝し、平和で無事に暮らせることに感謝する。そうすれば、魂は神の領域に近づき、肉体は死んでも、精神世界に生き残れるのだ。

「初診」の患者は、〈毛髪分析〉をうけることを勧められる。患者から採取した髪の毛を民間の検査機関に送ると、その分析結果が返送されてくる[*23]。それを見て

＊21　わたしは、あとで自分の先見の明を誇った。翌年の三月に、オウム真理教の地下鉄サリン事件が勃発し、教え子をオウムに送りこんだ大学教授が非難の集中砲火をあびたのであった。

＊22　ガラス戸に貼られた看板　■施術時間（予約制）午前一〇：〇〇〜午後七：〇〇／休日：日・木曜・祝祭日　■施術内容　MRA（共鳴磁場分析器による波動チェック、波動転写）／毛髪分析（分子矯正医学）による栄養指導／プラズマ、光線、電子、イオン針療法／育毛、痩身、美顔

＊23　分析内容はカルシウム、マグネシウム、アルミニウムなど、ミネラル・重金属の含有率と、それらが正常値の範囲内かどうかという判定である。

患者の状態を把握し、栄養剤による不足成分の補充や、食習慣の改善をアドバイスする。[*24]

治療の中核を担うのはMRA（共鳴磁場分析器）[*25]と呼ばれる機器で、「磁気共鳴現象を利用して悪い波動を消す」働きをもつ。前年の五月に、三千万円の借金をしてアメリカのメーカーから購入した「オカルト機器」である。療導院の治療の目玉は、MRAで造られる〈波動水〉の飲用である。瓶詰めになった波動水の《デフォルト》は専門のメーカーが販売している。[*26]諸々の病気だけでなく「恨み」「ねたみ」といった感情にまで対応した《デフォルト水》が取りそろえられ、「悪い波動」を打ち消す波動があらかじめ「記憶」されている。いっぽうMRAには「コード一覧表」が付属しており、体の部位名、病名、精神状態、感情、等々、病気や健康に関して考えつくかぎりの事柄に「コード」（特定の数字列）がつけられている。ある患者に関連する事柄を一覧表からピックアップし、そのコードすべてを機器に入力する。つぎに、対応する《デフォルト水》の瓶を選び、MRAに挿入してスイッチを押すと、患者個人に必要な波動が水に「転写」される。こうして、特定の患者向けに調整された波動水ができあがる。[*27]

もっとも神秘的な治療が〈レイキ〉と〈遠隔〉である。〈レイキ〉とは、宇宙のエネルギーを手や身体の特定部位で吸収し、それを自分の掌を患者の患部にあてて送ることである。〈遠隔〉は、距離を越えてこのエネルギーを送る。「何日も便秘でおなかがぱんぱんに膨れてしまった人に遠隔を送ったら、すぐに電話をくれて『いま便所に行きたくなって便が出た』とか……もらう人が信じていようが[*28]

＊24　療導院の入口の横の棚には栄養剤が並べられている。患者は帰りぎわに、その棚からいくつかを買って帰る。先生の病気に対する説明には、栄養のことがよく出てくる。カルシウムやマグネシウムといった栄養素が体に対してどのように働くかを、患者とのおしゃべりのなかで説明する。

＊25　大病院で断層撮影検査に威力を発揮するMRI（磁気共鳴画像）とまぎらわしいが、もちろん何の関係もない。

＊26　だが、これらのメーカーが加入している「国際波動友の会」には先生は属しておらず、個人的に波動水の瓶を注文している。

＊27　飲む前に瓶の底を掌で叩いて「振動」を与え、一回につき瓶のキャップ一杯ぶんを舌下に注ぎこむ。一本は二〇〇ミリリットルに満たないぐらいの量だが、ちょうど一万円である。

＊28　このほかに、お産予定日を一週間も過ぎた人に送ったら

いまいが関係ないし、いつ送ってもらうか知ってなくてもいい」

不謹慎だが、わたしはこれらの記述に大笑いした。*29 だが、レポートの後半で、命がけでこの治療を受けている患者の姿をまのあたりにし、粛然とした。

(1)小児ガンが三度目に再発したYちゃん（七歳）が、母親と祖母に連れられてやってきた。「この子が病気になったのは、ほかの家族の人に知らせるためなの。健康の大切さとか食べものの大切さとかを。だから、この子が生まれてきて、嬉しいこと、楽しいことを教えてくれたことに感謝しないと。いつもこの子にありがとうって言ってあげてね。この子にもね、これだけ自分のことを考えてくれるお母さんに、ありがとう、って言うように教えてあげなさい。本人は意味なんかわからなくても、言霊《ことだま》のおかげで、そう言うだけでいいんだから」。母親は先生の顔を見つめ、うなずきながら話を聞いた。そして、先生のことばが心にしみたように「頑張ります」と言った。

(2)中年女性のZさんは車を運転して毎日通ってきている。*30 京大病院で乳ガンの診断を受けて手術日まで予約したが決心がつかず、べつの病院へ行ったら「切らねば、五年ともたない」と宣告された。「切るんはいやや、自然に治したい、精神的な面で治療するとこないかなあ」と思って、ここへ来た。そのときすでに子宮を切除していたし、その後も肛門の腫瘍を手術した。先生の金庫の中にはZさんと交わした誓約書が入っている。「すべて治療は自分の意志で決めたことで、先

すぐに産気づいたとか、泣いてばかりいる赤ちゃんに困っている人に送ったら、赤ちゃんが嘘のように笑いだした、といったことがあった。

*29　このほかに重要な治療器具を挙げておく。〈プラズマ〉は、金属の棒の先端に巻いたリード線がついた、しゃぶり飴のような形の器具である。これを手にもち団扇と同じように振ると、体に良いマイナスイオンが発せられるという。〈イオン針〉は、端子を患者の悪い部位につながるつぼに当ててこする器具である。

*30　ガンや重いアトピー性皮膚炎といった深刻な症状をもった人には〈岩の花〉が貼付される。これは、北海道のある温泉でしか採れないとされる硫黄を粉末にしたものである。粉末を患部に付け、湿布をかぶせる。一、二日後に来院すると、湿布には体液が吹きだしている。「岩の花をすると体の中の毒素が全部出てくる。新陳代謝をして体の中身を全部入れ替えなければならない。一年ぐらいかかるが、初めは反応が強く出るから、とても苦しい」

生にはいっさい責任はない」といったことが書かれている。Yちゃんのお母さんからも誓約書をとらねば、と思っていた矢先に、Yちゃんは自宅で脳梗塞をおこした。「ここでなくて、本当によかった。ほっとした」。先生の心のなかの「不安と本音」が出たな、と石井は感じた。

石井は、先生の生活史も詳しく聞きとった。OLとして働き、社内結婚後は平凡な主婦として二人の娘を育ててきた。健康食品に目ざめたのがきっかけで、「直感」に導かれ、「人類と地球を救うため」の実践へ突き進んだ。先生は客から利益をとる「商売」に罪悪感をもっているようだ。得たお金を高額の機器を購入することに注ぎこむのも、ただ「直感」ゆえである。[*31] 石井は、金儲けが目的のインチキ宗教だろうと先入観をもっていたが、先生と長い時間おしゃべりをするうちに、少なくとも彼女の「純粋さ」だけは疑えなくなった。

この療導院の民族誌からは、オカルト的な治療実践が「医学」に対してもつ《両義的な関係》がくっきりと浮かびあがる。患者の多くは慢性疾患をかかえ、病院に不信感をいだいている。それとは裏腹に、療導院には病院の雰囲気がみなぎっている。波動水製造のプロセスは「科学」の装いに包まれている。病院の薬は患者一般に向けて処方されるのに対して、ここでは「コード入力」によって、あなた一人だけに固有な《生の文脈》が「薬」に刻みこまれるのである。

＊31　MRAを買うときには、国民金融公庫から莫大な借金をした。会社勤めをするかたわら療導院の経理も几帳面に管理している夫は、ふだんは先生に口出ししないが、このときばかりは猛反対した。しかし、先生の「わがまま」に押しきられた。先生の自己評価は「素直で、だまされやすい、お人よし」である。商品購入や看板発注で何度も大金をだまし取られた。勧誘をうけると断われない性格なので、生命保険にいくつも入っている。しかし「宗教だけはいくら勧誘されても絶対入らない」と断言するのはおもしろい。

2　「治し」の共同体——Q心霊教院での経験

「信じることの手ざわり」をいきいきと感知するためには、わたし自身のフィールドワークの経験に復帰しなければならない。わたしがQ心霊教院に初めて調査におもむいたのは、一九八一年一一月のことであった。[＊32] Q心霊教院は、大正三年に、ある地方都市の郊外O＊に設立された。設立者は〈教祖〉と呼ばれ、その後、代々、代表の地位についた者は〈院長〉と呼ばれる。調査時点での院長は教祖の孫であり、その弟が副院長を務めていた。

教祖は退役軍人であり進取の気性に富んだ人で、[＊33] 村会議員も歴任した。教祖の長男（現院長の父）が子どものころ唇にひどいおできができてなかなか治らなかった。「べつに〈卑し食い〉をしてたわけじゃない。お父さん（教祖のこと）がとても厳しかったので、そのストレスでしょう」（現院長の談）。教祖は「こんなもんはわしが治せる」と言い、「えいっ」と手かざしをすると、本当にあっというまに治ってしまった。この話を聞き知った近隣の人たちが治療を頼みに来ているうちに、口コミで評判が広がり、教院設立の運びとなった。「O＊の観音様」と謳われ隆盛をきわめたが、戦後まもなく教院は試練の時期をむかえる。昭和二三年、この地方にほど近いR大学医学部の教授が精神病を装い、新聞記者を付添いに立てて潜入した。[＊34] 新聞紙上では、彼らが体験した《治療》の様子がすっぱぬかれ、

＊32　この調査は、生物学史を専攻する斎藤光（現、京都精華大学教授）と共同で行なった。

＊33　当時珍しかったハレーダビッドソンを乗りまわしたりしていた。

＊34　《信徒》である梅毒患者が、R大病院でマラリア療法を勧められたことを教院で相談すると、二代目院長（教祖の長男）から、「自分の体に虫を入れるなどまかりならん」と言われ、R大病院でマラリア原虫の投与を断わった。担当医であった教授は立腹し、医療の邪魔をする「邪教」を世に告発しようとした。

教院への批判の論陣が張られた[*35]。昭和二七年には教祖が八八歳で死去する。その翌年二月の真夜中に出火し、御殿のようだった建物は全焼した。《信徒》たちの援助で、六年後の昭和三四年に再建された。

教院の日々の活動は、訪れる〈お客さん〉(〈客〉と略記)を二泊三日宿泊させ、〈講話〉と〈思念〉を施すことである。標準的なコースは以下のとおりである。

〈客〉はまず受付に備えつけた〈毎日帖〉に氏名と住所を記入する。受付の係りは〈客〉の「悩み」を尋ね、〈客〉が出した「寸志」の金額とともに記入する[*36]。あてがわれた部屋で寝具の準備をして、五時から夕食をとる。食べ終わると講堂へ行き、座布団にすわる。六時から講話開始[*37]。あいだに休憩をはさみ、延々、一〇時まで続く。部屋に戻ると間もなく一一時の就寝時間になる。翌朝は七時に起床、掃除や祭壇への簡単な礼拝を済ませ、七時四〇分から朝食。そのあとすぐに〈思念〉が始まる。講堂の裏の細長い部屋に〈客〉が集まる。手前の待合室から一人ひとり奥へ呼ばれる。この密室で行なわれることを調査者は見ることが許されなかったが、ごく素朴な《触手療法》と《祈禱》が行なわれているようだ。一二時にすべての〈客〉への〈思念〉が終わると、すぐに昼食をとり、四時までは宿泊部屋で休養する。そのあとの流れは初日と同じである。

*35　新聞の見出しは「群れをなす狂信の徒/〝治る、治る〟の御託宣に嬉し涙/教主　霊験談一くさり」といったものだ。

*36　最低額は二泊三日の食事代と宿泊費あわせて三〇〇〇円であるが、〈客〉のほとんどは一万円以上を包んでいると思われる。

*37　院長と副院長が一日交替で行なうので、二泊すれば、二人の講話を聞くことになる。

*38　問診の一例を示す。〈客〉

最初に訪れたとき、記憶に鮮烈に焼きついた光景を順番にひろっていきたい。

教院に着くなりドキッとした。受付にすわる老人が白衣を着ていたのだ。あとからわれわれ調査者のなかで合言葉になったのは、「この空間は病院のメタファーにつらぬかれている」であった。講話を始める前に、院長は〈毎日帖〉を見ながら、「××市の〇〇さん」と一人ひとり〈客〉の名を読みあげ《問診》めいたことを始めた[*38]。〈毎日帖〉とはカルテなのだ！　ときに微笑み、ときに鋭い目で〈客〉をじっと見つめながら、矢つぎばやに質問する。中学生の孫娘を連れた老婦人は「この子の胃腸のぐあいが悪い」と答えた。するとその娘本人に家族の構成を尋ねる。「ばあちゃん、かあちゃん、弟がいます。とうちゃんはS市にいます」。院長は娘をじっと見つめ、「ああ、あんたはいい子だなあ」と優しい笑みを浮かべて言った[*39]。／問診を終えると講話が始まる。名調子で「講演資料　信仰と生活」と題された掛け軸を一枚ずつめくりながら説いてゆく[*40]。九枚の掛け軸をすべて説明し終えたときには八時をまわっていた。三〇分の休憩。院長の真骨頂は講話の後半部で発揮された。「迷いの人がいかにも多い。どういう人をさして迷いの人というか、考えてみよう」という前置きから始まり、院長が出会ってきた〈客〉の《症例分析》がいくつも滔々と語られた。最後は「喜びのお便り」を読みあげて締めくくった。

院長が語る《症例分析》はじつにおもしろかった。家族内の葛藤や性格的な

は初老の婦人である。院：R市の〇〇さん？／客：七月に一回来ました。子宮筋腫は治りましたが、一〇月末に胃が痛くなりました／院：娘さんはその後どうなりました？／客：一年間の約束で「男性と」おつきあいすることになりました／院：一年つきあったからって、どうにかなるものでしょうかね？（笑）

＊39　のちに院長は調査者に語った。少女の父親が、家を出ている原因は「ま、女でしょう」。祖母（姑）と母（嫁）の板ばさみになって、少女は胃を悪くしているという。

＊40　講話の出だしのことば。「ただ今より治る道の信仰とはどういうものか、お話しします。お客様、悪いと言って怖れるな、軽いと言って油断するな。信仰とは言うはやすし、行なうは難し。心に刻んで聞くように」。講演資料のなかには「『宗教は阿片である』カール・マルクス」といった語句まである。耳にこびりついた名文句は「汗も涙も他人のために流すをもってあたりまえと思え。自分のために流してもらったら勿体ないと思え」

欠陥によって「みずから病気を求めた人」「病気に逃げこんだ人」の哀切な姿が活写された。院長は、洞察力溢れる人間観察家であり、優れた心理療法家であるようにみえた。[*41]だが、Q心霊教は「神の心に適うことが幸福を生む」と諭す宗教なのである。家族関係の病理によって《症例》が絵解きされると「インテリ」である調査者はうっとりするが、「墓の場所」や「霊の障り」といった神秘的解釈に横すべりすると、興ざめしたような気分になってしまう。では、調査者としてのわたしは、「治療宗教」に何を求めていたのだろう。

わたしは、院長夫人が語ってくれた、この教院の過去に感動した。

最盛期には毎日一〇〇人以上の〈客〉が来て、和気あいあいと雑魚寝していた。女中は一〇人以上いたが、その日〈客〉が何人くるかわからないので、食事の支度が大変だった。教祖は下働きの人たちにとても親切で、〈客〉として訪れるアイヌや朝鮮人にも優しかった。今でもそのころの恩誼を忘れずに、年一回の「教祖祭」に来る人が多い。

〈客〉をもより駅から運ぶ乗合馬車の馬丁が「〈観音様〉に来てはじめて人間らしい扱いをしてもらった」と洩らしたという逸話に、わたしは胸が熱くなった。そこにわたしは、失われた牧歌的共同体の幻像を見ていたのだろう。卒論研究の学生である山崎幹夫[*42]とともに何度か足を運び、院長と打ち解けるにつれ

＊41　院長は叔父にあたる先代院長から「あまり家のこと心のことを言うな。患者は、あの先生に見通されているな、と思って頑なになってしまうぞ」と忠告されたという。古くからの〈客〉は「治すことには変わりないんだけど、[家庭の事情を]訊くことがひとつ余分なんだわ」と辛辣な見解を調査者に洩らした。

＊42　山崎幹夫は、前衛的な映画製作に携わる個性的な青年だった。その後、缶コーヒーに関する蘊蓄をかたむけた著書を出したりもしている。このQ心霊教に関する記述は、彼のすばらしい卒論に大きく依拠している。

て、この共同体で育まれた彼の独特な人格に強く惹きつけられていった。

院長は若いころ信仰に疑いをもち放蕩三昧をした。馬をむちゃくちゃに走らせて落馬し、片脚に重傷を負った（この後遺症のため今でも片脚をひきずる）。これを機に生まれ変わった。ハンディキャップにもめげず剣道の練習に励み、有段者になった。

教祖の残した〈霊詞《れいし》〉をノートに写させてもらうために、祭壇の前に連れていかれたときのことだ。わたしは畏《かしこ》まって座卓の前に正座し、長い時間ペンを走らせた。筆写を終えて立ちあがろうとしたとき、激烈な足の痺れのため転倒した。助け起こされて恐縮しているわたしをじっと見つめ、院長は「わたしのことがこわいですか？」と問うた。とっさにわたしは、「ハイ、こわいです」と答えた。彼はとても満足そうであった。

山崎は院長から紹介されて、古くからの《信徒》を何人か個別訪問しているときに、思いがけない事実を聞きだした。「あの火事で今の院長さんはちっちゃな子を二人もなくしちゃったんだから、気の毒なこった」。山崎からこれを聞かされたとき、わたしは、にこやかな笑みの背後で院長が見つめてきた地獄のことを思った。

院長夫妻と歓談しているときに、わたしは「なぜ神を感じることができるのか」という乱暴な問いをぶつけた。すると、院長は、こんなことを語った。

教院のそばの高いところを、見たこともないような大きな道路が走っている。そんな光景をよく夢でみた。そして、最近、この地域をつらぬく高速道路が完成したとき、彼はそれが〈神夢〉であったことを知った。もうひとつ、よくみる、謎めいた夢があった。宴会場のようなところで、頭を丸坊主にした男が叫んでいる。「○○先生は、きょうは、わしがお送りするぞ！」ところが最近、神官を養成する大学の同窓会があって、久しぶりに出てみた。その夜の宴会は今までになく盛況だった。会もたけなわを過ぎたころ、彼の旧友が豪快な声をはりあげた。「A＊先生は、きょうは、わしがお送りするぞ！」その旧友は、まさに、会の主賓である恩師の名を叫んでいたのだ……。

二番目の夢の話を聞いたときに、背すじを冷たいものが走りおりた。わたしもときたま「これは今までに何度もあったことだ」と感じる。そう、それは、だれでも知っている、あの既視感というやつなのだ。「信じることの手ざわり」を想像しようとするとき、わたしがきまって思いだすのは、院長のこの「予知夢」の話である。彼とわたしはそれほど隔たっているのだろうか。ただ、彼はあの「背すじがゾッとする感じ」を〈神夢〉と呼び、わたしは〈デジャ・ヴュ〉と呼んでいるだけの違いではなかろうか。[*43]

Q心霊教院は、霊長類学から「人類学」へ転向しようとしていたわたしが最初に手がけた「人間」のフィールドだった。[*44] だからこそわたしは、ストイック

＊43　既視感（フランス語で déjà vu）とは、初めての土地に着いたとき前にも来たことがあるような気がしたり、なにかしているときに以前にも同じことがあったと感じることである。わたしは同じ町の中を歩いていたり、急な山道や崖を這い降りる夢を何度もみている（ような気がする）。またコンパで深酒をしたときなど、強い既視感をおぼえる。精神医学では「夢様状態」の代表とされ、側頭葉てんかんの前兆だといわれる。『発達心理学辞典』（ミネルヴァ書房、一九九五）。

＊44　教院の調査を始めた翌年の一九八二年七月に、わたしは、初めてのブッシュマン調査のためにカラハリへ旅立った。帰国後、院長宅を訪れ、スライド上映会をしたりもした。

なまでに厳密な方法論にこだわった。院長の語りから、彼の《世界解釈》を再構成しても、Q心霊教の宣伝に加担するにすぎないように思えた。

そこで目をつけたのが、「カルテとしての〈毎日帖〉」であった。〈客〉の性別、年齢、職業、居住先、病名、そして〈寸志〉の金額までもがぎっしり記されたこの帳面は、「客観的データ」の宝庫と思えた。だが、昔の分でもよいから閲覧させてほしいという願いは断わられた。[*45] フィールドワークにつきものの小さな挫折にすぎなかったのに、わたしは落胆した。教院の中枢にのみ目を向けずに、〈客〉たちの語りを収録したならば、治療宗教に帰依することが必然的であるような独特な「生のかたち」を把握しえたかもしれない。しかし、当時のわたしは「談話分析」という方法論の豊かな可能性を知らなかった。今に至るまで、わたしは、この教院を主題にした論文を書いていない。[*46]

四　「非合理」への問い

〈近代〉を支配するパラダイムは「科学的な合理性」である。なにかを「信じる」現地の人たちの経験世界を「非合理的だ」と感じたとたん、あなたは、自分が身を浸している「合理性」をふりかえらざるをえなくなる。「合理性」の基底にあるのは、「AがBを起こす」という、直接観察できる因果関係だ

*45　院長は理解を示してくれたが、理事会にはかると強硬に反対されたようだ。理事会は、〈寸志〉の金額から、教院に流れこむ金の額を推計されることを極度に警戒したのであろう。

*46　ただしつぎの論文でQ心霊教院の概略にふれている。「狩猟採集民の宗教的世界と自然観」『現代における人間と宗教』（有福孝岳編、京都大学学術出版会、一九九六）に所収。

（「火に触れること」が「火傷」を起こす）。こうした因果関係は「なぜ？」という問いによって逆向きに照らされる（「なぜ彼は火傷をしたのか？」→「うっかり熾《おき》をつかんだからだ」）。

だが、実際には、あなたの生は、自分では一度も観察したことのない因果の複雑な網状組織に埋めこまれている。一対の因果「A→B」の正しさを自分の五感で確かめたという直接経験はあまりにもささやかな元手である。他の膨大な因果の正しさは、だれかがどこかで（たとえば科学者が実験室で）確かめてくれたはずだ。あなたは、「この社会」への基本的な信頼に身をゆだねるからこそ、極小の直接経験を一挙に網の全体へと拡張することができるのだ。[*47]

だが、因果の網目のなかに呼びこんで処理することが難しいような種類の問いがある。[*48]「なぜ、〈この私〉が、こんな病気になったのか」という問いは、その一例である。運勢鑑定、波動水、〈思念〉といった実践は、この種の問いに答えを与えようとする。それらに頼ることは、「医学」に傾倒することに比べると、「非合理的」なのだろうか？　ある意味ではそうである。

〈近代〉が構築してきた真理の網状組織において、個々の因果の正しさは、強い〈説得力〉にしっかり包まれている。あなたが一念発起して核物理学を猛勉すれば、「なぜ原発が膨大な電力を生みだすのか」を「ふむふむ」と理解できるだろう。もちろん、ふつう民衆には「ふむふむ」の機会など訪れはしない

＊47　関連する議論は、拙著『感情の猿=人』（弘文堂、二〇〇二）の序章で展開した。

＊48　「彼（女）は、なぜ突然、私を嫌いになったのか？」といった問いも、原因を確定することが困難な問いである。これは、《他者の超越性》というもっとも根源的な問題に関わるので、本書とは別の探究を用意しなければならない。終章では、この問題に簡単にふれた。

のだが、「納得」の可能性が確保されていることはとても重要だ。いっぽう「なぜQ心霊教院の治療は効くか？」→「教祖が奇蹟を起こしたからだ」という因果の説明は、このような意味での説得力をもたない。教祖が神秘的な治癒力をふるったという〈事実〉は歴史に属することであるがゆえに、いまとなってはその真偽を確かめることができないのである。[*49]

だが、これを《実践理性》の問題として捉えなおすならば、話は変わってくる。実践理性にとっての非合理性とは、「目標Gをめざしているとき、Gの実現にとって明らかに有益なxを行なわずに、逆にそれを妨げるyを行なうこと」と定義できる。[*50] Gを「この病気を治すこと」としよう。医学を信奉する人は、躊躇なく、x＝「b：病院に行く」、y＝「s：〈思念〉をうける」というふうに代入するだろう。しかし、いくら医者にかかっても治らないのだから、もはやbが有益かどうかはあやしい。「治す」というゴールをsが妨げるかどうかも明らかでない。しかも、sは、むきだしで呈示されるわけではない。楽しくワイワイsについて語りあう共同体のなかにあなたは導きいれられる。そのとき、その共同体が増幅しつづけるsの説得力に対してあなたが「ふむふむ」と思うことは、実践的には「非合理的」とはいえない。

運勢鑑定や療導院の事例では、鑑定士の専門とする「四柱推命」や「気学」といった秘儀的な体系、あるいはMRAのような「科学的」装いが「説得力」

＊49　ただし、教院には「物証」が陳列されている。全快した患者が「もう要らない」と言って置いていった、ギブス、松葉杖、薬包などが、講堂の外の戸棚にずらっと置かれている。以下の古参の〈客〉の語りは教祖の〈奇蹟〉の片鱗を伝えている。「石炭おろしの夜勤を何年もやっていて、左足の神経痛になってしまった。教院には正月に行ったけど、見てもらえた。教祖さんにいきなり『治ったかー！』と訊かれた。とっさに『治りましたー』と言っちまった。すると『廊下を走ってこい！』。走ってきてすわると、また『治ったかー！』『治りましたー』。今度は、『床の間の木（一抱えもある置物）を持ち上げろ！』と言われ、それをやってすわるとまた『治ったかー！』『治りましたー』。それですっかり治ったんですよ」

＊50　この議論は以下を参考にしている。S・J・タンバイア『呪術・科学・宗教』（多和田裕司訳、思文閣出版、一九九六）。D・デイヴィドソン『行為と出来事』（服部裕幸・柴田正良訳、勁草書房、一九九〇）。

の強化に一役かっていることは確かである。さらにこれらの事例に共通しているのは、その「場」自体が発揮するコミュニケーションの力である。[*51]

それゆえ「治療宗教」におもむくあなたは真理それ自体に帰依するのではない。ただ、そのような「小社会」への基本的な信頼に身をゆだねるのである。そう考えれば、わたしが「教院」に牧歌的な共同体の幻像をみたことも、あながち的はずれではなかったのかもしれない。ここに、宗教をフィールドワークすることの大きな意味がひそんでいる。

「信じる」か「信じない」かの二者択一の手前で、黄昏域《トワイライト・ゾーン》を彷徨するあなたであっても、「信じる」人たちの小社会のなかに身をおくことは可能だ。そのことを通じて、あなたは「一見して非合理な信念」にただ苦笑したり、それを侮蔑したりすることなく、深淵の向こうにある「生のかたち」を内側から想像する機会を得るだろう。最後まで深淵を跨ぎこすことはできないとしても、その手前で宙吊りになっているという感覚こそが、「科学的な合理性」を〈信じている〉みずからの生の奇妙さを見つめなおす契機となるのである。その「宙吊り」に耐えつづけることは、「客観的真理」にやみくもに傾倒することよりもずっと醒めた、リアリストと呼ぶにふさわしい態度であると、わたしには思える。

＊51　石井の観察によれば、原因不明の鬱に陥った中年の女性が、家族にひきずられるようにして「きみなが療導院」に連れてこられたことがある。はた目から見ても気の毒なほど落ちこんでいたのが、数回通院したら「いきなりころっと治った」。いつも患者たちが自分の病気や波動のことをおしゃべりしている独特な社交空間にひきずりこまれたことが、彼女の閉塞を打ち破ったのかもしれない。

第5章 「外国人／異文化」との遭遇

一 旅立ちと出会い

1 狭義の「異文化」

文化人類学とは「異文化理解」をめざす学問だといわれる。あなたの身近には、「宗教」をはじめとして、さまざまな「異文化」が息づいているが、本章の主題は、もっと狭い意味での「異文化」、つまり「日本」以外の外国の「文化」と出会うことである。[*1] そのためには、まず自分で外国へ行けばよい。また、日本にいる「外国人」と関わることも有力な方法である。本章では、この二通りのフィールドワークを視野に収めながら、「異文化理解」という行為目標《アジェンダ》に対して、かなり「挑発的」な議論を投げかけてみたい。

＊1 **「外国人／異文化」調査一覧**
◇「外国人はどこにいるのか」小林英仁（一九九六・総人・二）
◇「在日華僑のアイデンティティ」黒田友哉（二〇〇〇・総人・三）
◇「日本人バックパッカーの現状」ＫＹ（二〇〇〇・総人・三）
◇「青年海外協力隊の異文化体験」水野映美（二〇〇一・総人・三）
◇「鳥葬――死、死体の扱いに対する一考察」池田瑞恵（二〇〇二・総人・三）
◇「韓国PC房（バン）事情」小木郁夫（二〇〇二・総人・三）
◇「日本におけるイスラーム」桜間瑛（二〇〇二・文・二）
◇「日韓囲碁用語比較」山内熱人（二〇〇二・総人・三）

2 海外放浪者の生活と意見――バックパッカーの生態

何ヶ月も海外を放浪したという経験をもつ学生は、昨今、さほど珍しい存在ではない。フィールドワークという課題を与えられたとき、そうした経験を「資本」として活用しようと思うことは、自然な発想であろう。KYは夏休み中に海外旅行先で出会う日本人について調査するという計画を発表した。わたしは彼に「旅の心構え」を説いた。「つねにフィールドノートを携行すること。その場でメモするのが難しければ、記憶が確かなうちに書くこと。それも無理ならば、夜寝る前に克明な日誌をつけること……」結局、KYはどれひとつとして実行しなかったのだが、なんとかレポート提出にこぎつけた。

KYは、インド、パキスタン、トルコを旅行する過程で計七七人の日本人バックパッカー（BPと略す）とことばを交わした。*2 BPたちの溜まり場は、主要都市や観光地にある〈日本人宿〉である。日本語の本（マンガを含む）や日本食にありつけるし、自炊のできるところもある。*3 一日中マンガに読みふけったり麻雀を続けたりする宿泊者もいて、〈日本人宿〉はある種の「閉鎖空間」になっているが、「旅の円滑油」*4 としてBPには欠かせない存在である。／これらの宿にはノートが備えつけられ、旅の情報が書きこまれている。なかには現地の人への差別的な言辞（「〇〇人は猿だ」）や白人旅行者への悪口も散見される。／マリファナに手

*2　内訳は、学生五八パーセント、休暇中の社会人一三パーセント、無職（またはフリーター）二九パーセントであった。無職者の大半はすでに半年以上の長旅を続けていた。

*3　現地の男性オーナーと日本人の妻とが経営しているケースが多いようである。

*4　「円滑油」は「潤滑剤」という語からの連想で、KYが造語したものと思われる。

をだすBPも多い。[*5]「BPたちのモラル低下ともいえる状況は『旅の恥はかき捨て』ということばに集約されるのだろうか。それとも、冒険心の過度の発露と捉えるべきであろうか」

こういった調子で、メディアやインターネットがBPの行動に及ぼす影響などについても「現状」がつづられる。最後に、BPに対する一般的な批判を引用し「集団でかたまり閉鎖的」「危機管理ができていない」「英語力がまったくない」といった点を、「的を射ている」と認めている。

この「脱力系」のレポートを読むと、わたし自身も力が失せてしまう。[*6]この「旅行記」は、日本の若者が海外に出かけるという実践の限界を照らしているという意味で、深刻な問題を提起している。バックパッカーなる種族が（KYも含めて）ここに描かれるような人びとであるなら、かれらは珍しい風景のなかを歩くかもしれないが、「他者」と出会ってはいない。はるばる空間移動しなくても、第3章で紹介した若者たちのように知的障害者の支援活動でもしたほうが、よっぽど濃密に「他者」と関わるチャンスに恵まれるだろう。わたしは、あえて挑発的にいいたい。「異国へ行く」ことは、人類学的な想像力にとって本質的な契機ではない、と。

＊5　とくにインドでは、出会った三四人のうち一一人がマリファナ経験者であった。

＊6　もちろん、方法論的な不備は重大だ。旅行の最中には日記さえつけず、あとで記憶をたどって書いたという点では、序章で紹介した「冬山ペンション住みこみバイト」と同列である。マリファナについては、人類学者には「脛に傷もつ身」が多いので、あまり語りたくはないが、常套句の羅列をみると、「もっと自分のことばで考えろ」といいたくなる。わたしならばここは次のように書く。「人類学を学ぶ者であれば、だれでも、土着のドラッグが神秘体験に大きな役割を果たしていることは知っている。BPたちが『意識変容』に好奇心をもつのはわからないではない。だが、かれらは、マリファナが脳を破壊する恐ろしいドラッグへの誘い水になる危険を知りながら手を出しているのだろうか。そのことに無自覚であるとすれば、単なるオッチョコチョイというしかない」

3　ウンコの始末をどうするか——マラウィの湖畔の村にて

農学部の女子学生TAの研究は、着想のユニークさとは裏腹に、初心者が陥りがちな「視野狭窄《きょうさく》」を露呈している点で、注目に値する。*7

TAは、アフリカのマラウィで、湖畔の村に二ヶ月以上滞在する機会を得た。彼女は村のトイレ事情を調べることに集中した。村では家にトイレを作らない人が多く、かれらは村の裏手の畑や道で野グソをする。雨季になると豪雨によって、人糞は湖に押し流される。村人は岸辺で食器洗いや洗濯をするので、人糞による水質汚染は健康に悪影響を与える。以前、この村で赤痢が発生したのも、人糞汚染が原因であろう。TAは、村の後背地を歩きまわって人糞の数をかぞえ、村人に「家にトイレがあるか」、なければ「なぜ作らないか」を対面アンケート形式で調査した。

アンケートの分析結果をまとめた図表はみごとなものであったが、わたしは釈然としなかった。*8 なによりも気がかりだったのは、村人の目に自分がどう映っているのかについて、TAがあまりに無頓着なことであった。糞の数をかぞえ、トイレについて根掘り葉掘り尋ねる「女」とは、どんなに不気味な存在であろう。アフリカ農耕民社会では、糞・爪・髪といった「身体から分離された

*7　本書は「民族誌的現在」を一九九四年から二〇〇二年までの九年間に限ったが、唯一の例外として、この二〇〇三年度に行なわれた調査を紹介する。

*8　カラハリで毎日野グソをしている経験からいえば、青空のもとで「する」ほうが何倍も快適である。それは好みの問題としても、広大な湖への人糞流入がほんとうに健康被害をまねいているのかどうか、現地の医療従事者と協力して、もっと確実に究明する必要があった。それよりもわたしが違和感をもったのは、アフリカの村に滞在するかけがえのない機会を、短期間で決着のつく「問題解決型調査」にふり向ける、ストイックな「実証主義者」の姿勢であった。のんびりと村人とのつきあいを楽しみ、ことばを覚え、こまごました慣習にワクワクすることがあってもよかったのではないか。「問題解決型調査」を始めるのはそれからでも遅くはない。

物質」を盗みとり、それを材料にして邪術をかけることは、妖術信仰のもっとも中心的な要素である。[*9] わたしはTAに「君は邪術師の嫌疑をかけられたかもしれない」と忠告したが、彼女は、妖術信仰について何ひとつ知らなかった。陳腐な教訓ではあるが、アフリカに行く前に「文化人類学」の勉強もちょっとはしておかなくては……。

二 「アイデンティティ」の不快――「海外に根をおろす」華僑

「異文化」をテーマにしたいくつかのレポートを読むとき、わたしの違和感をもっとも鋭くかき立てることば（概念）がある。「アイデンティティ」である。この語を気軽に口にする人に出会うたびに、大学一回生のときに耽読した小説のなかにあった「自同律の不快」ということばが蘇《よみがえ》る。[*10] 「自己が同一であり不変である」なんて、ぞっとするほど恐ろしいことではなかろうか。『異文化』に属する他者の『自己同一性』を理解せよ」というよく耳にするアジェンダに、わたしは共感することができないのだ。

在日華僑を調査したいと思ったきっかけを、黒田友哉はこうまとめている。

高校の修学旅行でシンガポールに行ったとき、自分より三歳は年下と思える華僑

*9 長島信弘『死と病いの民族誌』（岩波書店、一九八七）、松園万亀雄『グシイ』（弘文堂、一九九一）などを見よ。

*10 アイデンティティという語を日本に輸入した嚆矢は大江健三郎ではなかろうか。一九六七年の秋、高校三年生だったわたしは、新刊の『万延元年のフットボール』をむさぼるように読んだ。故郷の森に帰った蜜三郎は、湧き水を飲もうとしながら、自分は少年時代からのidentityを喪失していると考えるのであった。「自同律の不快」は埴谷雄高の『死霊』より。

の少年が、英語と中国語の両方を流暢に話すのをまのあたりにして、「単純にすごいと思ってしまった」。その後、海外旅行で訪れたどの国にも、中華料理店やチャイナタウンがあることにも感心した。「海外に根をおろして生きていくことができる力強さが、中国人の国民性なのではないだろうか、という仮説を胸に抱いて、この課題に取り組むことにした」

この出発点には首をかしげさせられる。「仮説」とは、なんらかの証拠によって支持または棄却されるべきものだが、傍点部の命題の真偽を決定できるような証拠をどうやって得ることができるのだろう。しかしここで揚げ足をとるのはよそう。黒い猫であれ白い猫であれ「優れたフィールドワーク」というネズミを捕れるのが良い猫なのだから。

まず用語の定義をしておく。「華僑」とは外国に定住している中国国籍保持者、「華人」とは居住国の国籍を有する中国出自の人のことである。黒田は、京阪神の華僑団体を何回か訪れ、華僑・華人の人びとに話を聞いた。[*11]

AY（女性、約五〇歳）は、祖父母が台湾出身の在日三世である。生まれ育った都市にそのまま住み、結婚して二児の母となり、夫の経営する貿易会社で働いている。中学までは華僑系の学校に通っていたが、高校・大学は公立である。夫とは幼なじみで同級生でもあった。小・中学校では、校内で日本語を話してはいけ

＊11　この団体は「華僑総会」と呼ばれ、祖国の政治的分裂のために、大陸系と台湾系に分かれて活動している。大陸系は、全国に三七の華僑総会をもち、原則としてメンバーは華僑のみである。これに対して、台湾系は三四の中華総会および華僑総会をもち、華人も参加できる。

ないという規則が徹底していた。[12]／とくにひどい差別を経験したことはなかったが、就職と結婚の選択肢は限定されていた。華僑資本の貿易会社に就職するか、〈三把刀〉[13]と呼ばれる華僑特有の家業を継ぐぐらいしかなかった。ＡＹの青春時代には、華僑どうしの結婚が圧倒的に多く、お見合いか、民族学校の同級生との結婚が一般的であった。／外国人登録については、指紋押捺《おうなつ》がよく批判されるが、自分はとくに何も感じなかった。[14]むしろ、三年に一回更新されるときに、登録証の写真が変わるのが楽しかった。だが、最近、夫婦で帰化申請に踏みきった。夫がインドネシアへの事業進出をはかったのだが、中国籍だと査証がおりないので、日本国籍を取得する必要があったためだ。／「アイデンティティについて伺ったところ、日本人とほとんど変わらないということだった」（レポート本文からの引用）。帰化の際も「中国人の名前を残しすぎるのは中途半端」と思い、日本らしい名を選んだ。オリンピックでも、たとえ日中間の試合でさえ、日本を応援する。子どもの結婚についても、とくに口をはさむ気はない。／最近、山崎豊子の『大地の子』を読んでいて、その主人公と同じ立場であるはずなのに自分が恵まれた境遇にいることを改めて痛感した。「血というものについてもっと考えなければいけないのかな」と黒田に洩らした。これを聞いて、黒田は「自分がふだん日本人としてのアイデンティティを考えることのないことを恥ずかしく思った」

インタビュー記録のなかで異彩をはなっているのは、在日華僑でみずから華僑問題の研究もしているＳＡ（男性）に叱責されたという事件である。

＊12　小学三年生から「日本語」の科目があったが、それ以外の授業はすべて中国語で教えられた。うっかり日本語を話すと、先生に怒られたり、席次を下げられたりした。高校時代に母校に遊びに行ったおりに、職員室で先生に話しかけたときには自然に中国語が出てきて、自分でも驚いたという。

＊13　野菜刀、剃刀、剪刀。つまり中華料理、理髪、洋服仕立てのこと。

＊14　ちょうどこの調査が行なわれた二〇〇〇年に施行された法律で、指紋押捺は廃止された。

全国各地に大陸系と台湾系の二つの華僑総会が分立している。[*15] 後者の正式名称を「留日中華民国華僑総会」という。黒田がSAへの質問のなかでこの名称を口にすると、突然怒りだした。「日本では、台湾のことをチャイニーズ・タイペイって呼んでるんですよ。台湾は国とみなしていないんですよ。知ってますか?」となじられた。「中華民国」の存在を認めない大陸系の人かと思ったが、あとでべつの華僑の人に聞くと、SAは台湾系であった。SAはつねづね「この市では、大陸系と台湾系が協力しあってきた歴史がある。〈中華義荘〉(華僑の共同墓地)だって区別していない。台湾が独立したら、お墓を二つに分けなければいけなくなって大変だ」と話しているそうだ。どうやら、彼は台湾が中国に併合される事態は避けたいが、かといってあからさまな「台湾独立」によって、国内の華僑が二分されることも怖れているようだ。つまり、台湾の実質的な独立性が曖昧《あいまい》に保たれている現状の維持を望んでいる。だからこそ、中国を刺激し、台湾への進攻をまねきかねない「中華民国」という語には拒否反応を示すのだ。[*16]

右の逸話には、フィールドワークにとって重要な教訓が含まれている。現地の人に怒られるのはショッキングなことだが、彼や彼女の「表情をおびた身ぶり」[*17]を手がかりにして、その背後に広がる世界に分けいることもできるのだ。この一点をとっても、黒田が誠実に調査を積み重ねたことは疑いえない。だが、彼がレポートの末尾で展開した「考察」は、ある意味で「力作」であるだけに、

*15　*11参照のこと。

*16　この逸話記述は、わたしの苦心の編集の産物である。該当する箇所の黒田の説明は、一読しただけでは、わけがわからない。

*17　「表情をおびた身ぶり」とは、拙著『感情の猿=人』のキイワードである(弘文堂、二〇〇二)。

わたしに（ネガティブな意味での）衝撃をあたえた。まず黒田は、当初の「仮説」をあっさりと取りさげ、むしろ、在日華僑・華人の「アイデンティティの多様性」に注目すべきである、と主張する。

いっぽうで「日本への同化」を迫る圧力に憤慨する人もいれば、AYのように「ほとんど日本人のアイデンティティといってよい」人もいる。人によってアイデンティティにさまざまなパターンがあることは確かだが、そこには一定の共通性がある。「母国」に対してまったく帰属感を感じずにいられる人はいないということだ。AYのように、ほとんど自分を日本人だと認識している人でさえも、「血は中国人（漢民族）だ」と感じるという。では、ある民族の血をひいているということは、何を意味するのだろう。たしかに人種の違いといったものは認めざるをえないが、民族と呼ばれるものには、目に見える違いのあるものもあれば、差がはっきりしないものもある。民族という実体的基盤があるにしても、完全に純血を保つことは不可能であろう。ナショナリズムが社会的構成物とされるように、民族にもそうした側面があるのは否めない。ナショナリズムは、帰属感を与えるという意味で、たしかに意味をもつ。しかし同時に、それは排他的な側面をもつ。グローバリゼーションのなかで、日本のナショナリズムの負の側面を直視し、なんらかの解決策を見出さなくてはならない。

明らかな誤謬や論理の混乱には傍点を付した。*18 文化人類学の重要なジャンル

*18 近年の人類学においては、生物学的な実体としての「人種概念」は完全に解体されている。また、「民族」を「実体的基盤」と呼ぶ人類学者はおそらく一人もいない。民族に、社会的構成物としての「側面があるのは否めない」どころか、それは、徹頭徹尾、歴史的・社会的に構成された「装置」であると考える研究者が多数派であろう。ゆえに、「目に見える違いのある民族」と「差がはっきりしない民族」を分けることに意味はない。「目に見える違い」とは、「人種区分」という捏造された尺度や「言語」といった固定的規準を密輸入したときにはじめて生まれるのだから。

である「エスニシティ論」をもっと勉強していたら、黒田は満点に近い「答案」を書くこともできただろう。だが、「文化人類学用語」を連ねてつじつま合わせをする前に取り組まなければならない、もっとも大切なことがある。それは、自分自身の〈感覚〉に目を向け、その〈感覚〉について自分のことばで考えなおすことである。黒田は、自分が「日本人としてのアイデンティティ」を考える機会の乏しいことを「恥ずかしく思った」。「なぜ恥ずかしいのか」こそが、彼が格闘すべき問いの中心になるはずだ。その問いを徹底的に突きつめることは、きっと彼を深い不安につき落とすだろう。人類学的な知とは、そのような不安と向きあうことから始まる。[*19]

黒田の「知」が表層を上すべりしているのは、彼が最初からアイデンティティという空虚な概念に呪縛されているからだ。AYやSAへのインタビューからは、生活の便宜に合わせてみずからの帰属を選ぶという「御都合主義」が浮かびあがってくる。[*20]そのような生のかたちを「アイデンティティの多様性」と呼ぶのは不正確な概念化である。在日「外国人」や海外に住む「日本人」のコミュニティを研究する際に、アイデンティティという概念に寄りかかってしまうのは、固定的な帰属意識をもつのは人間として当然だという前提に、調査者自身が安らぎを感じていることの反映なのではなかろうか。

最後にもっとも重くわだかまる違和感がある。黒田は、特高に拷問された

＊19　「血の連続性」を信じたり、自分より大きな何かへ「帰属感を感じる」ことの倫理的な意味を問うところから、この難問に挑むべきであろう。

＊20　「御都合主義」と訳したopportunismをわたしは否定的な意味で使っていない。拙著『ブッシュマンとして生きる』の第六章を参照のこと（中央公論新社、二〇〇四）。

「悲惨な体験」をもつ戦前生まれの華僑や、同化を強要するような帰化政策をとる日本の閉鎖性に憤慨する戦中派の華僑にもインタビューしている。にもかかわらず、そうした「悲惨」に対する鋭敏な想像力が、彼の考察からは読みとれない。「ナショナリズムには〈帰属感を育む〉良い面もあるが、〈排他性〉という悪い面もある」という八方美人的な結論は、排除される可能性を「わがこととして」想像したことのない人にだけいえることである。

三 異文化を書くこと

1 ネット社会の襲来——韓国のPC房（バン）

小木《こぼく》郁夫が韓国のＰＣ房《バン》に興味をいだいたきっかけは、なかなかドラマチックだ。

二〇〇二年四月のＮＨＫの番組で、ＦＢＩが九・一一テロの実行犯を追跡したプロセスを紹介していた。主犯格の一人がラスヴェガスのインターネットカフェからログインしたという証拠の画面が映し出されたとき、小木は息を呑んだ。画面の隅にハングル文字の表記があったのだ。案の定、記者の取材に応じたカフェの経営者は、韓国人であった。小木は、韓国で大流行のPCバンがすでにアメリカにまで波及していることに衝撃をうけた。

ここから、彼の探索は始まる。二〇〇二年六月から八月にかけてソウルに滞在したおりに、十数軒のPCバンで客や経営者の話を聞いた。

「PCバン」に対応する日本語訳はない。しいて訳せば「インターネットカフェ」であるが、他の国ぐにに普及しているものとは、かなり違う特徴をもっている。その特徴を浮かびあがらせることが、この研究のひとつの目標でもあった。*21

韓国のPCバン店舗数は一九九七年のわずか一〇〇店から始まって幾何級数的に増大し、二〇〇一年には一万八千店にまではねあがった。客の六〇パーセントは学生である。かれらは多くの場合、複数で来店し、思い思いにオンラインゲームやチャットを楽しんだかと思えば、何かおもしろいことがあると一台のディスプレイを取り囲み、みんなでのぞきこんでワイワイ盛りあがる。日本のインターネットカフェとの大きな違いは、飲食物の持ちこみがほぼ自由なばかりか、店の中にさえコンビニなみの豊富な品ぞろえがあるということだ。／このような空間で可能となった新しいコミュニケーションとして、「オンライン合コン」がある。チャット用DVカメラを完備した店どうしをつなげば、八〜一〇分割した画面に男女同数の動画が映しだされる。画面をスクロールするだけで、たったいま過ぎ去った会話を「思い出し」「引用する」ことが可能であり、「席が離れているから

*21　レポートの前半部は、PCバン流行の背景になっている韓国のIT（情報技術）戦略を描きだすことにあてられている。キム・デジュン大統領の号令のもと、政府主導のIT革命が急激に進行し、調査の時点では、国民の半数がインターネットを使い、七〇〇万を超える世帯がブロードバンド（高速広帯域）回線を接続していた。これは日本はもちろん米国さえをも抜く、世界最先端の普及率である。全国民に対するIT教育も徹底している。小中学校には一〇〇万台のパソコンが配備され、教室へのインターネット接続もすべて完了している。全国八〇〇箇所で、主婦を対象としたインターネット講座が開かれ、軍隊ばかりか、刑務所でさえ、IT教育が行なわれている。

話しかけられない」ということもありえない。この特徴を「会話の開放性」と呼ぶことができる。つまり、合コンの〈地政学〉［的制約］に関係なくだれとでも平等に会話できる。いっぽう、チャットには「ひそひそ話」機能も保証されているので、周囲を気にせずに「会話の閉鎖性」も確保できる。ヴァーチャルなコミュニケーションのほうが、「会話の開放性／閉鎖性」を駆使することによって、対面的なもの以上に親密なコミュニケーションを可能にする場合があるのだ。

　ＰＣバン内部での観察以外にも、ＩＴ革命の波に翻弄される社会のなかで起きるさまざまな病理現象が掘り起こされている。[*22] 小木の研究内容そのものは、サイバースペースへの依存を加速度的に強めている社会への文明批評的な色合いさえおびており、高い水準に達している。だが、このレポートを読み通すことに、わたしは多大の忍耐を要した。

　ブロードバンド七〇〇万世帯を超す／大統領のリーダーシップ／大胆な政策／教室のネット接続一〇〇パーセント／主婦もＩＴ／国民みんなが使えるように／……

　これは、レポート全編に溢れる小見出しの一部である。その下には、一口メモみたいな「情報」が掲載されている。この種の言説を「書かれたもの」として楽しむことは不可能である。[*23] ここからは、著者の思考を血肉化する「文体」

*22　ヴァーチャルな世界で取引されるはずの〈サイバーマネー〉が現実世界で売り買いされることによってひき起こされる犯罪、オンラインゲームへの耽溺をはじめとする〈ネット中毒〉、それによる怠学・怠業・精神疾患、性交渉ビデオのネット上への流出で自殺した「もとミス・コリア」、等々。さらに自殺サイトを介しての心中事件などは、日本での多発の先駆けとなっている。

*23　小木の脳のなかでは、すでに認知的な「ミクロ進化」が起きているのだろうか。それとも、コンピュータ内で作製したデータベースからコピー&ペーストをくりかえした結果なのだろうか。

が欠落している。「情報のパッチワーク」は、「生のかたち」の深みへと測鉛を降ろすことには不向きだ。どんなに優れた着眼があろうとも、そのような「知」は「異文化」の表層を軽やかに滑りつづけるだけなのである。

2 二年間で得たもの――青年海外協力隊の声

異文化のなかに長く住むということは、他に類をみない独特な体験である。その体験をくぐり抜けた人の話に耳を傾ければ、教えられるところが多いだろう。これが、水野映美の着想であった。彼女は、青年海外協力隊（以下「協力隊」と略す）[*24]に参加して二年間の任期を過ごしたOB・OGへのインタビューを実行した。全レポートのなかから「敢闘賞」を選ぶとしたら、文句なくこの調査であろう。水野の労作を検討することを通して、「敢闘」だけでは「傑作」を生めないという事情を明らかにしたい。

水野は協力隊の近畿支部で開催されたOB・OG会に出席して調査への協力を依頼した。その後、この支部とその関連機関に何度も足を運び、計一一人（男性六人、女性五人）へのインタビューをやり遂げた。一人あたり約二時間の面談をすべて録音して書き起こした。面談の大半は、あらかじめ彼女が用意した質問項目に沿って進められた。質問は、大きく(イ)赴任以前（八項目）、(ロ)任地での生活（六項目）、(ハ)帰国後（一〇項目）の三つのトピックに分けられる。[*25]

*24　青年海外協力隊（JOCV）は、調査当時、国際協力事業団（JICA）によって運営されていた。二〇歳から三九歳までの青年を開発途上国からの要請で派遣する。派遣期間は原則二年。一六〇あまりの職種要請があり、延べ派遣国は六七ヵ国、毎年約一三〇〇名の隊員が新たに赴任する。

*25　質問項目の概略だけ示す。(イ)赴任以前：協力隊を知った経緯と参加のきっかけ、国内でのキャリアアップ上予想される不利益と決断の動機、得られると期待したこと・失うと思ったこと、周囲の反応、等。(ロ)任地での生活：イメージと現実のギャップ、現地の人びとの態度とその変化、楽しかったこと・苦労したこと、日本について懐かしかったこと、外側からみた日本、去るときの気持ち、等。(ハ)帰国後：逆カルチャーショック、生活の苦労、日常生活の変化、以前の同僚や周囲の態度、帰国後の進路、新しい職場での評価、得たものと失ったこと、日本についての考えの変化、協力隊のシステムについて、国際協力について、等。

水野のレポートを手にすると、その恐るべき分量にまず圧倒される。面談記録をぎっしりプリントアウトしたページがおよそ一〇〇枚、四百字詰め原稿用紙に換算すると五〇〇枚に達する。ここでは「異文化体験」と「逆カルチャーショック」に焦点をしぼろう。

(a)四十歳代前半のSJさん（女性）は、三七歳から三九歳まで、ボリビアで「家政」を担当した。スペイン語は堪能だったし、現地のケチュア語もかじっていたからことばにはあまり不自由しなかった。売れるような手芸品を製作する方法を現地の女性たちに伝授して「生活改善」に尽力した。材料に使う一メートルぐらいの布は自前で持ってこさせるのだが、「布を買うお金がなかった」と言ってある現地女性が泣きだしたので、ワアワアもらい泣きしてしまった。仕事はすばらしく楽しかったが、役所との関係は険悪であった。[26] アジア人に対する蔑視の感情も強く、よく「チニータ」（中国人を意味する蔑称）と呼ばれた。あるとき、孤児院を訪問したおりに昼食を御馳走になっていたら、白人系の役人が来て、「あらここにもチニータがいるのね」と言った。「わしゃあチニータちゃうんじゃ」とスペイン語でぶちかましたら、みんなが凍りついた。／帰国するときは「強制送還」の気分だった。成田に着くやいなや、ひき返したくなった。「若い男たちがなんかモヤシみたいなのばっかで、耳にピアスつけてるやん、もうぞおっとしたなあ」

*26　SJによれば、ボリビアでは公務員採用試験がなく、政権党が替わるたびに公務員もすげ替えられるので、ノウハウが蓄積されない。役所（厚生省の管轄）で大げんかすると、JICAの事務所に苦情がいく。事務所に呼びだされ、こっぴどく怒られたこともある。

(b) NNさん（男性、三十歳代後半）は、三二歳から三四歳まで、ジンバブウェの首都ハラレを本拠地にして映像技術の指導にあたった（以下は語りからの再録）。一生ここで暮らしてもいいかなと思った。ほんとに楽しかった。カルチャーショックといえば、毎日がカルチャーショックだった。時間はあってないようなものだった。バス停でバス待ってて「いつ来ますか」って訊いたら「もうすぐ」って言って、で、八時間待った。ぼくらは一日単位でものを考えるけど、かれらは一生単位で考える。だから、べつに「今日がだめでも」明日着けばいいんでしょって。「今日着かなきゃ人が死ぬのか」とかね。／旅が好きだったんで、ジンバブウェ中をまわった。田舎の村に行って、テント張って泊まってたら、一夫多妻で奥さん七人いる家族が総出で来て、子どもなんか二五人ぐらいいる。歓迎だっていって、歌をうたってくれて、チキンつぶして焼いて食わせてくれる。子どもたちなんかガリガリに痩せてるのに、それでも遠くから客が来たらチキン食わせるのがあたりまえなんだ。これは極論かもしれないけど、途上国に物資とか文明とかもってくのって、先進国のエゴじゃないかな。テレビとか電話とかなくたっていい。一生、村で歌うたって踊って、一生食えて、それだったら幸せじゃないですか。毎晩、星が見えて……電気ないからね。

(c) MJさん（女性、三十歳代後半）は数年前にマレーシアで日本語教師をした。毎日がとても楽しかった。日本に帰ってから、お米のぷちぷちしたのが気持ち悪くて、蛆虫《うじむし》食べてるような感じがした。それからパスポートが切れたとき、すごく不安になった。これじゃいざというときマレーシアに帰れないぞって。
(d)NJさん（女性、二十歳代後半）は、二十歳代前半に、青少年活動のためにヨルダンに行った。彼女は国際協力の意義について、興味ぶかい見解を披露している。「私らが子どものころにね、日本にヨーヨーの世界チャンピオンって人が来たんですよ。公園になんか怪しげな人が来て、その人ヨーヨーがむっちゃうまいんですよ。で、こっちの持ってるヨーヨーにサインしてくれる。むっちゃ楽しかったですよ。それが初めて接した外人なんですよね。この前、それを一緒に見てた友だちと話してて、［現地の］子どもたちがそういう思い出つくるだけでもいいんちゃうって結論になりました」

協力隊OB・OGのナマの声は、「異文化のなかで仕事をする」という経験のすばらしさをいきいきと映しだしていて、感動的である。面談記録のあとに付加された分析のなかで水野がまとめているとおり、ほとんどの人たちは「得たものは測りしれないが、失ったものなんかない」と答えている。*27

だが、この「感動」は、果てしない面談記録の堆積のなかから、わたしがやっとの思いでつかみだしたものなのだ。記録それ自体の悪夢のような退屈さは、単に五〇〇枚という長さのせいだけではない。あらかじめ周到に用意された設問に順ぐりに答えてゆくというパターンが一一人ぶん繰り返される。その単調な反復が、やりきれない閉塞感を読む者に与える。凡庸なインタビューにおい

＊27　若い女性で「失ったものは白い肌！」と冗談をとばした人がいる。また参加することによって彼氏と別れたという女性が一人いる。一般に、男性が恋人を日本において参加すると待っていてもらえるが、その逆は無理という傾向があるという。

ては、質問を発するあなたと「情報提供者」との非対称的な関係が、Q&Aという枠のなかに閉ざされ、固定化されてしまう。素敵なインタビューでは、果てしない脱線や、統制しえぬ饒舌をくぐり抜けながら、問う者と問われる者の双方が、予測不可能な場所へ運ばれてゆくのである。

たとえ良きインタビューを果たしえたとしても、ナマのデータを読者に「丸投げ」することは許されない[*28]。水野がこの五〇〇枚を書くために費やした途方もない労力を思うとあまりに酷だが、彼女はフィールドワークの生命線を手ばなしてしまった。その生命線とは「取捨選択」をする決断力である。膨大な記録のなかに埋もれている感動を、みずからの直観とセンスを総動員して切りださねばならなかった。決断を伴わないいやみくもな労働は、かえって知の怠惰を呼びよせる。「くそまじめな精神」から抜けだしてはじめて、フィールドワークの産物は読者とのコミュニケーションの回路を流れはじめるのである。

四　異文化のなかの「私」——鳥葬の国にて

池田瑞恵がチベットの鳥葬について発表した日のことは忘れられない。テレビにデジタルカメラを接続し、なまなましい写真を呈示しながらの発表だった。わたしは、どす黒く変色した人間の手が地面にころがっている映像からなかな

＊28　この面談資料は厳密にいえば「正確な転写」ではない。「正確な転写」は、〈談話分析〉を行なうためには必須である。すなわち、談話構造・話体・修辞の分析といった、明瞭に意識化された方法論があってはじめて要求される手続きである。しかし、わたしのように談話分析を専門とする者でさえ、論文を書くときに引用するのは転写資料のごくごく一部である。そうしなければ、「書く」ことによってあなたとコミュニケーションをもつことが不可能だからだ。

か目を離すことができなかった。池田は「怖いもの見たさとゲテモノ趣味に取り憑かれたアブナイ女」のようにみえた。けれど、レポートの冒頭で彼女が「なぜ死というテーマを選んだか」を書いているのを読み、わたしはみずからの不明を恥じた。

初めてはっきりと死を意識したのは、高校一年のとき、友人が天窓を踏み割って落下し亡くなったときだ。帰りの電車のなかで、その友人と同じ中学から進学してきた女生徒が号泣しているのを見た。私は、涙ひとつ流れない自分を不思議に思っていた。家の近くに帰りついたときには夜も更け、いつものように川を渡るとき、ふと橋から下を覗きこむと、街灯の明かりも映さない漆黒の水面に吸いこまれそうに感じた。私が死を思うとき、かならず蘇ってくるのは、そのイメージである。／数日後、彼女の葬式では、中学の友人たちが久しぶりに一堂に会し、近況を尋ねあっている姿に、どこか不謹慎さを感じた。さして彼女と親しいわけでもなかった女の子たちが抱きあって泣いている姿にも、嘘くさいものを感じた。すっかりやつれた彼女のお母さんが、花に埋もれて眠っているような遺体の前で声を詰まらせても、それでもいつかは忘れ去ってしまうんだな、なんて思っていた。そして、悲しみを感じるはずの場面で、冷めた目で周りを見ている自分に戸惑っていた。

カミュの『異邦人』を思わせるような乾いた文体に、わたしはシビれた。そして、「鳥葬」を求めて旅を始めたことが、彼女自身の世界に対する向きあいかたと、深く結びついていたことを初めて理解した。

最初のきっかけは、まったくの偶然だった。チベットを観光旅行しているときに、ラサの安宿で日本人留学生から「鳥葬を見に行かないか」と誘われたのだ。一も二もなくとびついたのには、非合法な儀式に参加することへの冒険心があったことも否定できない。*29／だが、現地に着いてすぐに連れの女性が高山病で危うくなった。葬儀前夜の宿坊では、遺族とともに寝泊まりした。遺族たちは三人と七人のグループに分かれていた。三人組は、バター茶でヅァンパ（麦焦がし）をこねて食べはじめた。男たちは皆、ビールを酌みかわしていた。とくに向こうの七人組は談笑し盛りあがっていた。／翌朝、観光客たちが口元を押さえたり敬虔に数珠をいじったりするのをよそに、ラマ*30たちは居眠りまじりに読経し、鼻歌をうたいながら振りおろした斧で、頭蓋骨が割れて飛び散った。朝の柔らかな光に霧雨が反射し、濡れた石舞台が輝いていた。前夜に連れの具合が悪くなったとき意識した「死」の奇妙な静けさと、鳥葬とがどこかで繋《つな》がっているように感じた。そこには、死の恐怖を穏やかにうけとめる知恵が隠されているのかもしれない、とすら思った。だが、この印象は、チベットを通りすぎただけの自分の浅薄な理想化にすぎないのではないか。日本に帰ってからもこのことが気になり、もう一度鳥葬を見なければという思いが日増しに強くなった。／初めてのときには、せっかく遺族と寝泊まりしたのに、片言の中国語がまったく通じなかったことに懲り

*29　現在のチベットでは、「鳥葬」は法的には禁じられているので、具体的な地名はすべて伏せる。

*30　原義は「大師」のことだが、チベット仏教の僧侶を指す語として用いられる。

て、つぎの夏休みまでのあいだ中国語を勉強し、チベット語の初歩も覚えこんだ。[*31]

池田のレポートには、一回目、二回目とも葬儀の経過が精密に記載されている。とくに、遺体が解体されるプロセスの描写は微に入り細を穿っている。あなたの「怖いもの見たさ」を刺激したくないが、一点だけを強調しておく。それは、ハゲワシに遺体を食べさせるための処置がじつに丁寧で、徹底しているということだ。まず皮膚を剝いで与え、ついで四肢を関節部で切断し、五体を大まかにばらばらにしてから与え、最後に骨ばかりになると、ハンマーで細かくすりつぶし、鳥が食べやすいように小麦粉のような白い粉をかける。ハゲワシも疎らになるころには、遺体は文字どおり跡かたもなく消え失せている。

解体作業に携わる男たちは、世間話をしたり、笑ったり、おたがいをつつきあっておどけたりと、リラックスした雰囲気である。雨が降ってきたので、池田が折り畳み傘を取りだすと、一人の男がにやにや笑いながら「貸して」というように血みどろの手を差しだしてきた。自分を怖がらせようとしているのだろうと苦笑し、傘を差しだすと、笑いながらおどけて逃げていった。／二回目のときには不思議なラマに会った。北京で学んだことがあり、中国語が非常に堪能である。ものすごい早口で話すので、録音を何度も聞き返して、彼がしてくれていた詳細な説明をやっと理解できた。鳥葬場の番をしている尼僧に賄賂を渡したり、遺体処

＊31　だが、二回目に行った地方では、せっかく覚えたチベット語は何の役にも立たなかった。文字表記に対応する発音が、ラサ方言とはまったく異なるものだったのだ。

理をする村人たちに写真撮影の許可を取ったりと、さまざまな便宜をはかってくれた。だが、最初に出会ったときは、「鳥葬を見たい」と言ってもしらばっくれ、さんざん勿体をつけたあげく連れて行ってくれた。息せききって鳥葬場にたどりついたときには、すでにハゲワシが遺体に群がっていた。

レポートの後半部は長大な考察にあてられている。[*32] 仏教一般に対する知識の深さとチベット密教を短期間で勉強した集中力には、目を瞠《みは》らされるが、わたしにはこの領域を論評する資格はないので、とくに池田の独創性が光っている部分だけを抜粋する。

チベットでは死者の社会的地位に応じて、葬儀法は塔葬（高僧）、火葬（ラマ、貴族）、鳥葬（庶民）、水葬（罪人、子ども）、土葬（疫病死）に分けられるが、実際の運用はかなりの融通性をもっている。葬儀法の選択には、生態学的な制約が大きく関わっていると考えられる。森林限界を越えるチベット高原では、火葬、水葬、土葬のどれをとってもかなりの困難を伴うことが予想される。[*33] 鳥葬に関する宗教的な説明としては、「凡夫の身体を燃やした灰が昇ると、天の神々が臭がる」といった理由が挙げられるが、それ以上に注目されるのは、「疫病の死者を鳥葬や水葬にしないのは、鳥や魚に被害を及ぼさないためである」という説明である。さらに池田は、チベットにおいて家畜が捌《さば》かれるときに、肉も血も「舐め尽くすように」消費されることに感銘をうけている。こうした生活習慣と、人間の死体

*32　考察Ⅰでは、鳥葬という葬儀形態と「風土的条件」との関わりを論じ、考察Ⅱでは「チベット密教からの解釈」を論じる。

*33　チベット各所を旅行した池田の見聞によれば、標高三四〇〇メートルを越える高地には森林がまったくなく、鳥葬が行なわれているのに対し、二九〇〇メートル以下の地域では樹木が豊富で、ほとんどすべての死者は火葬で葬られるらしい。

をひとかけらも残さず他の生き物に食べさせようとする姿勢とは「どこかで通底しているのではないか」。鳥葬について考えてゆくなかで、くりかえし現われ次第に色濃くなってゆくひとつのイメージがある。それは「循環」である。「識」の輪廻転生にも似て[*34]、死者の肉体が動物に食べられ、かれらの生きる糧になるという、物質的な循環のイメージ。こうして池田は、「死の人類学」に大きな影響を与えたフィリップ・アリエスの理論と向きあう。アリエスは、西欧中世以前からの「死」に対する人間の態度の変遷を大きく時代区分したあとに、現代の死を「隠蔽」によって特徴づけた[*35]。「孤独な病室で医療機器に囲まれた死の恐ろしさが、無防備の個人に直接的に襲いかかる」。これに比べれば、転生や他界を信じるよう促す精緻な文化装置に取り囲まれたチベット文化の死のほうが、概して安らかなのかもしれない。

だが、最後に池田の思考は、大きな転回を遂げる。

私たちもまたひとつの文化を生きている以上、死に対してあるヴィジョンをもち、それに解決を与えようとしているはずである。死を受けとめる確固たる文化装置をもった共同体をいたずらに理想化するだけでは、私たち自身が死を受けとめる力を軽視しすぎることになる。「科学的真理」を信じがちな現代日本に生きる私たちにとっては、その世界観のなかで「死」の解決がなされるのが理想である。身体を構成していた元素がまた分解して他のものを形成することはだれにも否定

＊34　後期仏教における「唯識論」という考えかたによれば、日常の表層意識の奥にある「識」こそが輪廻転生の担い手である。死にあたっては「識」は肉体から離れ、解脱もしくは次の生へと向かう。識が肉体と結合している状態は「本有」と呼ばれるが、死ぬと識は肉体を離れ「中有」（バルド）の状態に入る。この期間は最大四九日である。これは壊死した肉体から離れた「識」が、再び次の生を享けるまでの期間といえる。

＊35　P・アリエス『死を前にした人間』（成瀬駒男訳、みすず書房、一九九〇）。なお内堀基光・山下晋司の『死の人類学』（弘文堂、一九八六）の序論は、このアリエスの理論に大きく依拠している。

できない。ここに、死を終末の瞬間ではなく、ひとつの大きな連続のなかの一点として位置づける見方が存在しうるようにも思う。現代の死が、アリエスの言うほど、絶望的で孤独と恐怖に満ちたものではないかもしれない、という可能性も見出せる気がするのである。*36

最初のきっかけは偶然だったにせよ、池田が異邦へ向かったのは、「異文化の珍しい習慣」を見るためではなく、ましてや「鳥葬をする人たちの文化的アイデンティティを理解する」ためでもなかった。彼女は、彼女自身の死と向かいあうためにこそ、その旅を必要としたのである。そのような旅を開始することは、二十歳《はたち》そこそこの若者にとっては、希有なことかもしれない。それはまた、「自国」の日常のなかで「異邦人」のまなざしをもってしまうことへの戸惑いとも関係しているのであろう。現在、池田が大学院で「性同一性障害」の研究をしていることも、そのような戸惑いが原動力になっているのだろう。

もし人類学にとって「異国」に旅立つことになんらかの意味があるとすれば、その異国を合わせ鏡のようにして、あなたが生きている「この国」もまた、あなたにとっての「異邦」として映し出されるからなのである。

*36　この池田の文章によって蘇った記憶がある。何年か前、「死」をテーマにしたシンポジウムの席上で、基調報告者になった内堀基光氏（東京外国語大学教授）にわたしは質問した。「わたしとは〈世界〉に等しいのではないか。わたしの誕生とともに世界は始まり、わたしの死とともに世界は終わる、と考えるのが正しいのではないか」。それに対して、内堀氏はきっぱりと答えた。「いや、わたしが世界の中に訪れ、世界から去ってゆくと考えるほうが正しいんです」。どちらの考えかたが、「わたしの死」への恐怖を軽減させるのか、わたしにはわからない。だが、池田のレポートを読んでから、秋の澄みきった大気のなかを歩くとき、わたしの「去った」あとにもこの世界が続いているであろうことへの不思議な喜びが胸に忍びこむのを感じることがある。

第II部

「謎」をひもとく

Unraveling Mystery

第II部・イントロダクション

わたしの長いレクチャーも終わり、お待ちかねの第II部の始まりである。

若者たちの優れた仕事の全貌を世に問うことこそ、本書の作製へとわたしを突き動かした積年の願いであり、類書とは大きく異なる、本書の独創性の核である。

作品の配列は、第I部の章立ての順にした。田村の「〈振売《ふりう》り〉都市に息づく野菜行商」、山田の「棚田を〈守《も》り〉する人びと」はいずれも「仕事の世界」に含まれる。比嘉の「生きものを屠《ほふ》って肉を食べる」は「社会とその周縁」に位置づけられる。高田の「摂食障害に立ち向かう女たち」と佐藤の「銭湯の行動学」は「コミュニケーションの内と外」に対応するが、前者は「周縁性」の問題とコミュニケーション論とを架橋する性格をもつ。また、前者は「談話分析」、後者は「行動観察」を方法論としているという意味で対照的である。最後の望月の「エチオピアのビデオ小屋」は『外国人／異文化』との遭遇」を描くものである。

寄稿者の身分でいえば、実社会とアカデミズムのバランスは前者のほうに傾いている（巻末の執筆者プロフィールを参照）。ジェンダーバランスは女性のほうに大きく偏っているが、第I部を読んだあなたはおわかりのように、男子学生のフィールドワークのなかにも幾多の傑作があった。ゆえに、この偏りは、フィールドワークに対する男女の関心（または適性）の差を反映するものではまったくない。

ミステリー小説の解説と同じように、ネタばらしをせずに、各章の冒頭のコメントを書くことは、なかなか大変であった。これは冗談ではなく、どの作品も上質なミステリーを読むような愉しみと感動を与えてくれる。味読されんことを。

KS

第1章

〈振売《ふりう》り〉都市に息づく野菜行商

田村うらら

Sugawara's comment

田村は二回生でこの主題と幸福な出会いをとげ、二年半かけて卒論へと結実させた。振売りを育んできた京都の地理的・文化的風土の把握からはじまって、市場経済に埋めこまれた「伝統」論へ至るまで、野菜行商のなかに折り畳まれた社会と歴史の重層性を水も漏らさぬ論証によって踏破しきった。行商人と顧客のやりとりを繊細なまなざしで写しとったところに卓越した参与観察者の能力が光っている。振売りとの出会いは、トルコの定期市へと彼女を導き、経済人類学と商取引の相互行為論とを結合する独創的な地平を拓いた。

一　私が振売りと出会うまで

大学進学を機に京都に暮らしはじめた私にとって、じつにおもしろい日常世界がここにはあった。日々のさまざまな「発見」は、はじめて実家を離れ別の土地で生活を始めた私の「異文化体験」であったといえよう。そのひとつは、「聖護院大根」「堀川ごぼう」など、それまで名前を聞いたことしかなかったような京野菜が、ごくふつうのスーパーに当然のように並んでいることであった。

大学二回生の春（一九九九年）、「社会人類学調査演習」を受講しはじめた私は、この京都をフィールドとすることを迷わず決め、テーマを京都の伝統野菜に関わる何か、として文献を探しては読みすすめた。そうするうちに、京都には振売りと呼ばれる伝統的野菜行商が存在し、かれらが京野菜の誕生と存続に一役かっているということを知った。そのとき、ひとつの鮮烈な記憶が甦った。いつか早朝、自転車で大学へ向かう折であった。朝もやのなかに、手ぬぐいをかぶり紺地の着物を身にまとい、全長三メートルを超すほどの大八車を曳《ひ》きゆく人の姿を目にしたことがあった。その絵のようなうつくしさに感動するとともに、今なお都市においてこんな風景が見られることの意外さに、私は衝撃を受けたのだった。その記憶と、文献における振売りの記述と写真が私のなかでつながったのである。そうか、あのおばあさんは、京野菜に関わる振売りだったのか。これはおもしろそうだ。こうして私は、「京都の伝統野菜を受け継ぐ営み」を当面のテーマとし、フィールド調査を始めるに至った。

大八車を曳きゆく振売り

二　振売りと京都

1　京都と野菜——その歴史・地理的背景

まずは調査の足がかりとしてさらなる文献調査を行なってみた。大学図書館のみならず、役所や資料館、公立図書館などから、地域に密着した文献資料が豊富に見つかった。ここでは、それら文献調査の成果から、京都における野菜と振売りの歴史・地理的背景を概観する。

平安期に都が置かれて以来、政治・文化・宗教の中心地として独特の発展をした京都の歴史的特異性と、野菜生産・地場流通が盛んなことは切りはなせない関係にある。

野菜は生鮮食料である。輸送手段が未発達な段階では、人口の集中する都の周辺部では野菜が盛んに栽培された。また、政治と信仰の中心地であればこそ、各地から選りすぐりの産物が上納されてきていた。それら上納された野菜の種をもとに誕生した京野菜も存在する（高嶋　一九八二）。全国各地とのモノとヒトとのネットワークがあったことが、優れた野菜の栽培を支えてきたのである。

また、京都には貴族・公家・高僧など質の高い需要者がつねに存在していた。肉食を忌む仏教信仰の中心地だったこともあり、かれらは野菜に食の贅《ぜい》を求め、贈答品としても質のよい野菜を用いた。このような需要者があってこそ、農家もさまざまな工夫をこらして質の高い野菜栽培に励み、結果として他地域に類をみないほど多くの特産野菜を生んできた。

さらに、生産者側の都合としても、京都は野菜づくりに適した土地であった。平安時代から昭和の高度成長期に輸送システムが整うまで、他地域と競合することなく都市の大人口をそっくり得意先にすることができたばかりか、野菜栽培に欠かせない、肥料用の人糞尿も大量に入手できたのである。

京都の地理的要因も、盛んな野菜生産を下ざさえしてきた。京都（現京都市市域）は海から隔たっており、かつては海産物の恩恵を受けにくかった。そのため、京都の伝統食においては、魚介類は加工品（干物・酢じめなど）が大半を占め、むしろ豆類（とくに大豆加工食品）がおもな蛋白源であった。海から遠いという地理条件は、農産物への依存度を高める決定的な要因であった。また、京都は気候・土壌の点でも、野菜栽培に適した地である。

2　野菜流通の歴史

京都の野菜行商の起源は明らかではない。しかし野菜が生活に必須の生鮮食料であること、行商はもっとも原初的な流通形態のひとつであることから、そのはじまりは、京都の町に生産手段をもたない人びとが居住しはじめたころと考えてよいだろう。

行商人そのものが、平安時代にはすでに京都の町に多く存在していたことは、扇絵や説話などからうかがえる。室町時代には立売《たちうり》市場（固定店舗なしに持ちこみ販売が許可された市場。上立売《かみたちうり》・中立売《なかたちうり》・下立売《しもたちうり》は、通り名として現存）が、安土桃山時代初期には、常設蔬菜《そさい》市場が設けられた。

江戸時代には市中人口の急増と農業技術の進歩から、野菜栽培は飛躍的に発展し、農民は野市（生産者持ちこみの、自然発生的な季節性野菜市）や振売りで盛んに直接販売をするようになった（京都市編　一九七二）。

明治に入ると、都市人口増大にともない、野菜の大規模栽培が進んで農業労働時間が増え、農家が振売り

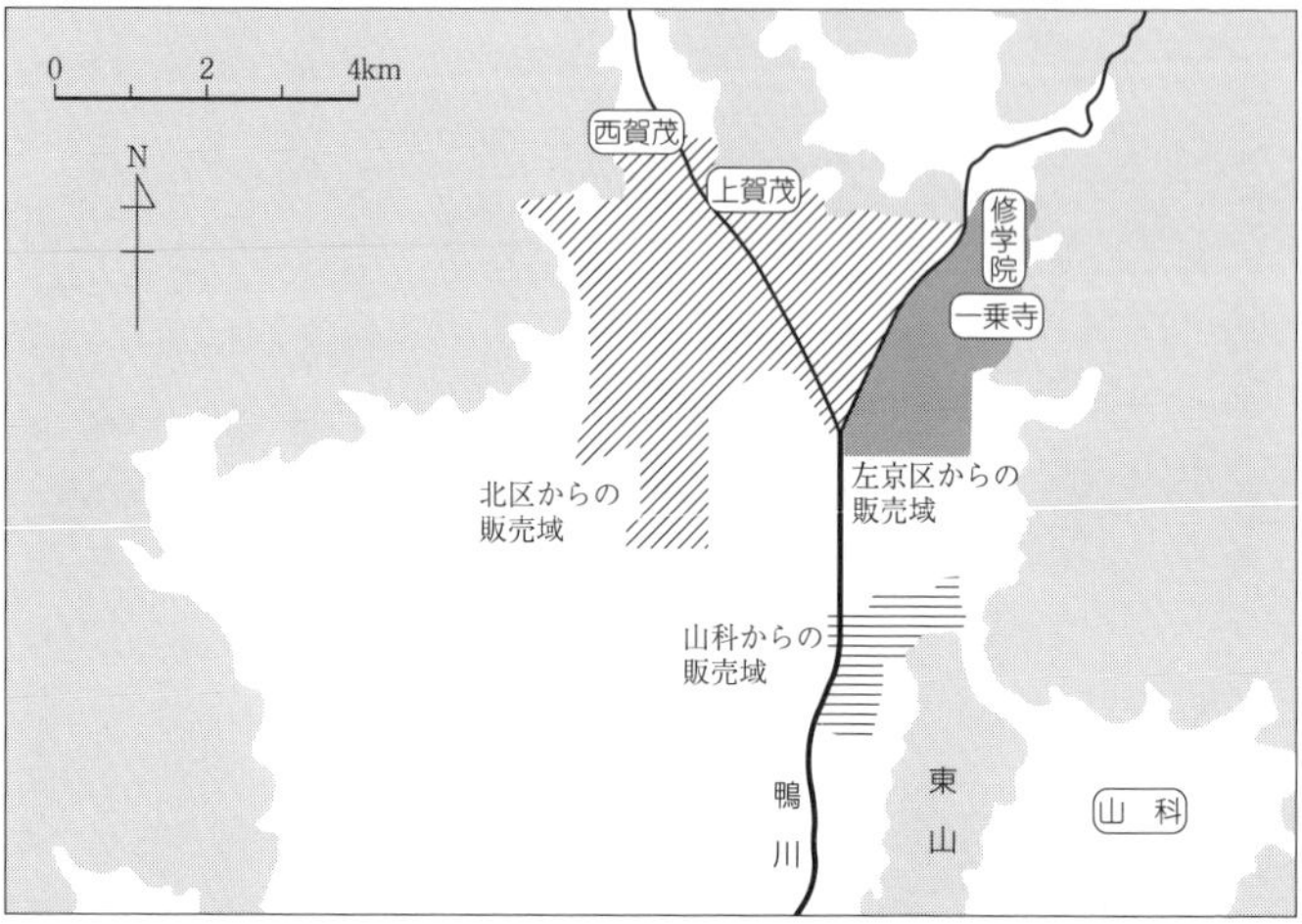

図1　京都市内の振売りの畑地と販売域
丸で囲われた地名は、おもな畑地。

することが困難になったため、野市や生産者から買いあげて振売りする専門業者が活躍するようになった（京都市編　一九七六）。

昭和二年に京都市中央卸売市場が開設され、立売市場は閉鎖されたが、野市や振売りは続いた。戦時体制に移行すると農民への供出強制や作付品目の制限などが行なわれた[*1]。昭和二二年の配給統制廃止とともに、平時体制への移行が進み、振売りや野市もつぎつぎに復活した。しかし市場流通システムの発展、耕地縮小などの要因が重なりやがて野市は消滅、振売り専門業者も姿を消した。それでも生産者直売の振売りは、今も京都のまちに存続している。

3　振売りの活動域

それでは現在、振売りは京都のどこにいるのか。林義雄（一九七五）の指摘どおり、振売りは、洛北（北区・左京区域）からのものが盛んで、山科からのものも存在する（図1参照）。彼女たちが販売域としているのは、上賀茂・西賀茂など北区域からは丸太町通を南限とする比較的広域におよぶ一帯、修学院・一乗寺など左京区域からは畑周辺および今出川通を南限とする一帯である。自動車の普及以前の振売りは、大八車やリヤカーを曳《ひ》いて（さらにそれ以前は頭上運搬などで）片道数キロもの道のりを売りあるいた。京都盆地は北から南になだらかに傾斜しているため、洛北から市内中心部へ野菜を積んだ車を曳《ひ》いて商いに出るときは、ゆるい坂を下っていけばよく、上り坂となるのは荷が軽くなってからの帰路である。よって洛北からは、女性でもその力仕事を成しえた。他方、山科の振売りの販売域は、祇園周辺を含む三条、五条と白川通、鴨川で囲まれた一帯である。途中、東山の峠を越えねばならないため、山科では振売りは男性の仕事として定着した。その移動距離ゆえであろう、現在、山科および北区域の振売りは軽トラックを、左京区域の振売りは大八車やリヤカーを利用する人が多い。

では、振売りを農業から探ってはどうだろう。京都市の農業統計や土地利用などを検討した結果、京都市域での野菜栽培は、伏見区を中心とした南・西部域と、北区を中心とした北・東部域で盛んであり、南・西部域では市場流通を主眼とした大規模少品目生産が、北・東部域では小規模多品目生産が中心であることが明らかになった。

この北・東部域での農業の性質と、振売りが現在、洛北と山科（つまり北・東部域）において存在することには関連がある。この地域は、古くからの市街地と山のあいだに挟まれた部分にあたり、農地は比較的小規模である。しかし、振売りは直販であるため、小規模経営でも採算がとれる。さらにいえば、現在の振売りは「移動式八百屋」であるため、振売り農家は、多品目を栽培せざるをえないが、小規模経営であることがその手間のかかる農業を可能にしているのである。

三　一年目の試行錯誤

1　「行き当たりばったり」フィールドワーク

京都におけるはじめてのフィールドワーク、その一年目は、試行錯誤とともに過ぎていった。時間的制約がゆるいのをいいことに、私は、野菜の品評会や伝統野菜にちなむ伝統行事があると聞けばそこに出むき、道すがらたまたま振売りに出くわすと「突撃インタビュー」を行なう、という「行き当たりばったり」フィールドワークを積み重ねた。それでも、時間が経つうちに文献資料も豊富にそろい、野菜流通業者・老舗の八百屋・伝統野菜復興の団体関係者からの聞きとりデータも増えていった。当初は「伝統野菜を受け継ぐ」ということにこだわっていた。だが、伝統野菜の生産・流通などに関わる調査を進めるうち、商業主義に裏打ちされた京野菜ブームの実態をかいま見て、しだいに私の興味は振売りの営みそのものへと移っていった。困難だったのは、振売りにいかに出会い、調査の糸口をつかむかであった。振売りの商いの範囲や時間は限られており、個々の事情を知らなければ、いつどこでその場面に会えるかわからない。左京区や北区の畑地をあてもなく訪ねては、畑仕事をしている人に声をかけ、「振売りや京野菜に興味がある学生ですが、ちょっと話を聞かせてもらえませんか」と頼んだ。しかし、いくつか質問をすませると「ちょっとあちらでするこ とがあるさかいに、ええかいな」と逃げられてしまうこともたびたびだった。私自身も、農業の忙しい仕事時間を割いてもらってまで、かれらにとって「あたりまえ」の営みについて、事細かに聞きとりするだけの気概はもてなかった。

2　自分の「色眼鏡」に気づく

年の瀬もせまったころ、ある人類学系の演習で、この調査について発表する機会を得た。その時点までに文献や見聞からかき集めた情報の断片を、ひとつの発表に仕立てるのはなかなか骨が折れた。結局、京都の野菜生産・流通の歴史と伝統野菜の来歴、それにちなむ行事と人びとの実践を紹介し、さらに行政等の伝統野菜再興の取り組み、野菜市場流通の現状と問題点、そしてそれとは対照的な振売りの営みについて発表した。

演習参加者の興味は伝統野菜の来歴や振売りの存在に集中し、反応はまずまずであった。しかし、どうも腑《ふ》に落ちないといった表情の教官の、最後のコメントに私はどきりとした。「振売りはたしかにおもしろそうだが、実際にかれらが何をどれくらい育てて、どういう値段でどれほどの人に売っているのか、さっぱりみえてこない。市場流通と対比させて捉えているようだが、本当にそういうものなのか」というひとことであった。私は何も答えられなかった。たしかにそのとおり、私は振売りそのものについて、まだほとんど何も知らないままだったのである。それなのに私は、「大量市場流通システムが斬り捨ててきた、手間がかかり輸送も困難な、しかし味のよい野菜を今なお生産・供給しつづける伝統的野菜行商＝振売り」とわかったように語っていたのである。これでは、あらかじめ描きたいストーリーを作り、「色眼鏡」を通して対象をみる三流のメディア報道と同じではないか。よく警告されてはいるものの陥りやすいフィールドワークの罠、「自分の見たいようにしかものが見えてこない」状況に私も陥ってしまっていたことに気づいた。

私は本当は何が知りたいのだろう、何に惹《ひ》かれているのだろう。自問した。京都の伝統野菜の来歴には惹かれた。しかし来歴それ自体はすでにフィールドワークを必要とする対象ではない。伝統野菜再興の取り組みには、消費者の「古都京都」「伝統」への盲目的な評価を利用するかのような、強い商業主義を感じてあまり惹かれなかった。やはり、振売りという営みそのものだ。知りたいのは、なぜ都市において、「前近代的」ともみえる野菜行商が現在も続いているのか、ということだ。売り手と客との古くからの「なれあい」か？　それならそれでいい。経済人類学において、社会関係に埋めこまれ、短期的利益を第一の目的としない経済関係は長年のテーマである。その関係において行なわれているやりとりをつぶさに観察すれば、何かおもしろいことが見つかるかもしれない。いや、「なれあい」だろうという先入観もこのさい捨ててしまおう。振売りという営みそのものをまずは愚直にみつめて描こう、そう思いなおした。

四　自転車五分のフィールドからの再出発

1　Aさん夫婦と出会う

「色眼鏡」を自覚したあと、振売りに話を聞きにいくのではなく、かれらの農業と商いに時間をかけて参与してみることが、私の当面の目標となった。不足点ばかりと自認しながら私はその年度末の調査演習レポートを書きあげ、次年度も「リピーター」として「社会人類学調査演習」に参加しつづけた。

思いたっては畑の周辺を自転車でまわり人びとに話しかけること数ヶ月、夏季の振売りが活気づきはじめる五月のある夕方、私は、左京区中部の畑でタマネギを収穫中の老夫婦に声をかけた。何ごとかというふうに顔をあげたご夫婦であったが、私は気にせず、「急にすみません。振売りがこのあたりにいはるって聞きましたけど、やってはりますか？　私、学生ですけど、興味あるんです」と続ける。ますます怪訝《けげん》な顔をするも、私のような学生が振売りを知っていることに驚いたらしく、「よう知ってるなぁ、うちでもやってるぇ。どこで聞いてきたん？　どこの学生さん？」と反応が返ってくる。いけそうだ、と思った。私は、京都の出身ではないこと、振売りの存在を知って興味をもった経緯などを説明し、「どんなことしてはるか知りたいんです。何かお手伝いでもしながら見せてくれはりませんか」と頼む。振売りといっても商いだけでなく、畑仕事から売り物の袋づめ作業まであって大変だ、との半信半疑の表情の夫の「諦《あきら》めさせ口上」にとびつくように、「ぜひそれもやらせてほしいです。お願いします」と私は頼みこんだ。やや考えて今度は妻のほうが口を開いた。「そうかァ、ほなナ、今日はもう帰るとこやし、明日九時ぐらいかいなァ、朝のうちに小屋で袋に詰めたりするし、またそンとき来てくれはる？」心が躍った。これでようやく振売りに「参与」させてもらえるかもしれない。下宿から自転車でわずか五分のフィールドからの再出発であった。

2　ともに手を動かし、ともに過ごす

翌日からはじつに自然に、そのAさん夫婦になじむことができた。本格的な畑仕事などしたことのない私であったが、ご夫婦が要所要所で手ほどきをしたり、おおらかに私の仕事ぶりを見まもってくださったおかげで、まったく肩のこらない楽しい作業時間を過ごすことができた。ダイコンを収穫して洗う、束ねる。エンドウマメを収穫し計量して袋づめする。「（計量は）きっちりやのうてエエしナ、少ないのはかなんやろ、多め多めに入れてなァ」そんなことを言われつつ、ともに手を動かしながら、とりとめもなくおしゃべりをする。インタビュー「する側」「される側」のあいだの独特の緊張はもう存在しなかった。

作業するうちに自然にわいてくる疑問を投げかけては、説明してもらったり、エピソードを披露してもらう。リヤカーをAさんと押しながら、振売りの商いにはじめて出るときには、私が商いの邪魔にならないかとやや緊張したが、客に珍しがられながらも、だんだ

んとなじんでいった。Ａさんと客とのやりとり、畑の野菜の管理方法、野菜の種の選びかた、とれたての野菜がどんな状態なのか。とにかく見聞きすること何もかもが新鮮で、私はすっかりはりきっていた。最終的に役立つ情報かどうかの判断は後まわしにして、おもしろいと思ったことはなんでも、メモをとった。通いはじめて間もなく、収穫に忙しい時期となり、私も少しは何かの役に立てているようだった。空き時間に顔を出して少し手伝うだけの日もあったが、帰りには必ず畑の野菜を持ちきれないほどいただき、ときにご飯をご馳走になることもあった。それはもう、申し訳ないほど可愛がっていただき、そのうえ私の好奇心を満たすべく骨を折ってくださった。

3　農業と商いの実際

それでは、ここでまず振売り農家の仕事サイクルと経営状況を、つぎに、Ａｗ（Ａさん夫婦の妻）の振売り場面を記述し、振売り独特の商いの仕方・状況などを紹介しよう。

一般的に、振売り時期は夏季五月中旬～八月中旬と冬季一〇月上旬～一月下旬ごろである。そのあいだは、商いのない日も収穫・洗浄・結束作業などに忙しい。雨天時も商いには行く。商いのサイクルに支障がない場合、雨天時は畑に出ないこともある。春夏野菜と秋冬野菜の収穫期のあいだ（端境期《はざかいき》）には、数週間から数ヶ月休業する。

一日の仕事時間は、原則的に、三時間程度の休憩をはさんだ日照時間内で、おおよそ夏季六～一八時、冬季八～一六時である。振売りシーズン外もほぼ毎日畑に出て、水やり、草取り、肥料・農薬散布、施設（ビニールハウスなど）管理、畝《うね》整備、奈良漬の管理などの作業を行なう。

兼業農家の場合、老夫婦二人が、一五～二〇アールの畑を経営するのが一般的である。また、専業農家の場合、老夫婦と息子の三人が、三〇アール程度の畑と、ほかに筍用の竹林や水田などを経営することが多い。

【参与観察　Ａの振売り場面】（二〇〇〇年五月一八日）

朝七時すぎ、畑での早朝五時半からのイチゴ摘みに区切りをつけ、Ａｗは作業小屋へ戻って作業着を着がえ、釣り銭を入れた前掛けをする。手押し車に当日の売り物の半量分の入った木箱を載せていく。

七時半ごろ、車を小屋から道に出す。すぐに自転車で五〇代くらいの女性が続けて三名、買いに来る。Awが相手をする。客は「おばさんとこのトマトおいしいから」「まぁ、イチゴ出たの？　きれいねぇ。つやつやして真っ赤で」と言いながら、トマト三袋、イチゴ二パック、大根にエンドウと、つぎつぎに自転車のカゴに載せていく。客は買いたいものを揃えると、「おばさん、勘定して」と頼み、Awは取りわけられた野菜を指さしながら、「一五〇〇円の二〇〇円で、三五〇〇円…」と声に出しながら足し算していく。そして、「はい、一二〇〇円やから一〇〇〇円でええわ」客「ほんまに？　おばさん損せんとってなぁ」Aw「何やわからへんけど損なことはないわ。きっと大丈夫やし、かまへん」との会話があったあと、客は代金を払い「ありがとう。つぎは＊曜日やね」と確認して帰る。

振売り場面

八時前出発。幅約一メートル、長さ約二メートルの手押し車を押して歩く。得意先の家々の戸口でAwは「おはようございます、毎度おおきに！」と声をあげ、インターホンを押しながら四、五軒回っては車を止め、重ねた木箱をずらしながら品物を広げる。奥さんたちが出てくる。「あれ、今年のンは実が小さいなぁ」などと言いながら、誰もがしっかり品定めをして選ぶ。Awに料理法を聞いたり、値段を聞いたりもする。

Awはビニール袋を用意しているが、客の多くは玄関先まで野菜をそのまま持って帰っていく。イチゴのパックを洗って返してくれる人、ざるやボウルに移して買っていく人、スーパーの袋を貯めておいて、きれいに畳んで「使って」と差しだす人までいる。無駄がない。「おばさんの話をしたらそこの＊

さんも買いたいって。声かけたげて」と言う人あり、「この前のおまめさん、まめご飯にしたらおいしかったこと！　ついつい食べすぎちゃってね、どうしよ」と笑う人あり。近所の噂話、孫の話、嫁の話、といった井戸端会議の定番ももちろん飛びかう。

一箇所には一〇～一五分ぐらい留まる。ときには親しい得意先の家にあがりこんで、茶菓を出されて三〇分近くも話に花を咲かせたりもする。

畑を含む一五〇メートル四方くらいの区画を行きつ戻りつ一キロメートルほど歩き、二八名に売って九時一五分ごろ、小屋にいったん戻る。

前半の商いの最中にAh（Aさん夫婦の夫）が畑で収穫して袋に詰めておいた補充分や、車に載りきらなかった分を積んで九時四五分、ふたたび出発。今度は畑の南西部の得意先約三〇軒をまわるのである。

正午近くになってくると、得意先のなかに外出している家がある。とくになじみの家には、Awが家族構成や好みを考えながら、袋に何種類か野菜を詰めて玄関先に置いていく。Awの商いは「太っ腹」である。おまけが多く、もらい物をしたりする家には気前よく売り物を届けに行く。夫はそのあたりの裁量にはまったく口出ししない。商いはすべてAwに任せてある。

夫はそのあいだ、畑仕事をしたり買い物に行ったりしている。正午前、後半戦は四〇名の客に売ったあと、Awは荷の大方を売りさばいて帰途につく。車が軽い。作業小屋で休みながらその日の商いの様子などについて夫と話をしていると、そこへまた人が通りかかり、わずかに売れ残ったものを買っていく。こうして四時間あまりのあいだに、七二名もの客を相手にAwは用意した品物をすっかり売り切ってしまった。[*2]

なお、振売りの商いを担うのは一般に女性である。扱う品物が台所に直結したものだからであろう、得意先でやりとりする相手は、女性が大半を占める。これは振売り場面に立ちあっての私の推察だが、女どうしの忌憚《きたん》ないおしゃべりや料理法についての情報交換は振売りという対面交渉の重要な一部である。だからこそ、売り手も女性のほうがふさわしいのだろう。

価格について

振売りの話を誰かにすると、「たしかによさそうだ

表1　ある日の振売り価格とスーパーの価格

●Nの場合

品　目	振売り価格	スーパーの価格	差額
九条ネギ	100	198	−98
壬生菜	200	298	−98
キク菜	100	158	−58
ホウレンソウ	100	128	−28
金時ニンジン	200	200	0
カブ	200	198	＋ 2
コマツ菜	100	98	＋ 2
サトイモ	200	198	＋ 2
ダイコン	200	198	＋ 2
タマネギ	200	198	＋ 2
ハクサイ	200	198	＋ 2
ミツバ	100	78	＋22
卵（10個）	300	—	—
スグキ浅漬け	100	—	—

●Aの場合

品　目	振売り価格	スーパーの価格	差額
イチゴ	300	480	−180
トマト	300	398	− 98
万願寺トウガラシ	200	298	− 98
タマネギ	150	198	− 48
ホウレンソウ	100	128	− 28
ダイコン	150	158	− 8
キャベツ	150	158	− 8
エンドウマメ	300	204	＋ 96
ピーマン	200	98	＋102
スナックエンドウ	200	—	—
ミニニンジン	100	—	—
キュウリ（1本）	50	—	—

単位は円。振売り価格は、筆者が振売りに同行した日の全商品の価格。スーパーの価格は、その翌日に左京区中部のスーパーへ行って確認した販売価格。なお、スーパーの価格に関しては、販売単位に振売りと大きな差異がないもののみを記載した。

けど、高いんでしょ？」とよく聞かれた。私にもなんとなくそのような先入観があったが、商い場面に立ちあってみて驚いた。意外に安い。価格は振売り人各自の裁量で決められる。表1を見ると、スーパーでの平常値段と同程度か、やや安いくらいのものが多いことがわかる。ただしスーパーでの特売の値段に比べると、やや高くなる。そして例は少ないものの、京都の伝統野菜（表中では九条ネギ、壬生《みぶ》菜、万願寺トウガラシ）は振売りのほうが断然安いことが注目される。これは、市場のほうが京野菜のブランド化を推進する一方、振売りたちは伝統野菜をほかから差異化させて販売していないことのひとつの表われであろう。

　価格は、市場の動向よりむしろ、そのとき自分の畑で採れた分量によって左右される。一〇〇円、一五〇円などきりのいい価格ばかりで、値上げや値下げは五〇円単位で行なわれる。Ａｗの場合、基本値段というものが品目ごとにほぼ決まっている。旬の時期にたくさん採れたり、盛りを過ぎて少し味が落ちたころには値下げされ、逆に収量が少ないときは値上げされる。Ａｗに、価格をどのように決めているか尋ねたことがあったが、答えはこうであった。

「そんなん、ええかげんなもんぇ。まぁ、適当にこんなもんかな、思ぅて（商いに）持っていくやろ？そしたら、あんまり変な値段やったらお客さんが教えてくれはンねん。前もナ、（客が）『おばさん、これ一〇〇円は安すぎるワ。もっと高ぅせなあかんて』て言わはったし、うちも『そうかぁ。安いかぁ。ほな、一五〇円にしとくワ。まぁ、あんたまでは一〇〇円でええことにするし、内緒にしとってナ』言うて、つぎから一五〇円で売ってン。ええかげんやろ？　そンでもちゃんと売れたワ。そこらのスーパー行ったらやっぱり一五〇円くらいするもんなんかいなぁ」

また振売りの野菜には値段表示がないにもかかわらず、客が野菜を選ぶときに逐一値段を尋ねることは少ない。買うべきか迷ったものに関して聞く程度である。これはおそらく、長年の関係から、値段が納得のいく範囲内に収まると客のほうが信頼しているからだろう。また、客は品質のよさを第一に評価しているため、それほど価格にこだわらずに出資することが多いからともいえるであろう。

振売りの商いを観察するにつけ、この何ともおおらかな売買関係にたいする、私の興味は増していった。

五　振売りと得意先の関係

1　別のフィールドで知る客の振売り評価

なぜ、客は振売りから野菜を買いつづけるのだろう。振売り農家に出入りするようになった私は、新鮮なキュウリの棘《とげ》の鋭さや、それぞれの野菜の味の強い個性に驚き、スーパーの野菜とはたしかに違うと納得していた。いやそれどころか、すっかり振売り野菜のファンになってしまっていた。その質の高さは、客があえて振売りから買いつづける理由の一部のはずだという確信はあった。ただ、困難なのは、その新鮮さ、さらにはより主観的な問題である「おいしさ」をどのように示すか、であった。たとえば、トマトの糖度を計って比較してみてはどうかと考えてもみた。だが現実の買い手は、糖度の数値を比較したうえで振売りの野菜を選んでいるわけではけっしてない。その数値を出すことがさほど重要な意味をもつとは思えなかった。それに、そんな安易な「科学的」手法で振売り野菜のすばらしさを語ってしまうことに私は抵抗をおぼえた。やはり知りたいのは、なぜ客があえて振売りから買うのか、さらにいえば、一般市場の野菜と振売りの野菜は客の側でいかに差異化されているか、ということである。

冷蔵技術が発達し、流通のシステム化が進んだとはいえ、収穫から販売開始まで三〜四日という市場流通の野菜に比べれば、前日午後あるいは当日朝に収穫されたばかりの野菜は、誰の目にもきわだって新鮮に見える。そして実際に「買ってからのもちもいい」と評判である。さらに商いの場面においても、客が振売りに向かって、野菜の新鮮さや、前回買った野菜の味を口ぐちに褒めるのは毎度のことである。

しかし本当によいと思って買っているのか、単なるつきあいや惰性で買っているのではないのか。振売りになじみのない人びとのそうした疑問に答えるには、振売りにつき添い、「振売り側の人間として」客とのやりとりを観察するだけでは不十分だと思った。そこで私は、自分が面識をもっていない振売りの販売域である西陣に赴き、「第三者として」周辺住民に直接インタビューしたことがある。ウロウロしては振売りから野菜をつねに買っているという人を見つけ、なぜそうするのか問うたところ、「昔から買っているから」「なじみだから」などと答える人は一人としていなかった。誰もが即座に、そして申しあわせたように、「野菜の味が濃くておいしいから」「新鮮だから」と答えたのである。

なかでも、振売りの野菜のよさについて熱っぽく語った女性の話を、ここに引用したい。

（なぜ振売りから購入するのか、という質問に対し）「そりゃ、＊さんとこのお野菜、ほんまおいしいですぅ。そこらのスーパーのンと味が全然違いますワ。味が濃うてねぇ。そこらで売ってるのなんか、もう水っぽくて食べられやしません。私は上賀茂（古くから現在まで野菜栽培の非常に盛んな地域で、振売りも多い）の出ェですけど、昔お母さんが『もろきゅう』やら、ししとう焼いたンやらしてくれはったんと、まったく同じ味がしますワ。ネギもねぇ、スーパーのスカスカと違うて、すきやきなんかに入れるとそらトローッとしておいしいですワ。一度あんたも買わはったらよろし。ようわかりますぇ」

2　なぜ「おいしい」のか?

なぜ振売りの野菜は「おいしい」のか。もちろん、振売りの野菜の「おいしさ」は新鮮さだけに起因するのではない。小規模経営ゆえの細やかな管理、味に重きをおいた種苗の選択といった栽培努力もあれば、地場流通だからこそ可能な、樹上成熟(完熟)野菜の提供にも、「おいしさ」の理由がある。

たとえば、キク菜の例であるが、通常売られているキク菜は葉の切れこみが深く、葉先もやや直線的な品種である。ところがA夫婦は、「オタフク」と呼ばれる、葉の切れこみが浅く、先が丸みを帯びた品種を、こだわって栽培している。「オタフク」は霜に弱く、一一月ごろ、晩に少し冷えこむと、翌日には葉が赤褐色に変わってしまう。それでも「オタフク」を栽培しつづけるのは、客が「葉が柔らこうて本当に香りがいい、これはAさんとこのでないと」と喜んで買ってゆくからだという。注意していても葉が変色してしまうことが多く、結束作業のときにその部分を丁寧に取りさるのであるが、そのような面倒があっても、やはり「オタフク」でなければ、というのがAの意見である。

また、Aを含め多くの農家が、作業の簡略化をはかるため、栽培品種の種子を自家採種するのをやめ、もっぱら種苗会社の販売するものに頼るようになった。それでも幾品種かは、「うちのタネでなければ実現できない味」を誇りにしているものをそれぞれにもち、それらについては、手間はかかっても自家採種を続けていることが多い。上賀茂の農家のスグキはその典型例であるが、Aの場合、それはサトイモとエンドウマメである。A夫婦はこれらに対する客の称賛に満足し、誇りをもって自家採種を続けている。

それ以外にもAは、ダイコンを用途別に三種類(煮物に最適な聖護院ダイコン、サラダに最適なサラダダイコン、汎用のダイコン)を栽培したり、市場では水耕ハウス栽培のもので占められているミツバを、直植えで(緑が濃く、香りが非常によい)栽培しており、いずれも大変好評である。

また、イチゴとトマトは、春から夏にかけての主力商品であるが、その理由はなんといっても「よく熟れたおいしさ」にある。イチゴは本当に甘く、客も我先にと買ってゆく。「うちの子がねぇ、おばさんとこのでないと食べへんのよ。甘い、おいしい言うて。こな

表2　Aが1年間に取り扱った商品の品目（2001年度）

葉菜類（15種類）	果菜類（14種類）	根菜類（13種類）	漬物（8種類）	花卉（3種類）
キャベツ	トマト	タマネギ	大根漬	グラジオラス
ハクサイ	キュウリ	金時ニンジン	カブ漬	カスミソウ
ホウレンソウ	カボチャ	ニンジン	壬生菜漬	キク各種
ハタケ菜	万願寺トウガラシ	カブ	カラシ菜漬	
ミズ菜	ピーマン	聖護院カブ	日野菜漬	
壬生菜	長ナス	サラダゴボウ	スグキ菜漬	
ハクサイ菜	巾着ナス	堀川ゴボウ	柴漬	
日野菜	スナックエンドウ	ジャガイモ	奈良漬	
大阪シロ菜	エンドウマメ	サトイモ		
スグキ菜	三度マメ	ラディッシュ		
キク菜	枝豆	サラダダイコン		
ミツバ	枝豆（黒豆）	ダイコン		
薬味ネギ	ブロッコリー	聖護院ダイコン		
九条ネギ	イチゴ			
サニーレタス				

Aが商いにおいて、1品目として独立させて扱っているものを1種類とした。そのため、この表で1種類となっているものでも、多品種栽培を行なっているものもある。たとえば、ダイコンは春蒔き2種類、秋蒔き6種類の計8種類の種苗を栽培している。

いだもね、『わぁ、これ切っても中まで真っ赤や』って、みんなでびっくりしてたの」と新たに振売りから買いはじめた若い主婦は語った。トマトも味が濃厚で甘味があり、毎回飛ぶように売れる人気商品である。この完熟イチゴとトマトは、都市の住人にとっては振売り以外から購入することは不可能に近い。完熟野菜は柔らかすぎて、長距離輸送に耐えられないからである。Aのイチゴは、パックに入れて丁寧に木箱に並べられ、手押し車に載せられて近所の得意先へ届けられるが、それでも終盤には車の振動によって形が崩れてきてしまうほど柔らかい。これでは長距離トラック輸送に耐えられるわけがない。またトマトもイチゴほどではないが事情は同じで、太陽の下、樹上成熟したトマトはすぐに柔らかくなり、長距離輸送や保存にむかない。そのため、市場のものは半熟の状態で収穫し、消費者の手もとへ届くまでのあいだに箱の中で熟してゆく（追熟する）ように出荷されている。なお、今日一般市場で主流となっているトマトの一品種は、実が熟しきらない固いうちに赤くなるよう、品種改良されたもので、それ以前、市場流通においては、実の一部が緑から黄色に変わったくらいで収穫し、流通の最終段階でエチレンガスを用いて赤色に変化させていたという。

そして私が驚いたのは、振売り農家が新野菜導入にも非常に積極的で、一般市場に並ぶ前に新野菜が振売りされていることも多々あるという事実である。たとえば、二〇〇一年度にAはサラダダイコンとサラダゴボウを新たに栽培し、販売しはじめた。両者とも大手種苗会社によりサラダ向けに開発されたもので、歯ざわりのよさが特徴である。Awが販売してみると、「歯ざわりがとてもよく、香りもよい」「煮物にしても柔らかくておいしい」と客に好評であった。これらは当時はまだ京都市内の一般市場では販売されていなかった。このように「ちょっと新しくて変わったものを作って持っていくと」、客はめざとくそれを見つけ、「ちょっとこの変わったのン、なに?」と言いながら、Awに説明をしてもらい、買って試してみる。そしてまた次回に感想をAwやまわりの客に伝え、それがよい感想ならば試す人も増え、新野菜が一躍人気の商品となる、ということが頻繁に起こる。とにかく客たちは商品の変化に対して敏感に反応するのである。

どうして、振売りには、このような積極的な「挑戦」が可能なのだろうか。Aの経営方法をかたわらから観察し、さまざまな場面でかれらがもらしたことばを総合して検討すると、つぎのような理由が浮かびあがってくる。

①小規模多品種生産のため、一品種の失敗もさして損害を受けないうえに、すぐに「軌道修正」ができる(とくに兼業農家の老夫婦の場合[*3]、生活には直接の支障がないために、この「挑戦」も比較的気軽に試みることができる)。

②直接販売ゆえに、消費者の反応・評価を敏感に察知できる。

③(とくに兼業農家の老夫婦の場合)「楽しみ」「張りあい」の一環として目新しいものを作りたい、客を喜ばせたい、という欲求がある。

④種苗会社の積極的な新種開発と宣伝・販売がなされている。

3　やりとりからの発見——想定が覆される

振売りと得意先のあいだには、スーパーの店員と客のあいだの匿名性など存在しない。そして両者とも、その利点を最大限に生かして独特の経済関係を成り立たせていた。

このことを如実に示す例として、客が留守をしているときでさえ振売りの野菜を入手することが可能だという事実を挙げよう。振売りは週に数回得意先をまわり、毎度のおしゃべりを通して、いつのまにか得意先の家族構成・職業・生活時間・野菜の好みなどを把握してしまう。すると「＊曜日はいてへんし、適当に見つくろって置いといてぇナ」と客が頼むだけで、留守中に適当な品目を適当な量だけ玄関先に置いておいてもらえるのである。Aの場合、このようなことが商いのたびに三〜四回はある。私がＡｗの振売りに同行した際、ある箇所で車をとめて数人の客を相手にしたのち、Ａｗはビニール袋に幾種もの野菜を入れはじめた。客がいないのに、と私が怪訝《けげん》そうな顔をしていたのだろう、Ａｗは、「＊さんナ、木曜（当日）は午前中病院へ点滴に行かはるし、家に居はらへんねん。そやし、木曜はこうしてわたしがナ、適当に見つくろって置いとくことになってるンえ。お金はまたつぎのときにくれはるしナ」と私に説明し、「まぁなぁ、あそこも旦那さんと二人やし、こんなもんでええかいなぁ。あぁ、この前えんど豆も好きやて言うてはったしなぁ、ほなこれも入れとこかいなぁ」と言って袋づめを終える。そして私に向かって、「ほな、ここの角曲がった＊さんナ、門開くようになってるし、入っていって玄関の扉の前の、お日ぃさん当たらへんようなとこへ置いてきてくれるかいなぁ」と言った。驚いた。「適当に見つくろ」うにしても、特定の客一家にとって何が適当かを判断するための材料が、すでにＡｗには豊富にインプットされているのだ。

また、Ｎ（鷹ヶ峰の振売り）に同行した際にも、同様なことが数度あった。さらにＮは、こんな個別の「注文制度」も採用していた。その方法はつぎのようなものである。

その得意先の表札の下には、フックがあり、そこに「Ｎさんへ」と書かれた紙袋が掛かっている。Ｎがその中身を取り出すと、現金が入った封筒と、一枚の紙が出てくる。紙には、「Ｎさんへ　ねぎ一束、ほうれん草二束、壬生菜一束、卵一〇個　お願いします。一五〇〇円入れておきます」と書かれている。そこでＮは書かれたとおりの品物を袋に詰め、手紙に書いてある野菜名の横にそれぞれの値段を書き入れる。そして代金を差し引いた釣り銭と、代金が書き加えられた紙を封筒に戻す。そしてＮは家の門を開けて入ってゆき、ガレージの脇にある冷蔵庫の奥に封筒を押しこみ、品物を入れてから車のところへ戻る。

　Ｎはこのあと私に、この得意先が夫婦共働きで昼間は家を空けることから、ほぼ毎回、このようにＮから野菜を買うのだと説明し、「おもしろいやろ？（客のほうから希望を）言うてくれはったらナ、こんなんかてアリやで」と笑ったのだった。このような方法をとることができるのも、たがいが事情を知りあい、かつ信頼関係で結ばれているからこそであることはいうまでもない。

　つぎに、客のニーズの把握とそれへの対応についてみてゆきたい。振売り人との気兼ねないおしゃべりのなかで、客はかなり遠慮のない評価や要求を口にする。それは新しい品目のリクエストであったり、販売単位の増減の要求であったりする。もちろん、あまりにも無理な要求がされた場合には、それがなぜ無理なのかを説明すれば客は納得する。だがほとんどの場合、振売り人は客の要求や評価を受けると、帰ってともに作業をする家族と話しあいながらじつに柔軟に、きめ細やかに対応する。

　以下、客のさまざまな要請と対応の例を記そう。

　「実家のある田舎では昔よく食べたのだけれど」現在、都市では通常手に入らないものを、客が振売りに頼んで個人的に用意してもらうことがある。たとえば、Ａの畑の傍の客が、葉唐辛子の佃煮のためにトウガラシの葉が欲しいと言ったことがある。その客によれば、ある市場にはわずかに売っている店もあるが、佃煮にするとすっかりかさが減るため、はるばる市場から買いつけてまで作る気にはなれないが、やはりたくさん作りたいのだという。そこでＡｈは、八月初旬、トウガラシの収穫が終わると、その木を抜きとっても捨てずに、一五本ほどの木をその家の玄関先にうずたかく積んだ。Ａｈは、「あの家からはよく貰いモンするし、どうせ捨てるモンやし」と代金などは受けとらなかった。同様な約束をほかの数人ともしており、Ａｗが作業小屋に木を積みあげておくと、その日のうちに引きとり手が嬉々として持ち帰った。また、サトイモの種芋は「頭芋《かしらいも》」と呼ばれるが、それは繊維が荒いため通常は食用にされない。しかし「頭芋を食べると人の頭《かしら》になれる」との謂《いわ》れが京都にはあり、「まぁ、習慣やしねぇ、一年に一度は食べんと」と言う客がいるので、Ａｗは毎年サトイモの掘りおこしの際にはいくつか頭芋をよけておき、その客へ届けている。

　個人的な注文は、特別なものに対してのみなされるのではない。販売ルートの終盤にまわることになっている得意先は、振売りが来たときには欲しい品物がすでに売り切れていることがある。そのため、次回必要なものをあらかじめ振売り人に伝えておくと、振売り人は希望の野菜を別に袋に入れて取っておき、その客へ届けることになっている。この方法は、どの振売りも採用していた。また客は、漬物やジャムを作るためと、一品目を大量に注文することがあり、それにも振売りは可能なかぎり対応する。

　新たな品目のリクエストがなされることもある。Ａは二〇〇〇年度、滋賀の野菜である日野菜を栽培し、漬物も作って販売したが、これは滋賀出身の客が日野菜漬の味を懐かしんでＡｗに頼んだからだという。また、Ａｗはキュウリを奈良漬（粕漬）にして販売しているが、これはかつて、客の一人が「おばさん、わたし粕漬するし、今度キュウリたくさんちょうだい」と言ったので、「へぇ、粕漬って、どないしてすンの？」とＡｗが尋ねると、その客は自身の実家での粕漬の方法をＡｗに説明した。するとそこに居あわせた別の客が、「ええなぁ。わたしはようせんけど、おばさん漬物上手やし、ぜひやって売ってぇナ。食べたいわぁ」とＡｗに向かって言ったのだという。そこでＡｗはその年粕漬に挑戦し、それがとても好評だったので、翌年からは毎年酒粕を一〇キログラム買っては、売れ残ったりひどく曲がったりしたキュウリを大樽に漬けて粕漬にすることにしたそうである。

　そして重要なのは、客が商品を称賛するばかりでなく、批判することもあるという意外な事実である。これは、振売りと客の関係が「なれあい」ではないかという私のはじめの想定をみごとに覆す「発見」でもあった。たとえばＡはエンドウマメの味に誇りをもち、自家採種しているが、二〇〇〇年度はそれに加えて、早とれでサヤのやや白いエンドウマメも知りあいの勧めにより栽培し、販売してみた。すると、いつものものと並べて比べないかぎり色の違いもよくわからないはずなのに、何人もの客から、「今年のえんど豆、いつもと味違うねぇ。味ないヮ。なんでかしらん？」と言われたという。Ａ夫婦は、「そう言われてみたら、たしかにそうやと思った。お客さんはほんまによう

（味を）知ってはるえ。わたしらよりなんぼか敏感で。もう白えんどは来年からやめにするワ」と語り、「ほんまになぁ、ええかげんなことはできひんねん。（お客さんは）ようわかってはるから」と笑った。

このほかにも、ホウレンソウの花芽が出ていたことから、漬物の塩加減まで、客からの批判はかなり容赦がない。また、売れゆきの悪さも振売りは「暗黙の批判」として受けとっており、「あれ今年は売れへんねん。なんでかいなぁ」と夫と話しあうこともたびたびだった。それらの批判に誠意をもって対応すれば、客もまたそのことにすぐに気がついて称賛（あるいはさらに批判）する。このような両者の関係があってこそ、振売りの野菜の品質は高く保たれ、また向上もしてきたのだろう。さらに、批判というマイナスの評価が反省材料として農業や商いにフィードバックされる一方、称賛というプラスの評価は、野菜に対する誇りや振売りを続けることへの励みとなる。これも一種のフィードバックといえる。このようなフィードバックをともなう「緊張感ある関係」を背景として生産され、届けられる野菜の品質のよさこそが、客が振売りから野菜を買う第一の理由なのである。

以上に挙げたような客からの遠慮のない要請と、それらへのきめ細やかで迅速な対応は、都市周辺部の多品種少量生産と地場流通を基本とし、かつ生産から販売までを一貫して行なう、現在の振売りだからこそ実現しうることである（図2参照）。このような対応の柔軟性があってこそ、振売りは客にとってかけがえのない存在となり、今なお存続しうるのであろう。

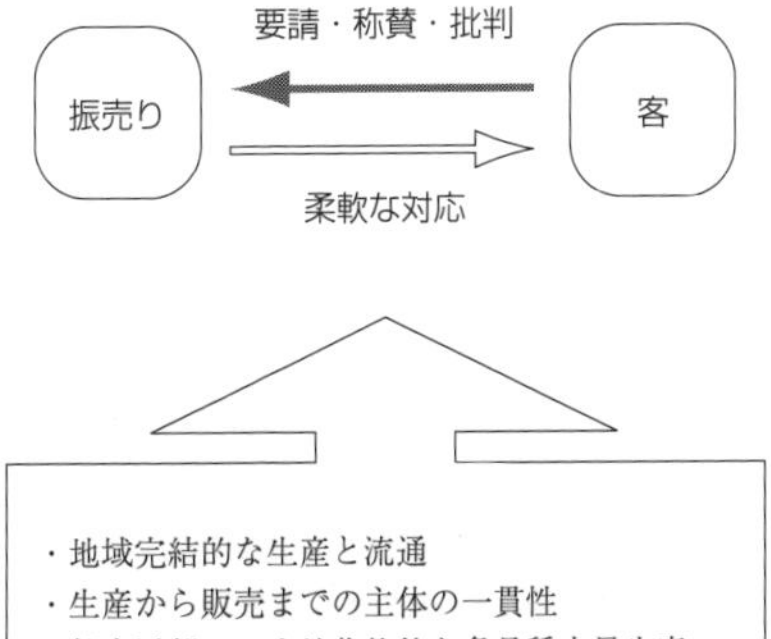
・都市近郊での土地集約的な多品種少量生産

図2　客と振売りの関係

六　振売りから「私の生きる世界」を見つめなおす

野菜をつくり、近所の得意先に売る。このごく自然で単純と思われる振売りの営みは、市場社会のシステムの渦中に生きる私にとっては、驚きの宝庫であった。しかもそれは、「こんなに古くさいものが残っている」という驚きではない。振売りの個々の実践がつねに更新される「新しい」ものであること、時々の要請や状況を敏感に察知し、対処できていることへの驚きであった。

またここでは詳述できなかったが、「京都の伝統野菜」の来歴、現在の復興の取り組み、そして振売りの伝統野菜への扱い、さらには「伝統的行商」振売りの生きる姿を知ることを通して、「伝統」に対してそれまで私が抱いていた思いこみがいかに偏狭な「伝統」観であったかに思いいたった。振売りが体現しているのは、時代との交渉により繰りかえし更新され、洗練される「伝統」のありかたであった。それはまた、私たちの生きる世界に流布する、「先例にひたすら忠実であること」を旨としア・プリオリに権威づけされた「伝統」の空虚さを照らしだしたといってもよい。硬直した「伝統」は、私たちの社会を覆いつくしている商品化のなかで、「付加価値」として利用されるにすぎないのである。

最後に、市場流通システムの巨大化による弊害が意識化されてきたという現代的状況を顧みて締めくくることにしよう。市場流通システムの巨大化による最大の弊害は、産地へのさまざまな圧力である。虫食いがなく、粒ぞろいの「きれいな」野菜を安く、安定的に出荷することを要求されれば、当然農薬の使用量は増え、あたかも工業製品のように野菜を大量生産せざるをえなくなる。他方で、野菜の安全性に対する消費者の意識の高まりにも応えて、さまざまな方策がとられている。その多くは生産者を明らかにして、「どこの誰が作ったかわからない」そのほかの市場流通の野菜から差異化することで、安全性を主張するものである。そこでなされていることは、市場経済にサブシステムとしてもぐりこませた、疑似的・近似的な「非-匿名性」の実現といえる。

たとえば全国生活協同組合の産地直送運動や共同購入制度は、その大規模なものである。組合は独自の流通機構および安全基準や表示法をもつ。生産者の匿名性は、組合という非-匿名性をもった機構を通すことによってある程度克服されている。また典型例としては、「私が作りました」などということばとともに、生産者の氏名や写真を載せて非-匿名性をアピールするラベルの採用がある。もちろんラベルそのものは実際に安全性を約束するものではありえないが、こうした販売戦略が発想され、つぎつぎと実現されていることと自体、非-匿名性が安心感に連結し、付加価値として流通しうることを示している。市場があの手この手で創出することに苦労している非-匿名性は、現在の振売りという営みにおいて最大限に実現されていることはいうまでもない。

かれらの「あたりまえな世界」に生きようとすることをとおして、私の「あたりまえな世界」が揺さぶられる。あるいは他者への先入観が覆される。こうした経験は、自転車でわずか五分のフィールドでも可能である。そのことを身をもって感じることができた私の二年半の実践は、フィールドワーカーとしての私の「原点」である。

注

＊1　実際の聞きとり調査でも、どの農家も戦時体制中は振売りを中断せざるをえなかったということであった。

＊2　Aの販売規模は、ほぼ平均的といえる。振売りの販売頻度は週二、三回がほとんどである。ただし週三〜四回以上商いに出る農家は、同じ得意先に四度行くのではなく、複数のルートを設定している。そのような振売りは、得意先を二〇〇軒以上もっていることがある。

＊3　現在の振売り人は、六〇歳代後半から七〇歳代後半が大半を占める。

引用文献

京都市編　一九七二『京都の歴史5　近世の展開』学芸書林。
京都市編　一九七六『京都の歴史9　世界の京都』学芸書林。
高嶋四朗　一九八二『京野菜』淡交社。
林義雄　一九六三『京都市近郊特産蔬菜の変遷過程』京都府立農業試験場。
林義雄　一九七五『京都の野菜記』ナカニシヤ出版。

第2章

棚田を〈守《も》り〉する人びと

——伝統的棚田の保全と開発

山田有佳

Sugawara's comment

陽光にきらめく棚田、美しい景観と織りなされた人びとの営み、そして瑞々しい発見の数々をこの作品は清冽な筆致で描きだす。だが牧歌を断ち切るように、残酷なジレンマが調査者の前に立ちはだかる。山田の強靭な思考は、〈守り〉というキイワードに凝縮されている人びとの労苦と忍耐を掘り起こし、景観美を観念的に嘆賞する外部のまなざしに批判の刃を突きつける。初心者としておずおずとフィールドに入り、試行錯誤の果てに畏敬すべき「他者」の姿と向きあうまでの道程は、読むものに深い感動を与えずにはおかない。

一　模索——フィールドに到るまで

1　決まらないテーマ

階段状に連なる青々とした稲、水田の合間をきらめく水の流れ。

私が初めてのフィールドワークのテーマを、棚田を介してつながる人びとの実践を明らかにすることに定める契機となったのは、その景観の美しさであった。

その日、私たちゼミのメンバーは、指導教官である福井勝義教授が運転する車で滋賀県の湖西地域を移動していた。目的は、調査地決定のための下見である。

当時学部二回生の私が、いわゆる「田舎」でしかも炎天下の野外で調査をすることに積極的であったかといえば、答えはノーだ。入学前からの念願であった文化人類学のフィールドワークが現実のものになっても、私は自分が本当のところ何を知りたいのか、わからないままであった。机上の空論ではないフィールドワークという手法にある種の「確かさ」を感じながらも、いざ自分がそれをするとなると、どこから手をつければよいのか途方にくれるばかりだった。とりあえず、ゼミのほかの二人の女子学生T、Sと三人のチームで調査をすると決めたものの、それもなんとなくの流れであった。それでも、この日の私は、自分が何かきっかけをつかめることを期待して、アフリカ仕込みの少々荒っぽい運転の車に揺られていたのである。

朝からあちこち回ったものの、私にはこれといって興味を惹《ひ》かれるものもないまま時間は過ぎていった。もう夕方近くであっただろうか。疲れと晴れない気持ちとで沈んでいた私の目の前に、整然と積みあげられた石垣に囲われた古い棚田が広がっていた。その、初夏の青々とした稲穂、用水路の水の流れ、ゆるやかな階段状に続く水田を私はただただ美しいと思い、見とれていた。と同時に、このような棚田の手入れをしているのはどのような人たちなのか、田の手入れや水の管理はどうしているのか、稲作に携わる集落の人たちのあいだにはどんな関係がはりめぐらされているのだろうか、といった疑問がつぎつぎと湧いてきた。「棚田で調査をしよう」。これが、私にとって初めての、しかもその後三年間続くこととなった、滋賀の棚田集落でのフィールドワークの発端となる出会いであった。

ところが、大学に戻ってみて、私に告げられたのは、「この集落ではもうすでに調査をしている人がいるからほかの場所を探さないといけない」というティーチング・アシスタントからの宣告であった。ゼミのほかの参加者らが調査地を決めるなか、自分だけがやりたいことを見つけられない、せっかく見つけたと思ったテーマもだめかもしれない、これから新しいテーマを考えるなんて……。フィールドワークに対してどんどん後ろ向きになっていく自分がいた。

なかなか動きだすことができない私とは対照的に、同じチームのTは着々と情報収集していた。彼女は、福井教授の研究室の前年の卒業生が「仰木《おうぎ》」という棚田集落で調査をしていたことを知り、すでに就職していたその先輩と連絡をとって誰に会うべきか教えてもらった。そのうえで、教えられた地元の自治会長らと連絡をとり、福井教授とともに調査依頼書を持って訪問する段どりまで整えてくれたのであった。こんなふうに、私の初めてのフィールドワークは周囲に全面的に依存したかたちで始まった。

ふたたび福井教授の運転する車に女子学生三人が乗りこみ、京都から比叡山《ひえいざん》ドライブウェイを越えて、仰

等高線に沿うなめらかな曲線で連なる仰木の棚田

木に入った。そこに広がっていた、昔ながらの等高線に沿うなめらかな曲線で連なる棚田の美しさに見とれていると、やっとやりたいことを見つけられるのだ、それをかなえてくれるフィールドに出会うことができるのだという安心感と期待感とが、私を満たしていった。

2　フィールドとの出会い

少し緊張したおももちで、私たちは自治会長らとの面会場所である大津市役所仰木支所を訪れた。そこで出会った平尾集落のH氏、上仰木集落のT氏は、その後たび重なる聞きとりに応じてくださっただけではなく、多くの協力者を私たちに紹介し、支援を惜しまれなかった方がただった。お二人は私たちの依頼を快諾し、「みんな仕事があるから夜と休みの日しか話はできないぞ」と念を押しつつも、協力を約束してくださったのであった。

このとき私は、この仰木の人たちとどう近づけばよいのか、という新たな不安を感じはじめていた。女子学生三人で同じ集落で調査をする、というのは心強かったが、自分の父親よりもずっと年上の方がたにインタビューをするなど、それまで経験のないことであった。おじさんの本音を聞きだすなんてことができるのか。わざわざ時間をさいて相手をしてくれる人なんているのだろうか。すごく背伸びをしないといけないような気がして、これはちょっと大変なことをすることになってしまったな、と考えていたのだ。

その後、何度か訪問をくりかえし、夏休み中に予定した約三週間の住みこみ調査に備えて準備を進めた。滞在先は、H氏の近所の家で、そこの主は彼の友人女性であった。偶然にも彼女が長期の旅行に出るため、そこをお借りできることになったのだ。仰木ではごく一般的な造りだが私たち三人には広すぎるそのお宅で、不在の女主人が大切にしている「ぬか床」を預かり、自炊をして、私たちのフィールドワークが始まった。

3　里山、仰木

私たち三人はそれぞれ異なるテーマをもっていた。私は、棚田における伝統的な水資源管理、Tは集落の墓地、Sは獣害をテーマとした。それぞれにまったく異なる関心をもつ私たちが同じフィールドで調査を行なうことができたのは、仰木がその自然環境や歴史のために、文化人類学にとって興味ぶかいテーマを豊富に提供してくれるフィールドであったからにほかならない。

大津市の北西部、比叡山のふもとに位置する仰木は、全体では約七五〇戸、山側から上仰木、辻ヶ下、平尾、下仰木と連続する四つの集落を有する。集落はそれぞれに異なる氏神を祀り、自治会も別々で比較的独立性が高いが、人びとの活発な交友関係はその枠を越えて広がっている。家並みは集落の中心に帯状に連なり、その周辺を棚田が囲み、さらに比叡山へとつながる。約三八〇戸ある農家は、自給的農家と兼業農家とがほとんどである。

仰木はまた、大津市の中心部へは車で数十分、京都へもJR湖西線で二〇分程度という「便利のいい田舎」である。また、集落から車でほんの五分のところにはニュータウンが広がり、対照的な光景を目にすることができる。

仰木の自然環境の特徴をひとことで表わすならば、「里山」である。山林地・集落・耕作地が調和をなし、人の手が入ることで環境の豊かさが保たれてきた里山は、かつての日本においてはありふれた風景であった

里山、仰木の風景

が、近年、急速に失われている。仰木もその例外ではない。それでも手入れの行き届いた昔ながらの棚田の景観に惹かれ、あるいは懐かしさを感じ、訪れる人びとがあとを絶たない。アウトドア雑誌や大津市内のホテルの主催で農業体験のイベントが行なわれることもあるなど、外部に開かれた雰囲気を有する集落である。

仰木でのフィールドワークを続けるにつれ、大学のある京都の喧騒を離れ、棚田のなかに身をおくこと、遠くに琵琶湖を望み、風と日の光を感じながら、稲穂と水路とあぜ道が織りなすパッチワークのような風景を眺める時間を自分がこよなく必要としていることに気づいた。生まれ故郷でもないのに、私は仰木にいることに安らぎをおぼえ、季節の移り変わりとともに表情を変えるその美しい風景を愛しいとも感じていたのである。

4　仰木の「お父さん」

初めての長期滞在によるフィールドワーク。私の不安は誰に話を聞くか、であった。フィールドワークの最初は、誰に会うか、どうやって人を紹介してもらうか、が大きな問題となるのがつねである。私自身、教授やティーチング・アシスタントに「人をたどる」などと言われてもそんなことが可能なのか、とても不安であった。しかし、仰木のような自治会機能が強い集落において、自治会長は影響力をもつ存在であるし、そもそも人びととは子どものころからの人間関係でつながれている。また、前述のH氏は棚田の保全・アピールや外部との交流にも熱心であったため、棚田に関心のある私が会うべき人物は、彼の周囲に何人もいたのである。先人の知恵を受け継ぎ、山の奥の棚田を〈守《も》り〉する夫婦、豊作祈願の祭りの由来を教えてくれた小椋神社の神主、何世代も棚田を〈守り〉してきた農家、等々。

なかでも、その後のフィールドワークの方向性を決定づける重要な出会いとなったのが、頼りになるインフォーマントであると同時に「仰木のお父さん」として私をかわいがってくださったI氏一家との出会いである。

初めてI氏に出会ったのはH氏のご自宅であった。I氏は当時H氏が関わっていたアウトドア雑誌との共催による農業体験ツアーに協力し、ご自分の棚田も提供していた。そのイベント準備の話しあいで男性陣が集まっているところに、私たち三人も居あわせたのであった。おいしい「仰木米」とH氏夫人による自家製野菜の手料理をごちそうになり、仰木の男たちの酒豪ぶりに驚きながら、私たちは自分たちがどうして仰木に来たのか説明したのである。

さっそく次の日、I氏は、私たちをご自分の田圃《たんぼ》に案内してくださった。棚田や井瀬《イゼ》（仰木では水路のことをこう呼ぶ）のことを説明してくださっただけではない。田圃のアゼに生える栗の木から、一緒にイガのついた栗を収穫したり、ご自宅に招いてくださったり。ある朝は、I氏夫人が私たち三人だけで過ごしているのを心配してか様子を見に来てくださり、そのまま、「イノシシに荒らされた田圃を見せてあげる」と、車に乗せてくださった。

三週間のフィールドワークは、調査のきっかけをつかむというところで終わってしまったため、その後、何度も仰木に足を運ぶこととなったのだが、I氏夫妻はつねにもっとも信頼できるインフォーマントであると同時に、仰木での生活を体験させてくださる案内者でもあった。さらに、ほかの村人に対しては問いかけるのがためらわれるような微妙な質問もぶつけられる、気のおけない友でありつづけた。稲刈りはもちろんのこと、仰木育ちの子どもですら誰もが経験しているとはかぎらない、柿の収穫やキノコ採りといった里山ならではの楽しみを、小学生のお孫さんたちと一緒に体験させてくださった。日曜日の昼さがり、午前中の農作業を終えてのんびり過ごすI氏の思い出話は、私にとって貴重な「生きた古文書館《アーカイヴ》」であった。

このような時間の積み重ねが、私にとって仰木に入っていく大きな助けとなった。当初の不安はいつのまにか嘘のように消え失せていた。と同時に、私はフィールドワーカーとしての楽しさを、感じはじめていた。

二　実践される制度

1　景観とそれを支える実践

仰木に通い、人びとの話に耳を傾けはじめてすぐに、私は、この里山の景観が、人びとの並々ならない努力のもとに維持されてきたことに気づかされる。

棚田での稲作は容易ではない。仰木では、水路の大部分が「素掘《すぼ》り」(コンクリートなどで補強されていない、土を掘っただけの状態)であるために、その維持からして手がかかるし、小規模な稲作では手間のかかるわりに利益は出ない。にもかかわらず、仰木の人びとが途絶えることなく稲作という営みを続け、結果として景観が維持されてきたのはなぜなのか。こうした根本的疑問を抱えながら、仰木で古くから実践されてきた水資源管理の調査に取り組みはじめた。

2　早々に否定された仮説と広がる興味

私が棚田における伝統的な水資源管理をテーマにしようと思いたったのは、なによりも、稲作にとって水資源の分配がもっとも重要な問題であるからだ。とくに仰木のような伝統的棚田においては、水の供給は自然条件に大きく依存するため、すべての田圃で同じように水を得られるわけではない。田圃と水路との位置関係によって、また、田圃が作られたとされる時期によっても、水資源へのアクセス権、すなわち水利権は異なる。とはいえ、水がなければ稲作は不可能であるから、「あとから来た人に水はやらない」というのでは集落内に軋轢《あつれき》が生じてしまう。だから、同じ水路を利用する人びとのあいだに、水資源分配のための制度が形成されることは、無用な争いごとを回避するうえでも当然のことであったろう。この前提に立つと、同じ水源や水路を利用する人びとのあいだには水資源分配にとどまらないなんらかの関係が形成されると予想される。そこで、こうした生業としての稲作からみた人間関係と、集落における親族関係や親密な交友関係とになんらかの相関があるのかどうかを検証することにより、現代日本のムラにおける伝統的規範の変化について考察することができるのではないかと考えたのであった。

ところが、水の流れがつなぐ集落の人びと、という私の仮説は、早々に否定される。稲作が生活の中心ではなくなり、水資源も豊富となった現在、水利権に絡む人間関係というのはそれほど重要視されていない。むしろ、同級生であること、兄弟姉妹に婚姻関係があること、近所に住んでいるといった要素のほうがずっと重要であることがすぐにわかった。

このように最初の仮定が「的はずれ」であったとはいえ、調査の継続に困ることはなかった。伝統的な水資源管理制度はそれ自体興味をそそられるものであったし、何より、仰木の人びとの語りのなかに、棚田への強い愛着を感じれば感じるほど、人びとにとって一見負担でしかないこの棚田は何なのか、どうして大切にされているのか、少しでも理解したい、そのような気持ちが強くなっていった。

集落にとっての、棚田という存在の意味の探求。あえて論文の中心的テーマにとりあげることはしなかったものの、これこそ、棚田の〈守り〉をめぐる日常的な実践を見つめ、人びとの語りに耳を傾ける、その継続の過程でつねに私が念頭においていたことである。

3　井瀬親制度と〈守り〉という実践

私がまず取り組んだのは、「井瀬親制度」と、その前提である棚田での稲作という実践そのもの（現地の人びとはこれを〈守り〉と呼んでいる）をとにかく明らかにする、ということであった。

(1)　井瀬親制度

仰木では、水路は「井瀬《イゼ》」と呼ばれている。今もその大部分は素掘りで、幅約三〇～五〇センチ、取水口からいちばん下の田圃までの長さはおおよそ三～五キロ程度で、その管理と水の分配のためのシステムが「井瀬親制度」である。「井瀬親」とは、それぞれの

井瀬

井瀬のいちばん下の田圃の所有者にその権利／義務がある役目だ。井瀬のいちばん下、ということはもっとも水の得にくい田圃であり、その条件の悪い田圃の所有者が全体の責任者となり、日常的に井瀬の管理・補修をするとともに水の分配の指揮をとることで、すべての田圃に公平に水が行き渡るという考えがこの制度の根本にはある。ひとつの井瀬に掛かる田圃数はいろいろだが、農家は番次《バンツギ》、一番、二番、三番……とグループ化されていて、取水できる時間が決められており、その際の時間管理は井瀬親の重要な役目であった。かつての井瀬は慢性的に水が不足していたが、現在では井瀬の途中で井戸水を電動ポンプで汲みあげているため問題は解消された。そのため今では井瀬親の中心的な仕事は、必要なときにほかの農家に呼びかけて井瀬の補修をしたり、大雨のときに井瀬の取水口を閉じたりといった作業となっている。

(2) 棚田を〈守り〉する一年

アラ井瀬立て　仰木の稲作は、「アラ井瀬立て」にはじまる。「井瀬立て」とは、井瀬の掃除・補修を意味する。三月末から四月初めのアラ井瀬立ての日程調整が、井瀬親にとってはその年の初仕事となる。アラ井瀬立てにはその井瀬の利用者が、基本的には総出で参加する。前年の秋に取水を止めてから井瀬に溜まった落ち葉を除去し、壊れている部分を修繕して、川からの取水部分を開く。勢いよく水が流れ、棚田が息をふきかえす。仰木の春の訪れである。

　かつては、子どもも参加して一日がかりで行なわれる大変な作業であった。素掘りの井瀬は壊れやすい。集落の中、田圃からは離れたところに、良質な粘土質の土がとれる丘があるのだが、そこから天秤で重たい土を運び、穴をふさぎ、踏み固める。「あのころはたいへんやったなぁ」と誰もが思いだす、春恒例の作業であった。

田植えの準備　アラ井瀬立てが終わると、各家は田植えの準備に取りかかる。ここで大変なのがアゼ塗りだ。棚田では土壌の移動と水漏れを防ぐためにもしっかりとアゼ塗りを行なう必要がある。これは、粘土質の土をこねて、鍬で傾斜の下側になる田圃の端を塗り固める作業なのだが、棚田のアゼは曲線で長く、なかなか終わらない。「あれ（アゼ塗り）はなぁ、さき見たらいかんな。まだこんなにあるって、うんざりしてくるからなぁ」

この時期、田圃には大量の水が必要となるが、そこですべての農家がいっせいに水を得ようとしても十分な水量が井瀬にはないから、井瀬の上に位置する田圃、すなわち「番次」から作業に取りかかる。どの井瀬でも、取水口に近い五軒ほどの農家は「番次」と呼ばれていてもっとも条件の良い水利権を有している。井瀬全体でどの田圃から作業に取りかかるかには明確な決まりごとはないので、井瀬親が調整をはかることもないのだが、そこは昔ながらの規範と農家間のたがいへの配慮が作用しているのであろう。

田植え　そして五月、仰木の氏神、小椋神社のお祭りの前後が田植えである。田植えもまた、手作業が多い。棚田とはいえある程度の広さがあれば、田植え機も何往復かできるのだが、平地の田圃とは事情が異なる。棚田では傾斜の下側になる端のほうに重たい機械を入れると田圃が崩れてしまう恐れがあるし、そもそも曲線のため機械では植えきれない部分が多い。そしてそれぞれの田圃が小さいために、重たい機械を急斜面で移動しなければならないという危険も伴う。みな非常に手際よくかつ整然と植えていくのだが、やはり腰にくる作業だ。奥行きのない、小さな田圃の多い家では、遠くに住む親戚まで手伝いに来て、皆が集まる楽しい時間でもある一方、担い手がいなくて知りあいや親戚に田植えを任せることもある。

田圃の管理　さて、田植えが終わったからといって安心はできない。水の管理、畦畔《けいはん》（田圃と田圃のあいだの斜面）の草刈という重労働が夏の終わりまで続くのである。

水の管理は前述の井瀬親制度のもとに行なわれる農家間の調整と、各農家が個別に自分の田圃に関して行なうものとがある。最近ではかつてのような水不足が生じることはほとんどないとはいえ、水漏れの防止は必須である。棚田は大雨で崩れてしまうこともあるし、日常的にも漏水しやすい。稲穂が実るまでは田圃に水は欠かせないから、農家は頻繁に補修をくりかえす。そこで前述のアゼ塗りも重要なのだが、水漏れと畦畔の崩壊を防止するために、アゼ道もまた、固く踏みしめられている。ところがそこをモグラが通ると地盤がゆるみ、放っておくと水漏れにつながってしまう。モグラの通り道はたいてい決まっていて、そこに田圃を持つ人は、「ほんと、何度もいやんなるなぁ」と文句を言いつつ直すしかない。

そして誰もが嫌がる畦畔の草刈。棚田では、一枚一枚の田圃のあいだに、低くて一メートル弱、高いと二メートルを超える畦畔がある。仰木では、男性のみならず高齢の女性までもがモーターつきの草刈機を持って斜面に立つ。除草剤を使う家もあるのだが、「農薬を使うのはちょっと……」と思って草刈機を使う家のほうが多い。雑草を放っておくと害虫の原因にもなるし、また日陰になっては稲の生育に悪影響をおよぼす。さらに雑草を放っておくのは見ばえも悪い。よその農家から、「あそこは稲の植え方も適当だし草刈もちゃんとしない……」と思われてしまうかもしれない。だから、みんな、重労働を嫌がりつつも、頻繁に草刈をしなくてはならないのである。

さて、この期間、井瀬親は井瀬の様子をつねに気にかけている。水量が減ったのであれば、どこかで水漏れしているかもしれない。大雨が降るとなれば、足場の悪い川からの取水口まで行って、石や土嚢で閉じなくてはならない。現在では「番」による取水制限の措置がとられることはない。I氏が若いころにひどい雨不足で「番」を経験したのが最後だという。「番」がなくなり、井瀬の分岐点での水の分配も、かつてのように皆が神経質に気にかけることがなくなったという点においては井瀬親の負担は減ったともいえるが、井瀬に何か問題が生じれば対応を求められるのであるから、気苦労の多い役目である。

深刻化する獣害　山に近く、自然が豊かだということは、さまざまな動物が多いことを意味する。シカ・イノシシ・サルによる獣害は昔からあったのだが、山林地の環境変化に伴い近年きわめて深刻化している。サルは稲を食い荒らし、シカやイノシシはそのうえ踏み倒す。昔から、「シシガキ」を棚田と山の境に張りめぐらしたり、動物の嫌がるにおいのする油をしみこ

稲刈り後の棚田

ませた縄紐を夜中に燃やすなど、動物の侵入を防ぐ工夫はされてきた。「むかしはなぁ、夜中にランタン持って、田圃を見まわりに行ったんだぞ。真っ暗で怖かったけどなぁ、みんなで大声出して、イノシシを脅して田圃に近寄らんように」。しかし最近では動物たちも「賢く」なってきて、ちょっとした高さの柵では飛び越えられてしまう。電気柵を導入している家もあるのだが、限られた範囲を守るだけで、抜本的な解決にはならない。世話をしてきた田圃を一晩で荒らされてしまうのだから、農家にとって獣害はもっとも頭を悩まされる問題である。

稲刈り　夏の終わり、田圃は井瀬からの取水をやめて稲穂の成熟に備える。仰木では、まだ夏の暑さが残るころに稲刈りを迎える。黄金色の絨毯が徐々に刈り上げられ、田圃にはワラが残される。このときも、稲刈り機に加えて人手が大活躍する。モミを脱穀機にかけ、精米すると真っ白な仰木米ができあがる。この時期に農家を訪れると、あちこちで一キロ二キロとお米を分けていただいてしまう。親戚・知人に送って、「おいしい」と言われるのが嬉しいからこそ、毎年稲作を続けるのだという。

稲刈り後の仰木の田圃を彩るのは、たわわに実を結ぶ渋柿の木である。軒先に並ぶ干し柿という光景は、かつては仰木の風物詩であった。もし井瀬があまりに老朽化して、コンクリート化する必要があれば、井瀬親はこの休耕期に工事の手配をすることになる。

収穫の終わった田圃もそのまま放置されるのではなく、トラクターで耕し、きれいに整えるのが仰木の常識である。そして棚田は、次の春まで静かな時期を迎える。

4　井瀬親制度からかいま見たもの

井瀬親制度の中心的理念とは、前述のとおり、井瀬のもっとも下に位置する田圃の所有者に、井瀬全体の管理の権限を付与することにより、すべての田圃への公平な水の分配を実現することであった。たしかに、かつてのような慢性的水不足の時代であれば、「番」の実施の指揮をより不利な水利権を有するものが実行できたことは、公平感を重んじる集落において有効に機能していたのであろう。しかし現在、水利権のない田圃への給水すら黙認されるような状況にあって、井瀬親はむしろ負担ばかりの役目となっている。とはいえ、水利権が意味をなさなくなっているわけではない。棚田の〈守り〉という実践が継続されるかぎり、それは強力な理念として存在しつづけるであろう。たとえば「番次」の田圃の所有者は井瀬の補修は行なわなくてもよいことになっているため、アラ井瀬立てにも参加は求められない。また、同じ所有者の田圃であっても、ヒヤケと呼ばれる水利権のない田圃が、水利権のある田圃ごしに給水されていれば、「本当はいけないこと」として人びとは私に説明するし、人びとは井瀬や水利権の分布を非常によく記憶している。本来の水資源の分配の取り決めのなかでは許されない行為も黙認されるようになったのは、深刻な水不足が生じることがなくなったことに加え、今ではどこも兼業農家でほかに仕事があり、水の番ばかりもしていられないという事情は同じだという認識が共有されているからだ。

5　制度を研究する

フィールドワークを通じて制度を研究すること、それはけっして、ある固定的なルールそのものを研究するということではない。その制度を人びとがどのように解釈しているのか、人びとの理念と実践とのあいだにどのような隔たりがあるのか、公的な言説と実践者の感情とのあいだにどのような葛藤があるのか、何がその制度を実践することを支えているのか、等々、生きられる規則としての制度の探求に、フィールドワークの価値がある。だが、フィールドワークを始めるにあたって、私自身がこうした論点にとくに意識的であったわけではなく、むしろ、人びとの語りに耳を傾け、実践を見つめるなかで明確化されていった。フィールドワークとは、自分の思考のなかだけでは気づきえなかった、より核心にあるものへと自然に導かれる、そのような体験である。それに加えて、たとえゼミでの報告という義務にせき立てられてであれ、「書く」という行為を通じて、みずからの体験や聞きとり内容を整理することが、新しい探求へ道を切りひらくことにつながってゆく。

　フィールドワークと、フィールドを離れて書くという行為を往復する過程で、私は仰木の人びとと棚田との関係性をより深く捉えるためには何かもっと異なるアプローチが必要であると感じはじめていた。棚田での稲作を「米を作る」でもなく、「田圃の世話をする」でもなく、「〈守り〉をする」というかれらの語りに、棚田と集落との関係性を読みとる鍵がある、とは感じていたのだが、井瀬親制度とその実践を解き明かすだけでは不十分であった。そこに舞いこんできたのが、上仰木での土地改良事業の実施、というニュースであった。それは私にとってはショックでもあり、フィールドワーカーとしてはきわめて興味ぶかい事例と出会うチャンスでもあった。私はそんなアンビヴァレントな気持ちを抱えながらも、迷わずフィールドワークを継続することを決めたのであった。

三　仰木にとっての棚田
——「景観」と「保全」

1　景観という争点

仰木の棚田は、その景観が多くの人びとを魅了してきた。季節ごとに異なる表情を見せ、稲作の季節だけではなく、棚田のアゼに育つ柿の実がたわわに実る秋も、雪化粧に彩られる冬も、それぞれに美しい。数年前に写真集で紹介されたこと[*1]から人気が高まり、休日ともなれば写真愛好家らがカメラを持って坂道を登り、撮影に訪れている。そのような様子を地元の人たちは、誇らしさと困るような気持ちとをないまぜにしつつ眺めている。

その景観は部外者である私にとっても、今もなお甘美に思いだされるものである。しかしながら、ひとたび圃場整備事業が導入されれば、なめらかな曲線を描く棚田と井瀬、そこここに先人たちの苦労や知恵を見てとることのできる環境は失われてしまう。

聞きとりのなかで、会議の場で、軽トラックの中での他愛のないおしゃべりで、田圃のアゼを歩きながら、私は仰木の人びとの語りのなかに、棚田への愛着、苦労、先祖から受け継いだ財産として大切に〈守り〉してきたことへの誇りを感じとっていた。だが、この人たちは同時に、彼ら彼女らが愛情を注ぐ棚田の景観を一変させる圃場整備事業を推進してもいた。仰木の人たちが事業の進行のなかで見せる、アンビヴァレントな棚田へのまなざしや思い。私自身が調査のなかで意識化していった、昔ながらの棚田と自然とが織りなす景観が失われてしまうことへの、ある種の寂しさ、事業への疑問。フィールドワークの後半は、インフォーマントたちのなかでせめぎあう多様な価値観と、私自身の価値観との乖離《かいり》を埋める作業であったともいえる。

聞きとりの最中に、私自身の思いをストレートに表明することはほとんどなかったし、たとえば人びとが熱心に事業の進め方を話しあう場などで、仰木の景観が変わってしまうことを「もったいない」などと口にすることは私にはできなかった。この事業の導入が本当に仰木にとってベストの選択なのだろうか。集落外の人が、棚田の世話を手伝う代わりに収穫された米を手にする「棚田オーナー制度」などほかのやり方はなかったのか。景観が一変してしまうことへの寂しさ、喪失感はないのだろうか。じつは、こうした疑問を心に抱きながらも、聞きとりのなかで相手に「ぶつける」という戦略も、私はとらなかった。

「景観」「風景」といったことばが人びとの口からは出てこないこと。そこに私は疑問を感じていた。そしてそれがまた仰木の人びとにとっての棚田の意味を考察する、重要なポイントとなるのではないかとも考えていた。棚田の中で人びとが何を語るのか、棚田の「価値」を評価する場で人びとは何を重視するのか。今ふり返れば、そこにこだわったから、棚田の保全・景観・開発のはざまにある仰木の人びとの今に多少なりとも迫ることができたのではないかと思う。

2　公共事業の導入

土地改良事業とは、土地改良法に基づいて行なわれる、圃場の生産性を向上するための公共事業である。用排水施設や道路など、農業生産に必要な施設の新設や、農用地の造成がそのおもな内容である。しかし生産性の向上という目的は米の生産量を調整する減反政策とは矛盾する。そこで近年、行政は「耕作放棄を防いで、国土保全をはかる」という目的を掲げている。水田は、米を生産する場としてのみならず、環境保全の観点からも重要で、とくに棚田は水質保全、山火事防止、貯水機能、生物多様性の維持などの点でも非常に有効であることが一般に認められている。

この土地改良事業は、「無駄な公共投資」「環境破壊」などとして、これまでに何度も批判にさらされてきた。たしかに、それがあてはまる事業も少なからずあっただろうし、地元の人びとの要望を必ずしも反映していない事業もあった。しかし、今回の上仰木における圃場整備事業は、地元の農家の長年の強い要望で実現したのである。

仰木でも、すでに、上仰木の一部、辻ヶ下、下仰木で圃場整備事業が実施されている。棚田では、圃場整備を行なっても、土地が完全に平らになるということはない。事業後は、長方形の田圃が階段状に連なり、場所によっては畦畔の高さが三メートルを超えることもあり、草刈に危険が伴うなど、平地と比較すると難しい条件が多い。それでも、現状よりは広い農道や灌漑設備も整い、機械化も進むということで事業が導入されている。

また仰木では、じつはほとんどの棚田で、この二〇年ほどのあいだに、農家が個人的に田圃の段数を減らし一枚あたりの圃場の面積を広げる、「せまちなおし」*2が施されている。それでも、小さい田圃が多く、等高線に沿った曲線は残ったままである。

今回の土地改良事業は、天社門《てんじゃかど》、棚田、安養寺《あんよう(にょ)じ》、長谷《ながたに(ん)》、焼野《やけの》、鳥毛《とりげ》、上比良《かみのひら》、比曽野《ひその》と呼ばれる区域が対象である。雄琴川沿いに展開する標高一四〇メートルから一九〇メートルの急峻な農地で、事業区域は約四五ヘクタールとなる。事業区域の地権者は「土地改良組合」を形成し、理事会がおかれる。また、土地改良事業でもっとも困難となるのが土地の持ち替え、すなわち「換地」であるが、その準備のために、「換地委員会」も設けられた。換地は地元が中心となって行なうため、委員会は地権者から選ばれ、事業実施前の田圃の価値を評価したり、事業後の新たな田圃の配分方法を定めるといった作業を担う。

3 目の前に広がるローカルな知識

後半の二年間、私が実践したフィールドワークはおもに三種類あった。ひとつは、土地改良組合の事務的な仕事をお手伝いさせていただき、事業の対象となる田圃の面積の計算といった作業を通して田圃の広がりを理解するというもの。もうひとつは、地権者らに依頼して聞きとりを行ない、田圃を見せてもらうこと。そして週に一～二回開かれる換地委員会に参加することである。人びとの財産にかかわる微妙なテーマの調査を行なうことができたのは、前年までのフィールドワークにより、土地改良区の理事長となったT氏、事務局長のN氏、I氏（彼は地権者であった）らのご協力を得ることができたからだ。

換地委員は、一二人。そこに数人の理事も参加して、毎晩七時ごろから集まり、二～三時間。私はお茶を出したり、書記をしたり、といったかたちでその場に居あわせることにした。委員らが集まると、とりあえずは集落内の出来事、稲の生育状況、家族のこと等々世間話が始まる。その席に混ざり彼らの話に耳を傾け、会議が始まるとさっとその内容をメモにとり、委員たちの評価のやり方を観察したのである。その際、井瀬親制度を中心としたフィールドワークでの知識が非常に役立った。委員らが、評価のために水利権や棚田のさまざまな条件について話す際も問題なく理解することができたし、私が「鳥毛井瀬」といった名前までも知っていることから、委員らもより身近に接してくれたように思う。

評価のため、委員らは地図を囲んで話しあいをしていたが、じつはその紙の地図よりも、彼らの心のなかにある地図こそが重要な情報源となっていた。そこには井瀬の場所、取水口、それぞれの田圃の水利権、どこに何枚誰の田圃があるのか、その田圃はどんな変遷を経てきたのか、耕作放棄はいつごろからなのか、といった田圃の歴史がすべて刻みこまれている。私はその正確さ、詳細さに驚かされた。そして彼らのそのローカルな知識が、長年の実践の積み重ねと、彼らが棚田へ向ける思いとによって蓄積されたものであると強く感じたのであった。そしてそれほどまでに棚田に思いを注ぐ人たちが、その棚田の姿を一変させてしまう事業を推進しているという現実に、戸惑いをおぼえたのである。

4　棚田という負担

棚田の〈守り〉に熱心な人ほど土地改良事業にも熱心である、という現実への戸惑い。その答えを見つけたくて事業の進捗過程を追いつづけたのであるが、もしかするとその答えは私の目の前にあり、ただ私が気づかぬふりをしていただけなのかもしれない。

そもそも、地元の人びとにとってこの棚田は、愛でる対象である以前に、生活空間である。米を生産できるという経済的意味においても、法的側面においても棚田は人びとが先祖から受け継いだ資産であり、その景観のみに特別な価値が賦与されているわけではない。

だが経済的要因は、棚田での稲作の継続の理由にはまったくふさわしくない。それはかれらのことばにも明らかだ。「百姓して儲けようなんて思っちゃあかん。サラリーマンして稼いだお金で百姓するんや。趣味だと思わんと。趣味やったら金がかかってもええやろ、趣味なんやから」。自嘲的なことばだが、実際、生産される米はほとんど自家消費用であるし、数百万円もかかる機械代、肥料代、そして投入する労力を考えると、買ったほうが安いし楽だ。それでも「きれいで冷たい水で育つから仰木米は旨い」と誇りにし、毎年〈守り〉を続けている仰木の人びと。喜んでもらえるから、退職後のよい暇つぶしになるから、それだけでこの広い棚田が維持されうるであろうか？　かれらが棚田に向けるまなざし、思い、その多様性を描きだすことが私のフィールドワークの後半の課題となった。

5　〈守り〉という実践の文脈

仰木では「稲を育てる」「米を作る」「田圃の世話をする」といった表現はあまり耳にしない。人びとは田圃の〈守り〉をしている。

この〈守り〉こそ、仰木の人びとと田圃との関係性を捉えるうえで非常に重要な鍵となる実践である。〈守り〉という実践そのものについてはすでに記述することができた。しかし問題は、その実践がどのような文脈におかれているのか、というところにあった。なぜ〈守り〉を続けるのか。この問いに対し、人びとが語るのは「先祖から受け継いだものを自分の代で絶やしてしまうわけにはいかないから」「[放棄田にしてしまうと]よそに迷惑がかかるから」といった他者とのつながりを意識したことばである。

西日本では、稲作はまず小河川沿いの平野や盆地で始まり、中世には中山間地域、つまり棚田の開墾がなされていたといわれている(中島 一九九九)。このような厳しい環境を開墾し、田圃として利用できる形状にした先祖の苦労。それから自分の代にいたるまで、何世代にもわたって〈守り〉をしてきた先祖の努力の積み重ね。山間地での稲作の大変さを、日々の実践のなかで先祖と共有する彼ら・彼女らは、その努力の重みをひしひしと感じている。

そして、このようなつながりは先祖だけに意識されるものではなく、自分のまわりで自分と同じように田圃を〈守り〉している現在の隣人たちにも向けられる。人びとは、自分の田圃を放棄田としてしまうことで、井瀬の管理が不十分になることや、草木が生い茂ってイノシシやシカといった野生鳥獣の隠れ場所となり、獣害の悪化をまねくことで、周囲に迷惑をかけてしまうことを恐れている。

このような文脈において捉えることで、〈守り〉とは、実践であると同時にある種の規範として機能していることがわかる。そして「〈守り〉を継続せよ」というのが、この規範の強力なメッセージである。それがもっとも明確に現われているのは、今仰木の〈守り〉の中心的かつ熱心な担い手である五〇代以上の男性たちが、いかに次の世代に〈守り〉を引き継いでもらうか、という考えからこの土地改良事業を選択しているのだという事実だ。かれらは、若いころの牛と手作業での農作業から機械化という、変化の時代を生きてきた。朝は早く起きて田圃に水の様子を見に行ってから仕事に出かけ、夕方帰ってくるとまた田圃に行き、という生活を何十年も続けてきた。かれらはそれを、ただ義務感から継続してきたわけではない。仰木にも棚田にも愛着があればこその実践であったし、だからこそ棚田の将来についても真剣に考え、自分たちがいなくなったあとの棚田の〈守り〉のために行動を起こしている。

仰木の棚田の〈守り〉の将来は明るくない。すでに耕作放棄が進んでいるし、担い手の高齢化が進んでいる。そして仰木の人びとは、今のままの、昔ながらの棚田の状態では〈守り〉の継続はきわめて難しいと認識している。二〇～四〇代の人びとがそれより上の世代の人びとほどに棚田への愛着を有しているともいいがたい。そこで選択肢として挙がったのが、農家の負担を軽減するための土地改良事業であった。

つまりかれらは、土地改良事業という近代的な手法に訴えることにより、集落の伝統であり規範である〈守り〉の、次世代における継続を実現させようとしている。日本の高度経済成長期を経験してきたかれらにとって、大規模な開発とは今でも、繁栄を約束する神話的な輝きをおびているのかもしれない。だがそれ以上に重要なことは、かれらが〈守り〉という実践を積み重ね、その継続をできうるかぎり、実現しなくてはならないことと捉え、行動していることだ。その積み重ねは今までは結果的に景観の維持として作用してきた。それが今度は、集落内には土地改良事業の実施に対してさまざまな意見があるのにもかかわらず、なんとか人びとをまとめて、公共事業を推進しようとする力となっているのである。

四　他者との出会い

集落にとっては外部の人間である私がその美しい景観に惹かれ、調査の対象とした仰木の棚田を、仰木の人びとはどう捉えているのか。それに対するシンプルな解答を私は持ちあわせてはいない。仰木にとっての棚田。それはその景観だけ、あるいは逆に、生産性だけに注目しても理解できるものではなかった。人びとが用いる〈守り〉という表現に手がかりを得て、その〈守り〉という実践と、実践がおかれた文脈とにこだわったのが私のフィールドワークであった。

棚田は、人びとの〈守り〉という絶えざる実践によりその保全がなされてきた。そしてその存在自体が人びとに〈守り〉という実践を促す規範ともなっている。水の流れや制度により生じる人間関係という最初の私の仮説は的はずれであったと述べた。しかしながら、人びとは〈守り〉という実践により、たしかに過去、現在、未来の人びととつながれている。そのとき、棚田は田圃として存在しつづけることが重要なのであり、その昔ながらの景観を維持することが本質なのではない。

まさに棚田の景観に惹かれ、調査を開始した私にとり、ただこれだけの解答をみずからに納得させることは、ある種の無力さを感じさせられるものであった。時としてフィールドワーカーは、みずからの調査地とその人びとに何か過剰な期待を抱いてしまうのかもしれない。しかし、現地の人びとはずっとシビアな現実を生きていることを忘れてはならない。私はいつも、仰木の人びととの自然や先人の知恵への感受性の高さに感心させられる一方、かれらの現実的な発言や選択に、社会において生きるということの一端を見せつけられているように、そしてみずからの未熟さを指摘されているようにも感じていた。

結局、私にとって仰木でのフィールドワークの目的とは、仰木の人びとが長い長い時間軸において積み重ねてきた〈守り〉という実践、彼ら・彼女らの生の一部である実践を切り取り、解釈を施し、書くということであったといえる。ここでナイーヴな告白をすれば、私は仰木の人びとを前にして、しばしばみずからの解釈に自信がなく、後ろめたさも感じていた。しかし、フィールドワークの目的は書かなければ達成されない。だから私は、私が出会った他者としての仰木の人びと、共感的理解におぼれることなく、とことん向きあわねばならないとも感じていた。そうして過ごした仰木での三年間のフィールドワークは、私にとっては思考の原点である。それは、ただ他者との出会いがあったからだけではなく、その出会いを通して、私自身の経験と価値観という枠にとどまることなく、みずからの思考と解釈とにこだわるという経験を可能にさせられたからにほかならない。

注

＊1　今森（一九九五）など多数。今森氏は、仰木にアトリエを構え、十数年にわたって仰木の写真を撮りつづけてきた。仰木の人びとともに積極的に交流をもち、仰木の棚田をより多くの人びとに知ってもらうための活動にも熱心に取り組んでおられる。

＊2　「せまち」に「畝町」という漢字をあてはめる。仰木に限らず全国的に用いられることば。

引用文献

今森光彦　一九九五『里山物語』新潮社。
中島峰広　一九九九『日本の棚田』古今書院。

第3章

生きものを屠《ほふ》って肉を食べる

——私たちの肉食を再考する試み

比嘉夏子

Sugawara's comment

肉食と屠殺というテーマをひっさげて比嘉が登場したとき、わたしはその問題意識の深さに感嘆した。それだけに卒論提出前にスランプに陥り不満足な出来ばえになったことが残念だった。この作品は（著者の弁を借りれば）卒論を「成仏させる」渾身の一篇である。肉を消費する日常から「殺し」の現場へ、さらに豚が生活の一部であった沖縄の過去へと遡行する長い道のりは、フィールドワーカーの成長の過程をくっきりと照らしだしている。躍動する想像力は、その後、比嘉をトンガ王国における豚の儀礼的消費の世界へと導いた。

一　肉食への素朴な疑問

1　「生きもの」と「肉」——感覚の乖離《かいり》

スーパーで肉を買う。「きれいな肉色」「脂ののった」「霜降りの」……。食材としてふさわしく、おいしそうであることを念頭に私たちは肉を選ぶ。手にとる肉は、部位別に小分けされ、パックづめされていることがほとんどだ。骨も皮も取りのぞかれ、「肉片」と化したその物体をパックごしに目にしたとき、その本来の姿、すなわち生きた牛や豚や鶏の姿を思いえがくことは、ほとんどない。

そのころ学部二回生だった私は、初めてのフィールドワークのテーマとして、屠殺に焦点をあて肉食を再考することを選んだ。「今の自分にとって、少しでも知りたい、わかりたいと思うような疑問ってなんだろう？」そう問いかけたときに脳裏をよぎったのは、動物が肉になる過程を知りたい、それに携わる人びとに会ってみたい、という思いだったからだ。

当時の私を突き動かしたのは、食べるために動物を殺す、この屠殺という行為が現代日本社会のなかでまるでブラックボックスのように秘められていることへの不審の念だった。動物（生きもの）と肉（食べもの）に対する私たちの感情がひどく乖離しており、しかもこの乖離が知識の完全な欠落のうえに成り立っていることに対する、危機感もしくは自戒ともいえる気持ちが、いつのころからか心のなかにわだかまっていたのである。日々肉食を享受していながら、それがもたらされている背景を何も知らずにいることへの罪悪感。「殺し」に対する忌避の感情やときには嫌悪感さえも抱く自分と、おいしい肉に舌鼓を打つ自分。自分の内にひそむ、こうしたアンビヴァレントな感情をつなぎ合わせることができないだろうか。このような、じつに個人的な動機に促されて、私の初めてのフィールドワークは始まったのである。

2　思想としての肉食

実際にフィールドワークにとびこむ前に、まずいくつかの関連文献に目をとおすのが一般的な手順であろう。このとき、関心や対象を具体化し限定していく作業が欠かせなくなるいっぽうで、こうした絞りこみをもっと広い視野から見なおし、つねに相対化していく作業も怠ってはならない。このような、ときには拮抗しあう双方向の意識があってこそ、自分が実施するフィールドワークの位置づけや独自性が明らかになり、そのなかで広がりや深みが生まれる可能性が芽ばえるのではないかと私は思っている。

そのとき手はじめに選んだ文献のキーワードは、（肉食の対象としての）動物、肉、食文化、禁忌《タブー》、などである。こうした文献に目をとおし、そこから数珠つなぎで項目を拡げていくことで、文献収集は進んでいった。以下では、肉食忌避という思想、さらに日本における肉食の歴史的変遷を、ふりかえっておきたい。

(1)　肉食忌避の思想

食べものとひとくちにいっても、身のまわりに存在する多種多様なもののなかから何を食べ、何を食べないのか、私たちはいつも取捨選択している。すなわち、食べるという行為は、対象を選択する時点からすでに始まるといってもいい。「食べられるか否か」という即物的な基準ではなく、「食べるにふさわしいか否か」という観念的な選択を優先するような思考法は、人類史上、さまざまな時代・地域・民族において独自に展開されてきた。[*1] とりわけ「肉」は、食物規制の対象になりやすい食べもののひとつであるため、肉食忌避をめぐる多種多様な思想が存在する。

肉食忌避の思想としてまず筆頭に挙がるのは宗教だろう。イスラム教徒にとっての豚肉、ヒンズー教徒にとっての牛肉など、信仰に根ざした食物規制のバリエーションは枚挙に暇がない。シムーンズ（二〇〇一）は、牛、豚に始まり、鶏、馬、ラクダ、犬、そして魚にいたるまで、さまざまな肉に対する忌避の慣習を網羅し、検証している。世界各地において各々の信仰のもと、肉食という営みがこれほど多様化し精緻に築きあげられた事実には驚嘆するばかりである。

そのほか、動物愛護、健康志向、環境問題、南北問題、などの観点から肉食を控える動きがある。このように肉食という行為が動物愛護の思想や、食糧生産問題などの文脈で語られるという現象は、現代的な動向だといえるだろう。

(2) 日本における肉食の歴史

現在確認できる最古の肉食の痕跡は、旧石器時代にさかのぼる。その当時、人びとは多岐にわたる動物を狩猟によって捕獲し食べていた。四世紀に大陸から仏教が伝来し、仏教の殺生禁断の教えによって肉食忌避の思想は普及しはじめたが、その後の日本の肉食文化のゆくえを決定づけたのは、七世紀に天武天皇によって公布された肉食禁止令である。これ以降、一九世紀に文明開化とともに欧米の習慣としての肉食（おもに牛肉食）が流入し、庶民のあいだに普及するまでの約一二〇〇年間、日本国内において、表向きは肉食禁止の歴史が続いた。

しかし、このあいだ完全に肉食が排除されていたかといえばそうではない。天武天皇以降も殺生禁断の布令はたびたび出されていたが、その陰で人びとは「薬喰い」と称して罪悪感から逃れつつ、野鳥獣の肉を食べていた。禁止という圧力の背後でさえ、日本の肉食文化は脈々と息づいていたのである。その後、中世・近世にわたり強化された差別構造のもとで、被差別部落民、なかでも斃牛馬《たおれぎゅうば》の処理や皮革生産などの諸産業に携わる人びとは、肉食にまとわりつく穢れの観念とともに、賤視に苦しめられつづけてきた。後にもふれるように、このいわれなき職業差別と身分差別とは、後々まで人びとを苦しめることとなる。

文献によって得られたこれらの予備知識は、その後のフィールドワークの道しるべとなった。しかし実際のフィールドワークへ私を駆りたてる原動力となったのは、次にみるような、より直接的な「殺し」の体験だったのである。

3 経験としての屠殺

——忘れられないのはあの感触。あの、首に刃をあて渾身の力で包丁を引くときの感触である。血がどっと溢れだし、鶏は最期の叫びを虚空へと叩きつける。〔中略〕目を閉じてしまいたかった。その場から離れてしまいたかった。「生きもの」が「肉」になる瞬間をこの目で見なければ、という私のなかの使命感が、身体をその場に留めさせた。——

(二〇〇〇年六月二四日)

これは生まれて初めて、みずからの手で鶏をつぶしたときの記録である。鶏から鶏肉へ、実際の工程がどのようなものかということよりも、まずは私が受けた衝撃、その感覚を少しでも伝えることができればという思いから、ここでは当時のフィールドノートをあえてそのまま引用した。

この鶏をつぶす体験は、当時私が受講していたある農業学習講座の一環として行なわれたものであった。このとき、農産加工所で働き、鶏をつぶすことに熟練した女性たちにそのやり方を教わりながら、作業は進められた。鶏の足を踏んで暴れないように押さえ、頭の部分を左手でしっかりとつかみ、右手で握りしめた包丁を首にあて一気に引く。すばやく血液を放出し、羽を取りのぞき、解体していく。彼女たちの鮮やかな手さばきにはただ感心するばかりであったが、それを少しでもまねようと、私も必死になって包丁を握った。一羽の鶏との格闘。それは生きものと一対一で対峙するという、予想をしのぐ緊張に満ちた密度の濃い時間だった。そして作業を始めて数十分たらずで、日ごろ見なれた鶏肉の各部位が現われたときには、ことばにしがたい充足感に満たされた。

鶏をつぶすという初めての体験は、私の裡《うち》にさまざまな感情を喚起した。包丁の先から強く伝わってくる「生」の感触。いやおうなしに耳に飛びこんでくる鶏たちの最期の叫び。身体を通して得たさまざまな感触と、それに伴うようにして湧きおこる恐怖・畏怖《いふ》・感動などは、日ごろ平然と肉を食べていた私の根底を大きく揺さぶるものであった。

そのときにさらに印象的だったのは、鮮やかな手さばきで手本を示してくれたベテラン女性のことばである。彼女はこの仕事を始めて四〇年近くになる熟練者であり、その仕事ぶりはじつに手際よいものであった。鶏を殺すその瞬間でさえも、淡々と「仕事」をこなしているかのように私の目には映った。しかし、そんな彼女がこう言った。「自分が娘だったころ、この仕事を初めてやったときはねえ、動揺してしまって、食事も食べられなかったよ」。このことばに、その場にいたほかの女性たちも「うんうん」とうなずいた。鶏をつぶすということを仕事の一環としてこなす熟練者となった女性たちでさえも、当初はさまざまな思いがあったという事実を、私はとても興味ぶかく思った。はたから見れば淡々と仕事をこなす人たちの内側に渦巻いているじつに個人的な感情の数々。こうした個人的な感情が積み重なり、交錯することのなかにこそ、人びとの生活を支える核はあるのかもしれない、そう思った。

この、もっとも衝撃的だった最初の体験を出発点に、「生きものを食べるために殺す」という過程に直接的に関わる人びとへの関心は、いっそう深まっていったのであった。

二　「食べるために殺す」という行為

1　北山の猟師「狩り」の魅力を語る

野生動物を「食べるために殺す」、その瞬間に向きあう狩猟者にとって、「獲物という対象」「肉食という行為」はどのような経験のなかに位置づけられているのだろうか。そう考えた私は、二〇〇〇年七月のある日、ひとりの狩猟者のもとを訪れた。

菅原先生から紹介していただいたSさんは当時七四歳、京都市北部に住み、狩猟歴五〇年以上のベテランであった。Sさんは農業を営んでおり、したがってSさんにとっての狩猟は、趣味として位置づけられている。おもな獲物はイノシシやシカであり、猟期は一一月中旬から二月中旬にかけて、京都北部の北山地域を猟場としている。

このときうかがったお話は、狩猟を行なうために必要な免許や関連する法律といった基礎事項に始まり、実際のイノシシ狩りのプロセス、そして猟期以外にも

Sさんのもとへと舞いこんでくるさまざまな動物関連の事件についてなど、予想以上に多岐にわたるものであった。

雪深い冬山の中でくりひろげられるイノシシ狩りは、数人で組んだグループのメンバーの協力により、得られたわずかな手がかりと長年の勘とを頼りに進められる。雪山を一日じゅう歩きまわり、猟犬とともにイノシシを追いもとめても、まったく獲物がない日も珍しくはないという。野生動物と向きあう以上、狩猟という行為も人間の思惑どおりにならないことは当然ともいえよう。しかし生業ではなく趣味として、それだけの労力をさくことは、そしてその魅力とはいったいどこにあるのだろう。

「狩りをしていて一番楽しいのはどんなときですか？」という私の質問に対して、「それはもちろん獲物をパァーンと仕留めたときだ」と笑顔で答えてくれたSさん。一見するとこれは、殺しの瞬間こそが狩猟の喜びである、という姿勢とも受けとれるかもしれない。しかしこのことばを聞いただけで、そこにある種の残酷さを見いだし、狩猟という行為そのものを批判するとすれば、それは短絡的にすぎるだろう。

獲物を探しもとめて何時間も山の中を歩きつづけ、やっと見つけた瞬間にすかさず狙いを定め、撃つ。仕留めた獲物はすぐさまみずからの手で解体し、その肉は分配されるばかりでなく、仲間たちとともにぼたん鍋を囲み、至福のひとときを過ごす。ときに自然や動物に翻弄されながらも、努力の結果みずからの手で獲物を、食料を、獲得する喜びは、何物にも代えがたいのかもしれない。

狩猟者であるSさんは、鳥獣保護員の資格も併せもっている。また農業を営むSさんが見せてくださった、畑の周囲に張られた電気柵からは、農業被害の深刻さをもうかがい知ることができた。このように、けがをした動物の保護、有害鳥獣の駆除など、野生動物に関わるあらゆる仕事に携わるSさんは、動物との直接的な関係をみずからの手で構築し、そのことを通して人間をも含んだ「自然」の存在を見据えているといえるだろう。

すなわち、Sさんにとっての動物とは、単なる食料としての「獲物」にとどまらない、暮らしのなかで向きあっていく「他者」なのである。このような文脈のなかで肉食という行為について考えてみると、それは私たちと動物とがとりむすぶ関係のひとつとして捉えることが可能かもしれない。こうしてSさんとの出会いは、肉食という行為を、より広い視野で見つめなおすきっかけを私に与えてくれたのだった。

2　屠場：食肉生産工場

屠場、それは「生きもの」が「食べもの」へと変貌する場であり、日々私たちが買う肉はまさにこの場所から生みだされている。屠殺に携わり、まさに「食べるために殺す」瞬間に向きあう人びとがそこで働いている。そのことを漠然と知る人は多いにせよ、実際どのような場所で、どのような工程で実施されているのか、イメージできる人は少ないのではないか。このフィールドワークを始めるまでは、私もそんなひとりであった。

文献調査のおりに手にとった『ドキュメント屠場』（鎌田　一九九八）は、屠場の現状とそこに従事する誇り高き労働者たちの姿を伝える優れた仕事であり、強い感銘をうけた一冊である。いわれなき差別のまなざしにさらされながらも技を守りつづける職人たちの気概と、彼らの仕事ぶりの記述には圧倒されるばかりであった。これまで知ることのなかった屠場という世界をかいま見た私は、それをぜひ直接この目で見てみたい、という思いに駆られはじめた。

まずはもっとも身近な場所にある屠場へアクセスしようと私が訪れたのは、京都市中央卸売市場第二市場である。「と畜場」[*2]併設の食肉専門の中央卸売市場として一九六九年に開設されたこの市場は、京都市周辺の食肉流通の基盤として運営されてきた。屠場を見たいという欲求から訪れた私であったが、「衛生上の理由から一般の方の見学はお断りさせていただきたい」という市場側の意向により、残念ながら屠場施設内部の見学は実現しなかった。

写真の盛りこまれた市場案内のパンフレットを見せていただきつつ、担当職員の方にうかがったお話から明らかになったのは、人間の技術、いわば職人芸に拠るところが大きかった屠場にも、近年は確実に機械化の波が押しよせてきている、という事実であった。ここでは一九九八年に実施されたライン整備により、一部を除き大半の作業が最新機器により行なわれている。かつて放血、皮はぎ、解体といった一連の作業がすべて人びとの手によって行なわれてきたことを思えば、機械化という変革は画期的なものであり、これによって労働者の負担は大きく軽減され、衛生面でも徹底した管理を行なうことが可能になったという。

解体のプロセスや食肉流通のしくみなど、それまで知る機会のなかった一連の食肉生産の過程を理解することはできたのだが、結局このときは作業に直接従事する人びとの語りへと踏みこむことができず、非常にもどかしい思いをした。労働者たちのプライバシーの問題もある、とする市場側の意向はもっともであり、当時の私には、取材一般に対する防衛的な反応に抗してまで、強引に踏みこんでいくだけの勇気もなかった。

琵琶湖岸北部のむらにある屠場に光をあて調査した桜井・岸（二〇〇一）は、そのむらに五年にわたって足を運び、聞きとりを行なったという。フィールドワークのなかで重要視される「長年にわたる信頼関係の構築」は、調査対象となる人びと自身が他者のまなざしに敏感であればあるほど、意味をもつはずである。屠場という場所が不条理にもさらされてきた差別のまなざしに、人びとが敏感になってしまうのは無理もない。そこをあえて描きだそうとするのならば、この著者がやりとげたような時間をかけた丁寧な仕事をする必要があるのだと、私はつくづく悟った。そして卒業論文を書くまでの残り時間が限られていた私にとって、短期間の調査からそれらの優れた先行研究を超えるような仕事ができるとはとうてい思えなかった。

今の自分に可能なフィールドワークとは何なのか。先行研究とは別の視点から、何を描きだせるのだろうか。しばらく悩んだ末、肉食という営みを再考する場として選んだ舞台が沖縄だった。本土とは異なり、忌避や差別の言説に縛られることなく独自の肉食文化を発展させてきた沖縄。その、民衆のなかに広く深く根ざした肉食文化の一端を、あえて屠殺という場面にこだわり続けながら、調査できないだろうか。そうした期待をもって、私は沖縄へと向かうことにした。

三　豊穣な豚肉食文化の舞台、沖縄へ

1　沖縄からみる肉食

沖縄本島でのフィールドワークは計三回、のべ二四日間にわたって実施された。私の姓はもともと沖縄由来なので、私にとっての沖縄はいくぶん見知った土地

であった。しかし調査を目的にひとりで滞在するのは初めての経験であり、何を、誰を手がかりとして進んでゆけばよいのか、滞在中はたびたび途方に暮れた。ここでは、この暗中模索の日々を可能なかぎり赤裸々に語ることで、フィールドワークの道筋を浮かびあがらせていきたい。なぜなら、あの試行錯誤の日々を思いかえしてみたとき、そのなかにこそ自分のフィールドワークの核が存在していたように思えるからである。

(1)　沖縄における肉食の歴史

那覇市にある牧志公設市場は、地元民の台所として機能するばかりでなく、観光客も多く訪れ、いつも賑《にぎ》わいをみせている。この市場において、地元色あふれたさまざまな商品が所せましと並ぶなかでもひときわ存在感をはなっているのが、肉屋[*3]のショーケースの内外に積みあげられた豚肉である。豚の顔や豚足をはじめ、扱われている部位の多様さとダイナミックな陳列のしかたは、本土のスーパーで肉を買うことに慣れた人びとにとっては衝撃的にさえ映るかもしれない。「豚は鳴き声以外はすべて食べる」といわれるゆえんを、一瞬にして感じとることができるはずだ。

今日は広く普及している豚肉も、かつては庶民が日常的に食することは困難であった。そもそも沖縄に豚がもたらされたのは一四、五世紀といわれ、中国から琉球への使者である冊封使を供応するために、多くの豚肉が必要とされた。養豚を奨励する王府の政策、そして餌となる甘藷《かんしょ》の普及に伴って、一八世紀半ばには養豚も盛んになったという（金城　一九九七）。このような経緯で導入された豚は、日常食ではなく、行事食として庶民のあいだに位置づけられていった。正月や祭祀のごちそうとして欠かせない豚肉への嗜好性は、それが日常食となった今も沖縄の人びとのあいだで変わることなく受け継がれている。

(2)　いざ、屠場の中へ

沖縄でのフィールドワークは、屠場をこの目で見たい、という長らく抱いてきた希望をかなえることから始まった。県下最大規模を誇る株式会社沖縄県食肉センターを訪れた私は、用意していただいた白衣を身にまとい、職員の方の案内とともに、ついに屠場の内部を見学させていただくことになったのである。

それまでに目をとおしてきた文献や写真から、屠場内部がどのようなものか、ある程度想像はついていた（沖縄での豚の屠畜プロセスは図1を参照）。しかしそれを間近で見たときの衝撃は、想像以上のものであった。屠場では牛に対し「小動物」と称される豚だが、そうはいっても重さ一〇〇キロ近くの巨体を誇る動物である。その豚が搬入されると、電気ショックを与えられたあとにすばやくコンベアにつるしあげられ、放血される（写真　放血）。これらの作業は、豚が暴れると作業者の危険も伴うため、慎重かつ迅速に進められる。ここまでの手際の良さにまず感心させられるのだが、その後の光景はさらに圧巻であった。それがいわゆる「湯はぎ」[*4]である。

豚を皮までも食べる食文化が根づいてきた沖縄では、皮をはぐのではなく、毛を抜くこの手法が用いられてきた。熱湯に漬けて毛を抜きやすくしたあとに、豚の体を回転させながら一気に脱毛するのである。この工程は専用の機械によって行なわれる。熱湯の張られた大きな水槽に豚の巨体が沈められる。数秒ののちそれは引きあげられ、体を乗せているゴムベルトが動くことにより、全身が激しく回転する。まるで洗濯機で行なう脱水のようにして、毛はみるみる抜け落ちていき、豚のきれいな素肌が現われてくる（写真　湯はぎ）。近代化された屠場においても、豚を余すことなく食べ尽くす食文化は確実に反映されているという事実をまのあたりにすることができた私は、沖縄豚肉食文化の深さを思い知らされた。

「湯はぎ」のあと、豚は、内臓を取り出され、部位別に切断され、肉がつくられてゆく（写真　背割）。多くの人の手と機械の技術によって、またたく間に豚が豚肉に変わっていく。生きものを相手にしているだけあって、人びとも真剣勝負である。各工程を担当する職員の人たちは、それぞれ真剣に作業を進めている。センター内の活気、その見事な光景をまのあたりにして、私は感動をおぼえた。それは、個々の技術に対する尊敬の念、そして突きつめてみれば、その場にみなぎる「何かを生みだす力」、に対する憧憬かもしれない。

ようやくの思いで屠場を見ることができた私は、その日の光景を反芻《はんすう》しながら、満たされた心地でいた。そして、沖縄の豚肉食文化について、さらに踏みこんでいこうと固く誓ったのだった。

2　快調な文献収集と行きづまる参与観察

沖縄でのフィールドワークの最中、私はたびたび地

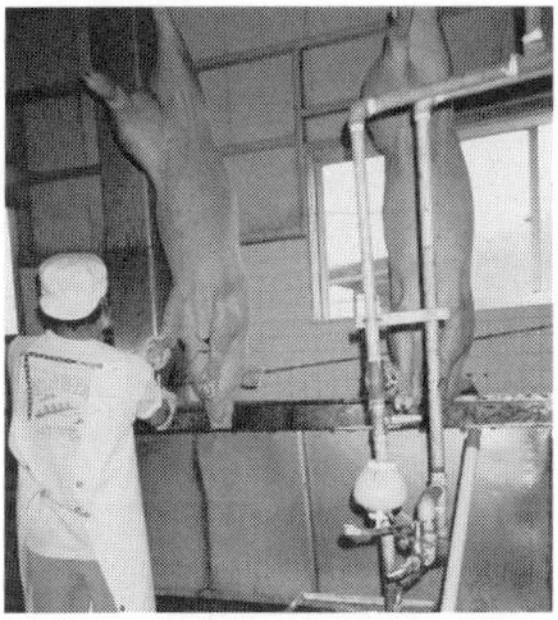

放血　ナイフを入れられた部分から血が噴き出し、下に流れる。

湯はぎ　熱湯の張られた水槽に沈められた豚は、引きあげられ脱毛される。

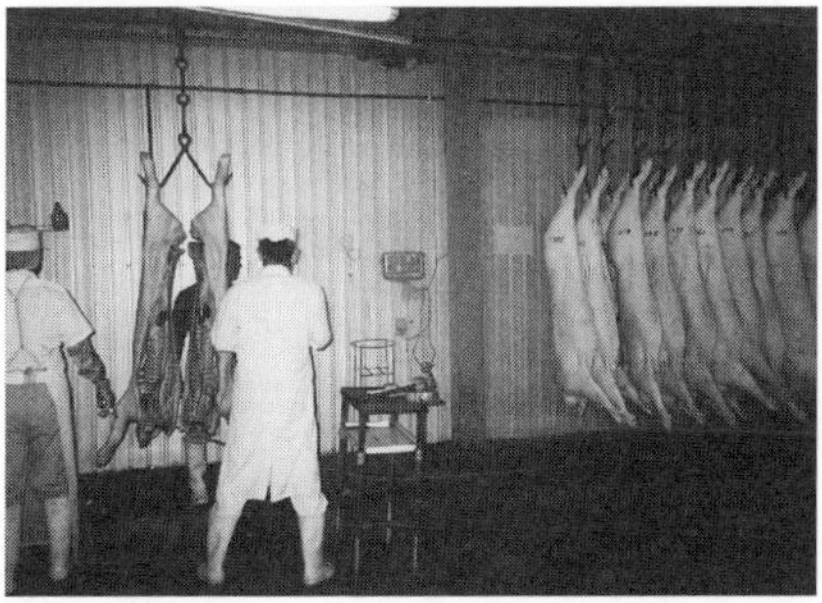

背割　屠体は電気ノコギリで二等分され、枝肉となる。

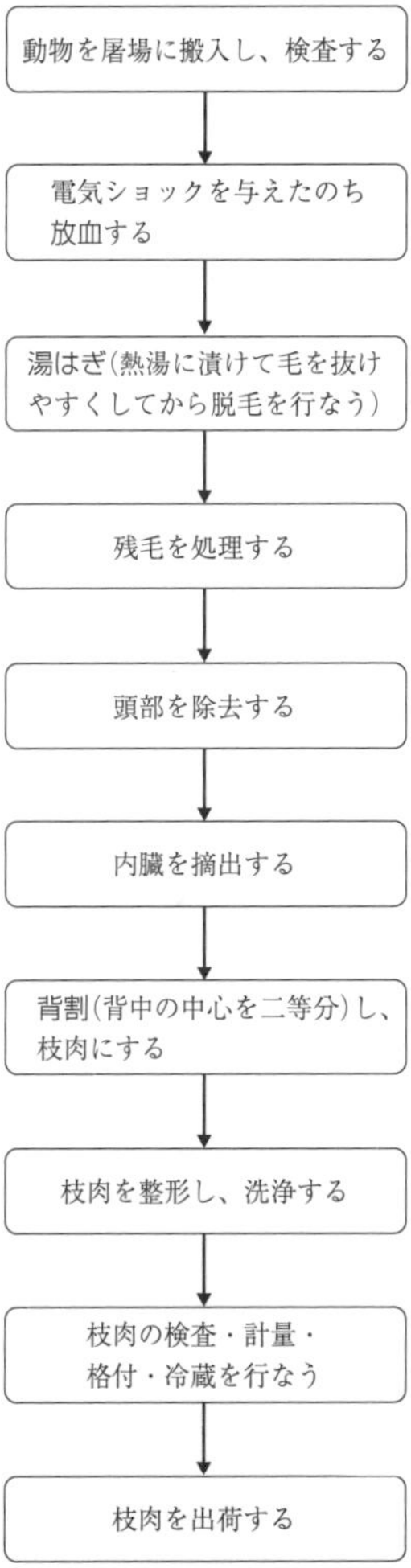
動物を屠場に搬入し、検査する
電気ショックを与えたのち放血する
湯はぎ（熱湯に漬けて毛を抜けやすくしてから脱毛を行なう）
残毛を処理する
頭部を除去する
内臓を摘出する
背割（背中の中心を二等分）し、枝肉にする
枝肉を整形し、洗浄する
枝肉の検査・計量・格付・冷蔵を行なう
枝肉を出荷する

図1　沖縄での豚の屠畜プロセス

元の図書館や資料館へと足を運んだ。パソコンを使って簡単に文献を探せるようになった今日だが、特定の場所にしかない貴重な資料や、意外な発見に出会おうとするならば、みずから本棚の前に立ち、選びとり、そのページをめくっていかねばならない。肉食や豚に関連すると思われるものは、書籍だけでなく、雑誌や新聞、写真集などにも、かたっぱしから目を通していった。そこから浮かびあがってきたのは、沖縄を中心として、歴史的・空間的な広がりをもった、豊穣な豚肉食文化の姿だった。

「沖縄に深く根づいた豚肉食文化」とは通り文句のようになっていることばだが、それを中心にしてしかも包括的に扱った文献は非常に少なかった。沖縄における儀礼研究、食文化研究、家畜研究などのなかにそれは断片的に登場し、単なる「食べもの」であることを越えた、古くから築かれてきた人びとと豚とのつながりがうかがえた。またここでは「沖縄」とひとくくりにして論じているが、多くの島じまからなる沖縄では、豚にまつわる儀礼や料理にも多様な地域差が存在していたことも理解できた。

このときの文献収集で得られた豚にまつわる営みの事例のなかから、ここでは二点にしぼり簡単に紹介しておきたい。ひとつは儀礼食としての豚の位置づけ、そしてもうひとつは豚飼養に欠かせなかったフール(豚小屋/豚便所)についてである。

(1) 儀礼食としての豚

前述したように、沖縄において豚とはハレ、ケを問わず儀礼の食として重んじられてきた。各種行事で豚を屠る機会はあったが、もっとも多くの豚が屠られていたのは正月であった。この豚は「ソーグヮチウヮー(正月豚)」と呼ばれ、家々はこのときのために豚を飼い育て、準備しておく。戦前まで、ところによっては本土復帰前ごろまで、多くの世帯で豚が養われ、正月にはそれを庭先で屠っていたという。つまりこの当時までは、豚は人びとの生活から切っても切れない存在だったのだ。

屠られた正月豚は、肉だけでなく血や内臓も余すことなく食される。正月料理としてふるまわれるのはもちろんであるが、保存用にさまざまな加工もなされる。[*5] こうして加工することで正月豚を数ヶ月から一年にわたって他の年中行事、節日(シチビ)の食として利用することが可能となったのである。

フール（豚小屋／豚便所）

⑵　フール（豚小屋／豚便所）

フールとは、豚の小屋と人の便所とを兼ねそなえたものである。屋敷の西北隅の一角に造られたフールは、コンクリート製のものが普及するまでは石灰石を組んだ本格的石造建築であった（島袋　一九八九）。この中で数頭の豚が飼育され、人間の糞尿がうまく豚舎の中に落ちるよう溝が掘られている。当時、人糞は残飯と並び貴重な豚の餌だったのである。伝染病の発生など、衛生面の観点からこのフールも大正から昭和期にかけてつぎつぎと壊され、姿を消していった。

フールにはフール神[*6]が宿ると考えられていた。豚小屋に宿る神への信仰は、人びとが豚を単なる家畜以上の存在としてみていたことの証でもあるはずだ。つまり沖縄の人びとにとっての豚は、貴重な儀礼食であり、食物連鎖によってつながるパートナーであり、信仰の対象でもあったといえるのだ。

以上は沖縄における豚にまつわる営みのほんの一端にすぎない。こうした背景からも、豚肉食、そして豚そのものの重要性が見てとれるだろう。

文献をたどることで沖縄の人びとと豚とが強い結びつきをもっていたことを確信した私は、それまで抱いていた屠殺という行為そのものに対する関心から、それをめぐる個人の記憶へと興味を広げていった。豚を宅地内で飼育し、正月豚を屠っていた時代、生活風景のなかに豚がいた時代の記憶を、直接語りとして聞くことはできないだろうか。そう思ったのである。

しかし、ここから私のフィールドワークは行きづまりをみせる。二回目の調査では不運にも大型台風に翻弄され、一回目の調査で出会った人びとへの再インタビューもままならなかった。しかも、それまでは訪れる場所が食肉センターなどといった施設単位であったのだが、「記憶をもつ個人」に出会おうとするとき、何を手がかりにすれば出会えるのかさっぱり見当もつかない。博物館や資料館で相談もしてみたがそう簡単に手がかりは得られず、私は途方に暮れた。そんななかで、三度目、つまり卒論前の最後のフィールドワークを始めた私は、役所・研究機関・畜産関連の施設など思いつくかぎりの場所をまわり手がかりを探しつづけた。それでも期待するような出会いは得られなかったのである。

積極的にさまざまな人と出会うことでフィールドワークは進んでいくと考えてはいたものの、さすがにこのときは気が滅入ってしまった。文献収集は自分のペースで確実に進むが、参与観察やインタビューはそうはいかない。フィールドワークを行なう者なら当然のこととして了解しているこの事実も、初めての経験でとまどうばかりだった。これまでの自分の反省点ばかり思いかえしては、ネガティブな思考回路に陥ってしまったり、宿でひとりふさぎこんだりもした。沖縄に滞在できるのはあと数日しかない、このままでは駄目だ、とりあえず動きださなければ。そう思った私は、思いきって気分転換をはかることにした。それまで那覇市にいた私は、沖縄市へと移動したのである。きっかけは闘牛開催の情報だった。

3　突破口——博物館の方がたとの出会い

後ろ向きになってしまった自分をなんとか立てなおし、残りのフィールドワークの日々を前向きに進んでいくきっかけをつかみたい、闘牛を楽しむ人びとの熱気が私を元気にしてくれるかもしれない、という思いとともに、私は沖縄市を訪れた。

バスで沖縄市に到着し、そのまま闘牛場に向かおうとして地図を開いたとき「沖縄市文化センター」の文字が目にとまった。図書館や博物館が併設されているというこの施設に足を運ぶべきかどうか、正直なところ躊躇《ちゅうちょ》した。それまでにいくつもの同様の施設を訪ね歩いたが、自分が望むような調査の手がかりは得られなかった苦い経験があったからである。だが、せっかく近くに来たにもかかわらず、ここで通り過ぎては後悔するかもしれない。そう考えて、立ち寄ってみることにした。

ふらりと訪れた沖縄市立郷土博物館はとてもこぢんまりとした印象であった。より規模の大きな県立博物館でも手がかりは得られなかったというのに、はたしてここで何かわかるだろうか……そうした半信半疑の気持ちもありながら、しかし、きちんと耳を傾けてくれる館員の方に背中を押されるようにして、自分のこれまでのフィールドワークの経緯や関心、そして今直面している行きづまりまでもすなおに語った。

すると文化財係の職員であるTさんは、何人かの人びとに連絡を取りはじめた。「では明日の九時にまたここにいらっしゃい。Aさん（調査員）と一緒にまわったらいいよ」。そう言われて私はどれほど救われる思いがしたことだろう。道は思いがけないところで開けたのだった。これで誰かに話を聞くことができる。そしてフィールドワークを進めることができる。

そこからの三日間は、怒濤のようにすぎた。Tさんの采配とAさんの案内によって、あちこちを訪ね、さまざまな人に出会った。その結果、年配者を中心に総勢九名の方がたに話をうかがい、豚が家畜として馴染みぶかかった時代の記憶を語っていただくことができた。これだけ短期間のうちに多くの人びとにインタビューが可能だったのは、TさんとAさんのご尽力、そして依頼に好意的に応じてくれた方がたのおかげだった。ほかの用事で博物館を訪れていた方に突然お話をうかがったり、直接お宅にうかがったり、公民館に集まっていただいたり、と、今思いかえしても一学生に対するみなさんの親切と配慮を痛感するばかりである。以下で紹介するのは、そんな記録の、ごく一部である。

4　ウワークルシー（豚の屠殺）を思いおこすオジイたち

村のあちこちに豚がいたかつての風景。各家のフールに飼われていた数頭の豚は、シチビ（節日）に屠られ、庭先や水辺で解体され、人びとのごちそうや保存食となった。当時成人男性だった人なら大半がみずからの手で屠殺を行なった経験をもっている。

豚は殺すものだなあ、極楽だなあ（Yさん〈七五歳〉）

H（以下Hは筆者）：初めて豚を屠殺したとき（一九歳ごろ）、こわいなどといった気持ちはありませんでしたか？

Y：こわいとかはないね。豚は殺すものだなあ、極楽だなあ、って。［成豚になれば］これは食べられる、とか。

H：屠殺のやりかたというのは、どうやって覚えたんですか？ ここがむずかしい、とかありました？

Y：とくに気をつけることもないよ。大人がやってるのを見聞きして。一回やれば十分できるようになる。〔中略〕ほとんどの家庭でやっていたことだから。特別な技術は［屠殺には］いらないよ。

今はその語りから憶測するしかないウヮークルシー（豚の屠殺）も、ごく日常的な営みとして認識されていたことがわかる。限られた機会に、豚を食べることのできる喜び。屠殺はそうした思いのなかで進められたようだ。その技術は体系的に学ぶものではなく、幼いころから周囲の大人たちの手さばきを見たり手伝ったりしながら習得していった。

二、三人の男たちが協力しあい、手際よく豚を屠る。一頭を完全に解体するまでには一〜二時間かかったというから、重労働である。その周囲には、血や内臓をすばやく料理しようと待つ女たち、その光景を見守る子どもたちがいる。ウヮークルシーは、家族や共同体で行なう一大イベントだったのだ。

屠殺の手順については多くの方が丁寧に記憶をたどってくださったが、屠殺という行為に伴う感情の機微について尋ねても、「豚をつぶす機会はうれしかった」もしくは「とくに何とも思わない」といった答えが返ってくるばかりだった。そんななかで次のGさんの語りは、豚を屠殺することの「自然さ」を端的に表わしたものであり、私にとって印象ぶかいことばだった。

野菜としか考えてないからね（Gさん〈七八歳〉）

H：［豚を］つぶすのは抵抗はないですか？

G：家畜はね、かわいがって養うけど、野菜としか考えてないからね。野菜だったら育てるとき大事にするけど時期になったらいつでも採ってきて食べるという、やっぱりそういう認識があるんですよ。

「豚を大切に育てること」と「その豚をおいしく食べること」とがGさんの認識のなかではごく自然な整合性をもって存在していることが、このことばからうかがえる。家畜も野菜も同じ、という比喩は、動物を肉として食べる、という行為の特異性にこだわってフィールドワークを進めてきた私の思考を改めさせるきっかけともなった。

各世帯に豚がいた時代、豚は女性にとっても馴染みぶかい存在であった。ウワークルシーのときに、女性には男性が屠殺した後の肉や内臓を料理するという役割があり、部位別のさまざまな料理の仕方を身につけていた。しかし、女性と豚のあいだには、それ以上に直接的な関わりがあった。

女のものって決まってるんです（Gさん（七八歳））

G：豚はもうほとんどが女［が餌をやる］。豚の餌やるのは戦前はみんなこれ女の仕事。

H：で、それをつぶすときになると男の仕事、っていう…

G：うん、だからむこう〔Gさんの出身地である今帰仁を指す〕の主婦は豚養えるようになっとった。そういうもんなの。男は褒めない。豚大きくなっても、それもう主婦の仕事って決まってるから。豚の品評会があるんですよね。そういうときにも一等なったらここの嫁、姑の名前でです。牛馬はそうじゃないけどね。もう女のものって決まってるんです。村の共進会〔肉の品評会〕、各字《あざ》の共進会、それだから豚はもうみんな女の名前［で表彰される］。

元気で大きな豚を養い育てることが女のつとめであり、それによって周囲の評価が得られた。ウワークルシーの場面で主役となるのは男性だが、その日に向けて豚を育てあげていたのは女性だったのである。日々イモや残飯などの餌を与え、豚の健康にも気を配りながら大きく育てあげる。豚は女性にとっても直接的な関わりをもつ馴染みぶかい存在だったことがわかる。

また、当時は子どもだった人たちの記憶のなかにも豚を食べる喜びが刻まれていた。

このときにしか食えないから〔Jさん（六〇代後半）、Kさん（七〇代前半）、Lさん（七〇代前半）〕

J：七月とか正月とか、〔豚を食べる行事のあった〕翌日の学校はよ、お腹を壊す子が異様に多いわけ。食べ過ぎて。このときにしか食えないから。

K：ああ朝会。戦前はもう毎日朝会ありますからね、立ってから〔大便を〕もらしてよ。そしてそこの小使いが整理するって。

J：行事行事のあとよ。〔一同笑い〕

L：内臓のタキマーミ（豚の腎臓）とかこれを野菜スープしてよ、今でもやったらよ、もう今でもおいしいよ。スープがねえ、やっぱり別の、肉のね、スープと味が違う。

「昔の豚は美味しかった」という語りをたびたび耳にした。ひとくちに豚といっても、かつて沖縄にいた豚は黒豚であり、生育が早く肥育の容易なランドレースなどの品種が主流となったのは戦後ごろからだという。たしかに黒豚の味は、近年品種改良の進むブランド豚ブームのなかで再評価されている。しかし今と比べてけっして生育状態も良くなかったであろう当時の豚が称賛されるのは、何か純粋な肉質以上の記憶に由来するのではないだろうか。それは貴重な行事食としての豚肉の存在感かもしれず、ふだんから人間と同じ場所に住まい、同じものを食べていた豚であったという人びとの実感に基づくものかもしれない。

お話ししてくださった方がたのどの語りからも、豚は馴染みぶかくかつ貴重な食料であったことがうかがえた。屠殺という共同作業の思い出、部位別の料理の仕方、たまに食べることのできるごちそうの、そのおいしかったこと。戦前、敗戦直後の困窮した食糧事情下にあっても、豚という喜ばしい存在こそが行事を盛りたて、人びとの心を和ませていたにちがいない。

沖縄に脈々と続く豊穣な豚肉食文化、それは単に「豚を食べる」という行為のみに集約されるものではなく、暮らしのなかで育て、行事のときに屠り、調理して食べるという過程全体や、そこから広がっていく個々人の感情の蓄積のなかにこそあるのではないだろうか。一連のインタビューを通して、私はそう思い至った。

そもそも、屠殺に焦点をあてることからこのフィールドワークは始まった。「殺すこと」を残酷だと言いながら笑顔で肉を食べる、そういった動物に対するアンビヴァレントな感情はどのように理解されうるのか。その謎を解こうと、私は沖縄へとたどり着いた。しかし人びとに問いかけるなかで気づかされたのは、それまで感じていた「屠殺」という行為への強いこだわりとは、調査者である私自身の認識の反映なのでは、という事実だった。肉食という営みのなかで、屠殺という場面だけを抜きとること、各過程を分断して考えるという自分の思考のありかたそのものが、私にまとわりつく現代的思考の産物なのではないか。沖縄で聞くことのできた数々の語りを通して、私はそのように考えはじめたのだった。

四　フィールドワークがもたらしたもの

1　肉食という営みの再考

肉食という営みを、見慣れた「肉」の状態を出発点とするのではなく、それ以前に立ち戻り、見つめなおそう。私のフィールドワークの意図はそこにあった。そして動物が肉と化す場面として、狩猟と屠殺という、人間と動物がぬきさしならない形で向きあう瞬間に興味を惹《ひ》かれた。しかし、京都北山の猟師の語りや沖縄の人びとの語りが明らかにしたのは、彼らのなかには、獲物を撃つ、あるいは屠殺する、といった瞬間よりもずっと以前から築かれてきた、動物との関係性が存在するという事実だった。調査者の私とは対照的に、彼ら自身には「殺し」に対する特別な意識があるわけではなく、「殺す」こともまたそうした広い関係性のなかの一部分にすぎないと認識しているかのようであった。

狩猟という行為についていえば、それは獲物を撃つ瞬間よりもそこに至るまでの長時間にわたる山歩き、「獲物を追う」作業が大半を占めている。さらに日常のなかではけがをした動物の保護や有害鳥獣の駆除といった仕事も付随する。また、沖縄の人びとのあいだにはかつて暮らしのなかに豚が存在していた。老若男女を問わず、人びとにとって豚は馴染みぶかい存在であり、ふだんから大切に飼い育てた豚を特別な行事の機会に屠殺し、ごちそうとして食べていた。豚が各家にいた時代を生きた沖縄の人びとにとっても、現代の狩猟者にとっても、動物は生活の一部となった「他者」なのであった。そうして築かれたさまざまな関係性のなかのひとつに、屠殺という瞬間が存在している。それはごく自然な「流れ」のなかの一点にすぎない。

ひるがえって現代社会を生きる私たちはどうだろうか。本来、人間と動物たちとの関わりのなかにはまず、捕食―被食という単純な、しかしながらもっとも根底的な関係性を認めることができたはずだ。しかし今日肉食といえば「肉」としての完成品を手に入れることから始まる。そして動物との関係性といえば、それとは別の文脈において、たとえばペットや動物園などを通して育まれる。こうした構造が動物に対する認識のダブルスタンダードを許し、食べるために屠ることにすら残虐性を見いだすような倒錯が生まれる。私たちは肉食という行為の全体像を見失ったまま、そこから目をそむけることが許され、徹底的に分断された社会のもとで生きつづけている。

肉を食べていながらも、そうした動物たちから遠く離れた暮らしを営む私たち。動物との関わりの一側面として肉食を知り、それについて改めて考えてみる機会が、私たちにはもっと必要なのではないだろうか。[*7] そうすることで初めて、ときに慈しみの対象となり、ときに食料となる、そうした重要な「他者」として、動物をとらえることができるのかもしれない。

2　この目で見る、この耳で聞くことの喜び

――実際、「ここで映画を撮る資格などない、こんな異邦人の私に!」という考えがよぎることもありますが、次の瞬間にはこんな思いも浮かんできます。「だからこそやらねばならない。異邦人とはある種、特別な視座に恵まれたものと呼んでいい。ここに住む人々にとっては当たり前すぎて見えなくなってしまったものを、異邦人ゆえに見ることができるのだから」と――

映画監督ヴィム・ヴェンダースから建築家安藤忠雄への書簡(『カーサ　ブルータス』二〇〇二年九月号)より

沖縄でフィールドワークが行きづまりをみせていたとき、ふと目にとまったこのことばにはっとしたのを今でも覚えている。まさにこのとき自分が直面していた悩み、フィールドワークを行なう者にはまず共感されるであろうこの葛藤が、他分野を生きる人びとにも存在することへの衝撃だった。未熟な調査者でしかない私がみなさんのご好意にすがり、聞きとりを進めるという作業。「積極的で社交的なフィールドワーカー」

という理想像からは遠い自分をもどかしく思いながら、次の一歩をどこへ踏み出せばいいのかさえ迷いながら、進んでいく日々。結局、自分の仕事のすべてはフィールドの人びとに負うほかなく、そこに突然踏みいっていく「部外者」の私は彼らの仕事や生活の邪魔になっているのではないか。ほかの誰でもない、「私」が調査することの意味が、はたしてどこにあるのだろうか。私個人にとっては、フィールドワークの日々は、自信や満足感にあふれる時間よりもむしろ、そうした思いにとらわれる時間のほうが長かった。

それでも私を動かしつづけた原動力とはなんだったのか。聞きとりのなかで私が発しつづけた問いには、「わかりきったこと」も数多くあったはずだ。そうした「単純な問い」を投げかけつづけるなかで、彼らが記憶の奥底からほんのひとかけらでも何か（それが私の求めていた内容と関わるか否かにかかわらず）を取りだした瞬間、救われた思いがしたものだ。愚直に問いつづける私が、その場に身をおき、その語りに耳を傾けたからこそ聞けた物語があったのかもしれない。数時間のインタビューのなかに、あるいは一連のフィールドワークの期間のなかに、ほんの一瞬でもそんな実感があれば、それだけで満たされるような気がした。「聞かれることを待っている物語」がそこかしこにあるのかもしれない、という信念が私を動かしつづけた。

この目で見る、この耳で聞くことの喜び。しかしフィールドワークで得られた成果はそれだけに由来しない。目や耳だけでない、体じゅうのアンテナを張りめぐらせ五感を通して受けとめたすべてを糧に、私は思考することができたのだと確信する。フィールドワークという経験、その身体感覚から「知」へと接近する試みに、今も私は魅せられつづけている。

注

＊1　レヴィ＝ストロース（一九七〇）が述べた「食べるに適している／考えるに適している」という表現は、物質的な価値に対置される象徴的思考の優位性を端的に示したことばとして有名である。また思想的・宗教的説明がなされることの多い肉食忌避について、文化唯物論的解釈（食物規制を損失―利得の観点〈最適採餌理論〉から説明しつくそうとする手法）を試みたマーヴィン・ハリス（一九八八）などもある。

＊2　「屠場」の表記については、「と場」「と畜場」などさまざまあり、それは「屠る」「殺す」ということばが想

起させる差別性を排除しようとする意図だと考えられる。筆者がここであえて「屠場」とするのはそのような配慮をないがしろにするものではなく、表層的な隠蔽よりも、根源的な理解を優先することでその差別性を乗りこえたいという意識に基づいていることを理解いただきたい。

＊3　豚だけでなく、牛専門、山羊専門の肉屋なども存在する。この市場内での肉をめぐる売買交渉に関しては小松（二〇〇二）を参照。

＊4　豚の毛の処理に関して、皮はぎか、湯はぎか、という選択は国内でも地域によって異なる。

＊5　塩でもんだ豚肉を漬けこんだ「スーチキー（塩漬）」や調味料などとして用いられる「ウヮーアンダ（豚油）」などの入った甕が各家の台所には置かれていた。

＊6　「沖縄では夜道でこわいもの（ムン）をみたりすると、豚小屋に行き、豚を鳴かせてから家に入らなければならない。その理由は、豚が鳴くと、身につきまとってきたムンが離れるというのである」（田畑　一九九六）。

＊7　教育現場を中心に「食育」の一環として屠殺、解体を実施する動きがある。また東京中央卸売市場食肉市場芝浦と場では、二〇〇二年に「食肉市場に対する正しい知識と理解を啓発する」べく、「お肉の情報館」が開設された。

引用文献

鎌田慧　一九九八『ドキュメント屠場』岩波書店。
金城須美子　一九九七「沖縄の肉食文化に関する一考察——その変遷と背景」芳賀登・石川寛子監修『全集 日本の食文化 第八巻 異文化の接触と受容』雄山閣出版。
小松かおり　二〇〇二「シシマチ（肉市）の技法」松井健編『講座生態人類学 第六巻 核としての周辺』京都大学学術出版会。
桜井厚・岸衞編　二〇〇一『屠場文化』創土社。
島袋正敏　一九八九『沖縄の豚と山羊』ひるぎ社。
F・シムーンズ　二〇〇一『肉食タブーの世界史』（山内昶監訳）法政大学出版局。
田畑千秋　一九九六「豚妖怪の考察——耳切れ豚の出自」山折哲雄編『日本文化の深層と沖縄』国際日本文化研究センター。
M・ハリス　一九八八『食と文化の謎』（板橋作美訳）岩波書店。
C・レヴィ=ストロース　一九七〇『今日のトーテミスム』（仲沢紀雄訳）みすず書房。

第4章

摂食障害に立ち向かう女たち

高田彩子

Sugawara's comment

知的好奇心に溢れた学生が「摂食障害をかかえて卒論に突入する自信がないから、休学したい」と相談してきたときは、正直いってショックだった。結局それが卒論のテーマになったのだから（高田は怒るかもしれないが）「転んでもタダでは起きない」フィールドワークの模範例である。コミュニケーション論と医療人類学の視点を結合させ、精緻な「談話分析」によって、現代の若い女たちの窮状と苦闘を浮き彫りにした点で、希有な研究である。「語る」ことに秘められた人間を救いあげる力に、わたしたちは深くうたれる。

一　摂食障害という課題

1　私の摂食障害歴

ある拒食症の少女の回復過程を描く小説に次のような一節がある。

「ハイ、ケサ、少し体重が増えたみたいね、ふっくらしたんじゃない?」クラスメイトたちは良かれと思って言ったが、ケサはバカにされているように聞こえ、その言葉に打ちのめされた。ふっくらした。脂肪のかたまりのデブに戻ってしまっているということ。ケサはゾッとするほどたるんだ身体を全部、せめて筋肉に変えるために、体操クラブに入ることに決めた。

（レベンクロン　一九九二）

この本を読んだのは中学二年の春だ。理想の体型をめざして身を削《そ》いでいった主人公に私は大きく共感した。やせたい願望、脂肪の厚みへの恐れ、近い友人をライバル視してしまう気持ちなどは中学生の自分には切っても切れない現実的な感覚として印象に残った。当時はまだ、「拒食症」ということばが身近に使われていなかったし、私自身ヤセ願望が強いわけではなかった。しかし、その後、塾に部活に友人関係とテンションの高い生活のなかで、私はだんだんと食事時間を蔑《ないがし》ろにし、やせることに喜びを見いだしはじめた。

バスケット・ボールで鍛えた五一キロの体重が中学三年の晩夏には三九キロに落ちた。周囲は「拒食症」ではないかと疑ったので、私はそうした心配をそらすべく「食べ吐き」を始めた。人並みに食べて吐く、控えめに食べて吐く、好きなものを好きなだけ食べて吐く、そしてだんだんと、ドカ食いをして吐くようにと。食費がかさみ、時間も食う。私の生活はまるっきり、摂食障害との攻防になった。一度など、私の吐しゃ物のために下水道がつまりかけ、家に下水業者が来た。

大学三年生の終わった時点には、わざわざ「休む」期間を作らなければ生活がまわらないほどに、弱りきっていた。親友をはじめ、頼れる人たちはいた。しかし、助ける側と助けられる側という立場の違いは乗りこえられない壁に感じられた。それに、自分にも見栄がある。過食の頻度、内容についても少なく見つもった話しかできないことには、罪悪感と孤独感がつのっていった。

2 「仲間」の存在を知る

気持ちを和らげたのはインターネットだった。私は「拒食症」「ドカ食い」などのキーワードを検索してはほかの摂食障害者の手記を読み、自分の体験や感情と照らしあわせた。ひとつのサイトからはほかのサイトにリンクがあり、同じ体験をもつ仲間たちの存在がつぎつぎと見えてきた。当事者たちの自助グループ[*1]のサイトも見つかった。そこでは摂食障害の当事者たちが見まもりあい、日常生活では口にできないような悩みを語りあっていた。しだいに自分以外の当事者の存在が恋しくなり、この人たちと会いたい、という思いが生まれてきた。

いっぽうで私には、躊躇《ちゅうちょ》もあった。摂食障害者の「弱さ」を恐れたためであった。インターネットの掲示板での発言は、私自身がことばにできず封じこめている悩みを代弁してくれる。それが自分の体験や気持ちに近ければ近いほど、彼女らへの親近感は強くなった。しかし同時に、そうした体験や気持ちをことばに出さずにいられない彼女たちの傷つきやすさや無防備さを察し、抵抗もおぼえた。彼女らに会えば、自分もまた弱さをさらけ出し、感情の嵐にまきこまれるのではないかと恐れたのだ。読書などを通じて得られた摂食障害者のイメージも、芳しくないものだった。環境に対処できずに自分を追いつめてゆく哀れな少女たち、そんな犠牲者像が頭にこびりついていた。抵抗感を棚にあげるには時間がかかったが、会いたい思いは強まるばかりだった。ある午後、私は意を決して大阪に向かった。めざしたのは掲示板を通じていちばん身近に感じていたグループのミーティングだ。

ミーティング会場はテナントビルの一室。緊張のため多くのことを覚えてはいないが、部屋も参加人数も想像していたよりも小ぢんまりしていた。思いつめたような顔の参加者もいたが、どこかあっさりとした空気が部屋を覆っていた。私は、その雰囲気に安心し、見知らぬ参加者たちの視線に身をゆだねた。自分の話す番になると重苦しい思い出が、つまりつまりながらも、つぎつぎに口から出た。潤滑剤のように、涙も出た。この不思議な、そして圧倒的な解放感は何なのか。気持ちよさと情けなさ、嬉しさと恐ろしさとが混ざりあい、その後またしばらく足が遠のいた。だが、一度高められた仲間やグループへの思いは衰えることがなかった。自分自身の症状も一進一退で、一人では解決できないということがだんだんと明らかになってきた。そこで私はふたたびグループに赴いたのだった。

3　摂食障害に立ち向かう

「摂食障害」は、女性誌などでも頻繁に取りあげられており、少なくとも若い女性にはわりと身近なビョウキである。大別すると、自発的飢餓を特徴とする「拒食症」と、気晴らし食いや規則的な自発的嘔吐《おうと》、下剤乱用などの症状がある「過食症」がある。原因となったストレスが消えても、新たなストレスの解消に拒食／過食を利用したり、クセになったりと、泥沼化しがちなのが摂食障害の難しい点だ。治療者や援助職の人びとの手にあまる部分を補完するように生まれてきたのが、当事者による自助グループである。自助グループは、受け身で治療に臨むだけであった患者を、主体的に考えて治る道を模索する当事者に変える場所であるといわれる。

私が摂食障害者の自助グループを研究したいと考え

たのは、最初のミーティングで味わった不思議な感動や、当事者たちの多様性と生命力のもとを知りたいと思ったためである。そして、こんなビョウキにかかってただでは済まさないぞ、という意地のようなもののためでもあった。自分の陥った苦境を、自分の頭できちんとわかりたいと思ったのだ。

世の中は健康ブームで、人びとは自分の身体に投資を惜しまない。だが、ほっそりとした身体でニッコリ微笑む偶像のような人たちの裏で、多くの女性たちが食べものに病んでいる現状はうまく世間に伝えられていない。私は自分と当事者たちの経験を原動力とし、現代の社会で何が礼賛され、何が蔑《さげす》まれ、何が人を立ちなおらせるのかを考え、より多くの人たちに伝えようと心に決めたのだった。

二　自助グループのミーティングに入る

1　ミーティングの風景

フィールドとなる摂食障害当事者の回復グループXの母体はインターネット上の掲示板だ。立ちあげ人Zさんは一〇年前に一年ほど大阪のグループに通ったあとに、匿名参加の自助グループを立ちあげ、徐々に回復に向かった。グループXには月一回、当事者たちが集まって語りあう「分かちあい」のミーティングがあり、平均参加人数は六人弱である。私が初めて人前で自分の摂食障害について語ったのもこのグループのミーティングである。このミーティングには必ず「スタッフ」と呼ばれる当事者が出席し、誰でもすぐに参加できるようになっている。たとえば二〇〇三年一〇月のミーティングは次のように行なわれた。

［一八時一五分］参加者は、私と参加経験者のEさんと初参加者三人。スタッフが欠席のためEさんが司会をする。プリントが配布され、順番に心がまえなどについて書かれた文章を音読する。一通り終わると「言いっぱなし聞きっぱなし」の「分かちあい」が始まる。

E：これから、言いっぱなし聞きっぱなしのミーティングに入ります。話したい人は話したいことだけを話し、話したくない人はパスしてください。では次の人〔私〕からお願いします。

私：摂食障害の「〇〇」です。何を話そうか決まっ

てないのですが…〔症状、ミーティングに来たきっかけなどの話〕

〔以下同様に、それぞれが話したいことを話し一巡する。パスは出ず〕

話し手が「ありがとうございました」「このくらいで」などと話が終わったことを告げるまではほかのメンバーはただ黙って聞く。足を揃えたり組んだり、視線も相手の顔を見る人もいれば自分の足先を見る人もいるし目をつぶっている人もいる。

「一八時五〇分ごろ」全員が話し終える。

Ｅ：時間はまだ一〇分ほどあるんで、まだ話したいことがある人がいれば、どうぞ。ないようなら今日はこれで終わりにします、ありがとうございました。最後にみなさんで「平安の祈り」をしましょう。

〔立ちあがり輪になっておたがいの手を握りあう〕

全員：神さま、私にお与えください。自分に変えられないものを受け入れる落ちつきを、変えられるものは変えてゆく勇気を。そして、ふたつのものを見わけるかしこさを

唱え終えると隣の参加者ときつく手を握りしめあう。全員の握った手の力が抜けたときが、ミーティングの終わりである。初参加者が多かったこともあり、終わってからの雰囲気は少しぎこちなかったが、五人のうち四人は交流会（フェローシップ）に流れた。

２　ミーティングの生命線：ルール

グループＸは、〈匿名性〉〈言いっぱなし聞きっぱなし〉〈外へもちださない〉といったルールを採用している。摂食障害は世間一般にイメージが悪く、当事者であることを隠したがる人が多いので、「身元を明かさなくてもよい」「人の批判にさらされる心配がない」「ミーティングで話したことが外部に漏れない」などの安心を確保するしくみがグループの活動に必要なのだ。メンバーの一人は、私が「ミーティング対象にして調査しよっかなぁ」とつぶやくのを聞いて「それって、観察するってこと？　やったら、イヤかも。やっぱり、安心できる場所っていうので来てるから」と答えた。「イヤだ」というのが参加者の感覚なのだ、と私は改めて思い知った。こうした個々人の感覚が、グループでは尊重される。ルールの運用は、参加者たちの経験と感覚によって自然に決められてゆくのである。

〈もちださない〉というルールについても、参加者はさまざまな解釈をしている。あるとき、当事者として参加していた私はミーティング終了後に初対面の参加者から「〇〇市からどうやって来てはるんですか」と話しかけられた。「なんで［私の出身地が］わかるの？」と言いかけて気づいた。私はその日、一人暮らしのつらさについて〈言いっぱなし〉しており、出身地にはそのなかで言及したのであった。〈言いっぱなし〉した情報があまりにも無邪気に話の糸口に利用されたことに驚いた。私自身は、ほかのメンバーに話しかけるときにはミーティングのなかで聞いたことを直接出さないようにしていたからだ。この経験をきっかけに、スタッフのBさんにも〈もちださない〉について聞いてみた。

B：支障があるような話は絶対もちださない。自分で話したことを自分で言うのはありやけど、人の話には介入しないかな、と自分では思ってるつもりやけど、どうやろ（笑）。

そういえば、フェローシップの場で彼女が日常生活について愚痴りはじめたことがあった。それはミーティングで話したことをさらに詳しくした内容で、聞いているほうは度肝を抜かれたものだ。だが、彼女はこのように自分の話を「ガンガン」投げかけることで、参加者たちとのあいだの垣根をこわそうとしていたのだろう。本来Bさんは、他人に思っていることを伝えるのが苦手だという。子どものころから「いい子」で、摂食障害やほかの悩みも周囲にはひた隠しにしてきた。だからこそBさんにとって、スタッフとしてルールとつきあうことは、自分の性格を再認識し、他人への働きかけ方を学ぶトレーニングになっている。ルールは、ミーティングの雰囲気を保つ生命線であるとともに、一人ひとりが他者とのつきあい方を練習するうえでの契機としても働くのだ。

三　仲間たちのストーリーを聞く

1　インタビューを決める

「摂食障害」についての世間の解釈はじつに多様であるが、肝心の当事者たちの生きざまを伝えるために、インタビューという手段をとった理由は、第一には、ミーティングの「もちださない」ルールを守るため、つぎに、ミーティングの外でしか聞けないことがあると思ったからである。

紹介するインタビューは、調査に協力してくれた八人の当事者のうち、四人のものだ。そのうちわけは、グループXの参加者三人（Cさん、Dさん、Eさん）、そして摂食障害についての講演会で知りあったGさん、である。グループのなかで「話してくれそうな人」に頼んで時間をとっていただき、テーマごとに話を進めた。以下では、「摂食障害になったきっかけ」「日常生活のつらさ」「回復への長い道のり」などテーマ別に語りを紹介していく。

私が当事者であるがゆえに調査に入りやすかったことは事実である。だが、強烈に聞きたいことが出てくるときにかぎって、それが「当事者」としてなのか、「調査のため」なのか、わからなくなり、そのまま問うてよいのか迷うことが多かった。しかしこの手の迷いは、その場での一対一のやりとりに自信をもてない自分の気弱さのあらわれであるようにも思われた。だから、インタビューのなかでは私は「当事者」とか「調査」といった枠に沿うのではなく、ひたすら自分の感情と経験だけを頼りに応答することにした。このやり方が、調査全体をどのような結果に導いたかはあとで述べる。

2　摂食障害になったきっかけ

【Eさんの場合　寂しさの代償】（二〇代、過食、過食嘔吐、チューイング〔食べものを噛み砕いて吐き出す〕）

Eさんへのインタビューは、京都の喫茶店で昼食がてらといいながら三時間も話していた。

Eさんの少女時代、親は仕事でほとんど家におらず、毎日祖父の家に預けられていた。ふだんは健康的な食材を食べさせられていたが、かぎっ子の宿命で夕食は週に三日はファミリーレストランやマクドナルドだった。アトピー性皮膚炎で首筋がかぶれるので髪の毛が伸ばせず、もどかしく思っていた。そんな不満もあいまって母親への欲求不満が余計に大きくなったという。

E：私はちっちゃいときはすなおに甘えられへんかったってのが大きくて。うちまぁ母親がまぁ、バリバリ仕事〔小学校の先生〕やってて、家にいいへんし。〔中略〕夜とかすごい腕とか痒《かゆ》くなるねん。で「痒いーっ」って言ったら、一応痒くなくなるまで、「テストの」丸つけしながらでも、掻《か》いてくれはんねん。それ…やっぱり嬉しかった。でもやっぱ、丸つけのほう大変やん。それでやっぱこっち止まってくるから、そしたら私が「ぎゃあん」ってやんねんか。まぁ、それで、会話してたって（笑）。それはあるかもしれんな。

私：アトピー掻くって、余計悪くならん？

E：悪くなるよ、悪くなるけど。だから、アトピーだから、イヤなんもあったけど、そうやって武器にもなってた。自分と母親をつなぐ。痒くなるともう無理やりこう。

母親には熱血教師であるよりも、「お母さん」であってほしかった。小学校のころから、彼女は「陰でコソコソ」隠れ食いもするようになっていた。それを彼女は「食べもの依存」と呼んでいる。高校は私立女子校の進学クラスで、忙しくて「パジャマと制服しか着てない」日々だった。部活動でも派閥があり、そういった権力争いが苦手なEさんは辟易《へきえき》した。だが彼女自身、友だちを選び、ひたすら話をあわせることで日々を乗りきっていた。

E：あたしダイエットしてない。逆。逆で、あたしは、もともと食べもの依存、あってんな。思いかえしたらほんまに、小学校のころからあったし、そんなやせたくてやせようっていうのはあらへんかってんけど、なんやねんやろ、なんか、背がぶわーって伸びてん。食べても食べても上のほうにいっちゃって、みんなに「どうやってやせたん？」って聞かれたけど、そんなつもりはなかってん。でも高校とかやったらみんな、ダイエットとかやるやん。で調子に乗って「ノンノ」とかダイエット特集あるの見て、やってみよって。一ヶ月くらい続いたかな。まぁまぁ、そのときはふつうにダイエットなだけで、流れたんやけど、でも、もともと、ストレスでがぁって食べるのがあって、受験とか、クラブがすっごい厳しかったから、それで。高三卒業して、それから受験勉強追いこみのときに、ほんま六〇キロ近くまでなって…でも、食べることやめられんくなって。

彼女のダイエットは失敗に終わった。ストレス食いがやめられないまま六〇キロほどまで体重を増やしたが、高校卒業後の予期せぬ「激ヤセ」。これが現在の摂食障害につながることになった。

E：高校出て、クラブなくなった、学校なくなった、受験も諦《あきら》めたから厳しい生活がなくなって、バイトを始めてん。そこは、〔中略〕ほんまストレスがなかってん。身体のストレスはあったと思うけど、精神的なんなくなって、食べんでもよくなってんな。もともとやっぱ女の子やし、「やせていたい」って気持ちはあるやん。でまぁ「食べんでもいいんやぁ」ってなったら朝食べんと仕事行って。そこでもちょっとだけ食べて。お昼も誰も家族いいひんから、食べたフリして犬にやったりして、晩は晩で家族が一緒食べるときに、「あたし今おなかすいてへんし」とかで、一ヶ月で一五キロくらいやせた！　まぁ、そのくらい、その前は今までで一番太ってたってことなんやけど。そっからやな！　おかしなったんは（笑）。ムリしてはなかった。でも、それからはもう「維持したい」ってのがあったから、拒食症のコがやってるようなことを、同じことをやってた。毎日毎日体重量ったりとか、こう腕測ったりとか、お風呂で揉んだりとか。外には頑張ってないフリして。みんな「やせたやせた」とか言うけど、でも全然、「あ、そう？」みたいな。「もともとよ」みたいな。

Eさんは「ダイエット」を経験し、それが摂食障害への入り口だった。だが彼女自身は、ダイエット体験はたまたま流行に乗っただけだ、と考えている。現在の彼女により強く連なるのは、アトピーを掻いてもらうことで母親といる時間を少しでも増やすなど「代わり」のもので欲求を充足させてきた自分だ。掻いてもらうだけでは満ち足りなくて隠れ食いを始めたのだ。高校を出てから食べるものをコントロールしはじめたときの感覚は、ふつうの「ダイエット」のものではなかった。甘えたかった親から離れて仕事に打ちこめている、その快感が食べものに対する間違った態度をますます研ぎすまさせてしまったのだ。

【Dさんの場合　目立ちたい】（二〇代、過食嘔吐）

Dさんへのインタビューは携帯電話ごしである。ミーティングのあとに食事をともにし、彼女のさばさばした語り口に惹《ひ》かれてインタビューを頼んだ。

発症は高校一年。中学時代、「にぎやかでおちゃらけていた」自分のポジションに居心地の悪さを感じていた彼女は「物静かな人に憬れてて、そういうふうに変わりたかったから。できるだけ誰も私を知らないところ」の高校に進学を決めた。電車での通学時間は二時間。ぎりぎりの生活のなかで、入学後まもなく、ストレスによる十二指腸潰瘍《かいよう》を患ってやせてしまった。

D：田舎から出てきた私はけっこうぽっちゃりしててな、高校のまわりの女の子たちの細さ、あまりの可愛さに驚いた。ほんとにみんながみんな可愛く細く見えて！　ほんまは、そんなでもなかったと思うねんで。でも、「なんて細くてきれいなコたちばっかりなんだろう」「みんな進んでる」って焦ってた。そんなときに十二指腸潰瘍になって、食べられなくて拒食みたいになって。結果的にやせただけやってんけど「ああ、あのDさん？」みたいに名前が覚えられたんやわ。それまでは私のこと知らない人ばかりで、自分でもどう認識されたいのかもわかってなかったのに、やせただけでポジションが確立されたというか。突然モテはじめたしね、「何、何この現象は！」「心地よい－」って、大転換よ。それから「もう絶対太れない」っていう強迫観念がついちゃった。

彼女は昔から、自意識が強かったのだという。成績はトップで、「いっつも、自分のなかでヘンな自信があった」。注目されたことで、彼女はまるで「ほんとうの自分」に出会ったような気がしたのだった。

D：家が農家でいつでも食べものに囲まれてて、お母さんもぽっちゃり型。潰瘍が治ってまたふうに食べはじめたら絶対太るってわかったから、少量に抑えるように、ヘンな食べかたになっていった。朝は食べないで昼はパン半分、夜、あんまり覚えてナイけどごまかしてたんかな。吐くってことはやってなくて、最初はチューイング〔嚙み砕いて吐き出すこと〕だった。で、あるときテレビで「徹子の部屋」のゲストの女優さんが、俳優の旦那さんの話をしてるのを聞いてしまったの。「なかなか我慢の減量ができないから、ふつう量を食べてそれを吐いてるんですよ」って。そこから、吐きはじめた。

もともと食べものに対して特別な感覚があったわけではない。しっかり食べてしっかり団欒《だんらん》するような家に育った。そのため、いったん食べものの意味あいを取り違えるとまっしぐらに、拒食から嘔吐そして過食嘔吐という道をたどってしまった。

D：「ご飯は」ふだんは少量で我慢。それ以上食べると、スイッチが入ってしまって部屋で吐いてた。そのあとは低血糖でもう動けなかった。キモいけど、なんかキモいってめっちゃ思ったのは自分の体見てから。高二のときもう、ガリガリやってん。おフロで鏡を見て「きもちわるっ、もうちょっと太らなきゃ」って思った。いつも、母とか、風呂あがりの私を見て「いつのまにこんなんなってしまったんやろなぁ」って言ってたなぁ。それから少し食べる量増えて、また太ったけれど太りきれなくてまたやせてって。

自分のカラダは、やせているほうがすばらしいと思っていた。それが突然、鏡のなかの自分が「気持ち悪い」ものとして映ってきたのである。母が日ごろから自分の骨ばった姿を見るにつけ嘆いているのには気づいていた。それが鏡にさらされた自分の身体を前にして初めて、母親の嘆きが彼女にも意味あるものとなったのだ。だが、不幸にも「嘔吐」をおぼえてしまった彼女にとってこれは終わりのない体重の波乗りの始まりとなった。高校卒業後、彼女は美容師をめざして大阪に出た。

D：二一歳でインターン行ってんけど、これが朝から晩まで。馬鹿食いしてた、美容師のときは。疲れて吐けないのとストレスで一気に六八キロまで太った。そのときは体がどうとかじゃなくてもう仕事がいやでいやでいやで。一ヶ月で一五キロ太ったなぁ。六八キロのままで二ヶ月おった。なんか知らんけど…不思議やんなぁこれ。いきなりまたモテてさ。でも、そんなんデブ専ばっかやん、相手。モテモテながらも「デブフェチいや」と。ごく限られた人たちだけやし、そうじゃなくて一般の人たちのあいだで評価されたかったから。

だから、彼女はまたジムに通って懸命にやせた。自分にも他人にも厳しい性格だった。「きっちりしてなきゃイヤ。だるいから仕事休む、とか言ってる人の気は知れなくて、抗生物質でも打ってからこい、と思ってた」。彼女は本当に欲しいものをごまかしていたのではないが、完璧主義なところがあり、「手を伸ばして欲しいものを取ったら、間違ったものを取っていた」のだ。

3　日常生活のつらさ

グループXのメンバーの自己評価は「けっこうふつうの人が多いし、明るい」「問題ないって感じ」といったもので、仕事や学業をもつ人が少なくない。[*2] それだけにふだんの社会生活のなかで摂食障害によるジレンマを感じる機会が多い。たとえば、「食べることの不安」「体型への不安」「人間関係の悪循環」はしばしば話題にあがった。

食べるのが怖い

ふつう食事は「朝昼晩とやってくる、幸せなもの」だと思われている。そのことが摂食障害者にとっては大きな枷《かせ》である。Gさんのことばは、多くの当事者のことばを代弁しているように思える。

G：食べるの、しんどいよな。だからもう、「ご飯なんかやってこなかったらいいのに」「なんで朝昼晩とやってくるん」て思うときがあった。なかったら…なんて。本来は幸せなもののはずやのに…。

高校時代にアトピーに悩んだEさんにとって、アトピー治療のための食事制限は、拒食行動の隠れ蓑《みの》となって彼女のジレンマを緩和してくれていた。

武器としてのアトピー

E：「アトピーやし、あたし卵食べれへんし、ケーキ食べれへんねん」って。それがけっこう武器やったな。まわりはけっこう、「そうなん？　かわいそうやな」とか言うてくれんねんけど「ふんっ、おまえら食べて太れ」って感じ(笑)。もうそのころは［食べないことに］夢中になってたから、「あ、いいよいいよ、気にせんと自分の頼んで」って。

ダイエットに夢中で、いかに食べずに済ませるか、だけを考えている時点では、罪悪感は少ない。だが一度「食べられないこと」自体に引けめを感じはじめると、食事の場面は越えがたいハードルとなる。「回復」の感覚がだいぶ身近になってきたというCさんは最近、ある程度割りきっていたはずの食べものへのこだわりを、改めて「問題」として突きつけられるような体験をした。

焼肉に行けなかった

C：前に比べると全然、人との約束とかはプレッシャーなくなった。でも、やっぱり食事が絡むと緊張する。こういう〔お茶する〕のは全然大丈夫やけど。飲み会とか、メンバーによっては抵抗あるときもある。この前さ、（笑）そうそう、ひどいのがあった（笑）。うち、けっこう時間とかにもこだわるからさ、なるべく早い時間に食べたいんやんか。六時七時に始めて、八時くらいには終わらせたいねんけどな、その日の約束が九時半くらいから焼肉やってん。絶対ムリやん！　ほんでもう、ほんまにめっちゃ迷って、「用事があるから、一時間くらい遅れる」って言って、結局行かんかってん。もう肉が焦げ焦げになってるくらいの時間を言っといてん。〔肉が〕カピカピになるやんか（笑）。そのくらい見はからっていこうと思ってんけど、結局めんどくさくなって。

少し前までの「人との約束とかできなくて信頼がなかった」当時を思わず思いかえしてしまったと、Cさんは苦笑まじりに話した。大学一、二年のころの彼女は食事の場面などで無理を積み重ねたあげく、まったく人に会えなくなってしまったのだった。食べものへのとらわれは食べもの以外の対象にまで拡大され、社会生活を侵食していくのだ。

彼女たちは、自分の行動パターンと周囲の反応を熟知しているからこそ、食事の場面に緊張を禁じえない。そんな緊張のために、心からリラックスできない状態が続きがちなことも、回復の妨げとなっているはずだ。食事のつらさに加えて当事者にとって深刻なのは、ボディ・イメージへのこだわりだ。ダイエットは体によくない、摂食障害のもとになる。そんな言説をいくら聞こうとも、そして、実際に自分がダイエットのせいで摂食障害に陥っていようとも、やせた体への執着はなかなか消えない。

Cさんは「[拒食症がひどかった]昔なら絶対[自分の腕が太いと思いこんでいて]着れへんかった」ノースリーブの服を着ての外出を楽しむことができるほどに、ボディ・イメージの歪《ゆが》みが直ってきている。しかし、体重という明確な数字で「太っていく自分」をまざまざと確認するとき、彼女はやはりある種の抵抗感に襲われる。

太っていったときの怖さ

C：体重が戻るときにすごい考えたのが、「[回復のためには]絶対通らなアカン道やねんから、ここは踏んばろう」って。すごい強く頭のなかにあった。太っていってすごいイヤなんやけど、「そこはやっぱり、通る道やねんからしょうがない」って自分で思うようにしてた。でも、もし今より太ってってたらパニック。どこから病的かはわからんけど。病的に怖い。

Dさんは高二のときおフロの鏡に映ったガリガリの自分を見て「きもちわるっ、もうちょっと太らなきゃ」と思って以来、「やせすぎはキモい、ヤバい」という実感と「太りたくない」の恐れのあいだで揺れ動きつづけている。

変われない点

D：やっぱり、自分の体型を価値基準に据えるところは直らないわ。太りはじめてるなぁってときにカレシと別れたりなんかした日にゃ最悪最低！　出かけるあてもなくなる。もう、いっきょに引きこもりやで。そういう[体型の]ことを気にするのはよくないとは聞いてても、その感覚は抜けないわ。

ひとことでいえば、彼女たちはヤセ礼賛という社会規範を内面化している。だが、こんなありきたりの総括をしても、彼女たちの強迫的なまでの情動は捉えられない。「太っている自分」のイメージを、一ミリたりともおのれに近づけまいとし、ダイエットを空想し、ちょっとでも太ったと思うと人前から姿を隠す。

考えてみると、女性が「太りたくない」と言うとき、そのことばのウラにある事情は人さまざまなはずだ。だが今は、「誰しも太るのはイヤなはず」という時代であり、「太るのがイヤ」という表明は、あくまでも軽い雰囲気で口に出されなければならない。気にしすぎていると「重い」と言われる。体重のことを気にしすぎても、逆にまったく気にしなくても、どこかはみ出てしまうのだ。カラダが人の目にさらされるものであるかぎり、私たちは「ボディ・イメージ」をめぐる葛藤《かっとう》から抜け出せないのかもしれない。

4　回復への長い道のり

摂食障害の「治りにくさ」はときに終わりの見えないトンネルのようだ。がんばるほどに、当事者たちはさまざまな壁にぶつかる。Dさんのこの八年間は摂食障害を治してくれる人を捜す日々であった。薬物療法から気功まで、さまざまな治療を果敢に試みてきた彼女は、治療手段もみずからが積極的に選びとる対象として捉えているようで、私の目にはかなり心強く、賢者のような人にさえ見える。「私には私の治しかたがある」という思いから、自助グループに通いながらも「後押ししてくれる専門家の人」との治療も続けてきた。しかし、インタビュー時の彼女は少しげんなりとした声色で次のように訴えた。

もう勘弁

D：昨日行った東京の精神科医はこう言ったのよね。
「はっきり言わせてもらいます。長年精神の病いを診てるけど、摂食障害がいちばん治りにくいですね。ゆっくりゆっくり長い目で見てね」。もうー、イヤやわ、勘弁、いつになったら治るんやろって。ほんまに「治る」ってありえるの？

治療の試行錯誤を通じて、「治りにくい」ことは了解ずみのはずであった。それにもかかわらずこのときの精神科医のことばが大きな衝撃となったのは、それが一般論を語ったものではなく、つぶさな観察の結果、彼女だけに宛てられたことばであったからだ。「こんなにいろいろやってきたのに、まだ長い目って⁉」と。この診断はDさんを心の底からうんざりさせた。彼女はたたみかけるように、やり場のない疑念をぶちまけた。

わからない！

D：回復した人たちの「回復談」が聞きたい。「セルフヘルプ〔自助〕グループにつながったのがきっかけで」とかあるけど、具体的にどんなふうに段階踏んでるんやろ？「もっと聞かせて、もっともっと、詳しく、ぜんぜんわからんって、ぜんぜん役にたってないでー」って思う。〔中略〕健康で、過食嘔吐が苦にならないときはいいと思う。だけど、年齢を重ねてくると、吐くのが体力的にしんどくて、歩くのもつらい。それまでに結婚して家庭をもって子どもを産むとかあるのになぁ。

嘔吐をやめて一年になるEさんは、Dさんから見れば「回復に近い人」になるのかもしれない。東京での入院治療中に突然「別にいい、もう吐かなくていい」と思いたって以来嘔吐をやめて一年になる。しかし、彼女には彼女の悩みがある。現在でも所かまわぬ眠気に苛《さいな》まれているというのだ。

体だけでも健康になりたい

E：過食になってから、ほんまにずっと眠いときあるねん。最初はその眠気で病院に行ったんやわ。「眠い、おかしい」って。でもまぁ異常はない。考えられるのはやっぱやせすぎやし「自律神経失調症」。いまだにその傷跡あるから、やっぱり昼間眠かったりしてやりたいこともできへん。そういうのはしんどいな。そういうとき絶対理性働かへんから、食べるほうに走る。こう「タガが外れる」っていうか。やること、何もできへんやんか、でも食べることできるやんか。だから、なんか食べちゃう。悪いパターン。で、食べたら余計にココ〔おなか〕に集中するやん、で余計眠くなるねん。かといって寝れへんねん、しんどくて。苦しくて。とっことん悪いパターンにはまるときあんで。そのとき一番しんどいな。

体型コントロールに始まった摂食障害は、ついに身体の機構をも蝕《むしば》むのである。人づてに聞いた衝撃的なことばに「ずっと吐いていると血が混ざってくるし、咽《のど》の神経が切れたりする」というものがあった。私は吐くことにひどい痛みをおぼえたことがなかったのだが、このことばを聞いて以来、身体そのものを破壊しているという悲惨な実感がぬぐえなくなった。「体がぼろぼろに」というのは抽象的な脅し文句ではない。当事者たちは誰もが、そうした身体への脅威にさらされているのだ。Eさんは二年前にプロザック〔副作用のないといわれる抗うつ剤〕を手に入れるためにアメリカに行ったことがある。ずっと心の「根本的な問題」と向きあってきたが、身体の故障くらいは薬で何とかしてもよいのではないか、と思いきって起こした行動だった。こんな大胆な行動も、回復したいという必死の思いに導かれたものだ。当人にとってはギリギリの選択だったかもしれない。だが、彼女らが手探りしながら自分なりの回復の道を拓いてゆくことは、確実にほかの当事者の勇気になっている。

四　回復に近づく：「私」を見いだす

1　自己コントロールと「私」

「私」への不信。これが、当事者たちが共通して抱える悩みであるように思える。その背景には、懸命だがどこか間違った「自己コントロール」があった。当事者の多くは他人に認められるために、自分の身体や感情をコントロールすることに人生の長い時間を費やしてきた。しかし他者の視線を基準にしたコントロールは、成功するときは大きすぎるほどの高揚感を生み、逆に破綻すると人に会えないという否定の気持ちを生み、けっしてありのままの「私」を認める方向にはつながらない。自分が何をしたいのかもわからない。後にも引けず先にも進めず、誰にも会えないという停止状態こそが、症状そのものよりも苦しいのだ。この停止状態を経験しているがゆえに、「一般的な他者」のまなざしのないミーティングは、「何かを始める」という画期的な一歩を踏みだすきっかけとして必要とされる。だが、苦しみを語りあうだけならば、独りよがりな隔離集団をつくって終わりになってしまいはしないのか。当事者たちはいかにして、社会とのつながりを取り戻すのだろうか。

2　「仲間」と「私」の区別

Aさんは数年前に当事者対象のセミナーに参加した体験をふりかえる。彼女はそこで、出会った摂食障害の人びとに「仲間」と呼びかけられたが、どこか違和感を感じたという。

A：ミーティングやワークショップに行っても、すごく歓迎してくれるんだけど「あぁよく来たねぇ！　関西からだって！」って。すごく気をつかってくれて、それはすごく嬉しかったんだけど、なんだろ、「あなたが居ていい場所なのよ、ここは。勇気出してくれてありがとう」ってすごいくるんだけど「ちょっと待って、あたしはあなたのこと知りません」みたいな。あたしはその人らの「仲間」ってのがわかんなくて。

自分を受け入れてくれる場所を求めて、彼女は摂食障害者が集う機会を利用してきた。だが摂食障害者なら誰もが即、すべてわかりあえる「仲間」というわけではないというのがこのときの実感だった。「わかりあいたい」という願望は、その苦しみが社会的なものであればあるほどに強くなり、皆で社会の生きづらさを共有しよう、と呼びかけてくる。だが、人のなかに入るほどに、違和感をもつ機会も増える。自分が出せずに悩んでいた自分であるのに、いざ「仲間」と呼ばれると引いてしまう、そのような思わぬ反応が、「摂食障害者に共通の経験」に安住しようとする刹那《せつな》にあらわれる。彼女たちは「普通の人たち」との違いを感じて苦しんでいるが、他方で「摂食障害者であること」もまた、自分を十全に包みこむわけではない。どの他者とも「同じではない」という感覚が、「私」を元気づけるきっかけになるのだ。

3　再統合に向かう差異

「普通の人たち」との差異も、苦しみだけでなく新たな発見につながっている。「あたしはあたしのペースでいい」という気持ちが日常生活の構えになってくると、身のまわりを客観的に観察し、比較をすることもたくさん出てくる。あるとき、Cさんは、私とGさんに「まわりにもヤバイ子いるよな」ともちかけた。

まわりにも絶対いる！

C：ダイエットの話、誰でも一回はするやん。大学の子でも頑張って七キロとかやせた人がいてん、「体重計買ったで」とか言いながら。私から見たら怖いし不安。でも健康的で楽しんでいるようにも見える。やり方自体は強引でもビョーキになったりしないのかも。

G：つらくない？　そういうほかの子の様子が自分

自身に還ってくる感じは？

C：つらくはないわ。自分にもそういう時期があったから。まだ人に言えるときはいいって。そのうち、言えなくなったらヤバイ。その子は目標があって何号のブーツが履きたいとかあるからだいじょーぶかも。人によってどう違うかなって観察中。「やめとき」とは言えへんし。人の勝手やし、人によって違うし。

G：私は感情移入しちゃうな。「なんでそんなことするの⁉」って。腹が立ってきたり。〔Cうなずく〕そういうときは、だけど、とらわれてることの証拠かなって思う。自分自身に重ねあわせてしまう。やっぱ人は人って割りきることも必要やんな。もうすこし違う形で知れたらいいな。

なぜ、ほかの人たちは平気そうに「ダイエット」などと言っていられるのだろう。その不思議さを、彼女たちは話していた。

日常生活のなかには「摂食障害だからこそ気になること」や「口出ししたくなる」瞬間がたくさんあるが、「普通の人たち」の前では口をつぐむしかない。だが、このような当事者どうしのおしゃべりで堂々と「摂食障害」と直結するようなことばを口に出していくことで、彼女たちは周囲から観察されるだけの立場を抜け出し、自分と周囲への客観的な視線を獲得するようになる。

「普通の人たち」は、自分とは関係のない生きかたを見せるだけではない。「関係ない」「まだ早い」と、線を引いてきたはずのかれらからも、得られるものが少しずつ出てくる。Gさんは回復してきた自分を、周囲への視線に絡めてふりかえった。

普通の人たちのパワー

G：健康な人とご飯食べていて「あ、こんなに健やか」って。その人の全体的な健やかさを吸収してる。ダイエットに励んだりしている人もいるけれど、それも人それぞれ。いろんな人から影響を与えられていて、悪いところではなくいいところを吸収できたと思う。とくに大きかったのは農業への興味かな。体験農業行ったときに、その人自身がしっかり生きている人に出会えた。自分が作ったものを食べて、そしてゴハンを食べて「こんなにも幸せ」と思えた。自己チューな人とかおってもな、「あぁ、こんなんでいいんや」って。

Gさんは、大学に入ってたくさん、魅力的な人に出会ったのだという。とくに、有機野菜農家へのショートステイでは心からおいしいものを食べることができた。高校時代までは、親やまわりの人との断絶を「摂食障害」のせいにして、逃げていた。だが、環境が彼女の世界を変えた。ご飯がありがたくなかったのは、「摂食障害だから」ではなく、自分がしっかりそのおいしさを「感じていなかった」からだ、と彼女は言う。「摂食障害」への安住から抜け出したことで、彼女は「普通の」友だち三人との借家住まいを楽しみ、幸せな食べかたを吸収する現在を手にしている。

五　見えてきたことと見えなかったこと

1　ミーティングの力を実感

ミーティングの力がいかに大きくなりえるか、フィールドワークを通じて何度も痛感した。誰にも打ち明けられなかったことを抱えて行き、人のふるまいかたを素朴に味わい、声を出せる場所だからと少しずつ話しはじめる。意識的に話したり聞いたりを通じて、「私」というものが再生させられる熱い感触を得る。「自己コントロールの破綻」によって停止していた「私」としての感情や、他者への働きかけがよみがえるのだ。そのとき彼女たちは確実に第一段階の「回復」を成し遂げている。それが理想的な「私」かどうかはわからないけれど、生きている実感を得られるチャンスだということは確かなのである。

継続的に通う常連にとっても、ミーティングはより大きな心の支えになる。ミーティングで語る内容を考えるのは、宿題のようなものだ。参加者たちは、今度よい報告ができるように日常生活をがんばる。今度明るい笑顔で皆の前に出られるように、健やかにふるまうようにする。ミーティングでは、当事者としての自分を認め、真摯《しんし》に参加することだけが求められている。その月いっぱい、他人との関係をどうしてきたか、自分のことをどうふりかえったか、それを持ち寄るだけで、仲間の皆が糧を得る。ミーティングは、そうした稀有な関係が実現される場所なのだ。ミーティングを通じてこそ、当事者たちは、自分が経験することや語ることの大切さを知り、インタビューにあったような語りを呈示する場面を広げてゆけるのだろう。

もうひとつ、私が自助グループに関して感心するのは、皆が等しい立場で共闘しようとしているところだ。経済状態や家庭環境、年齢などによって、摂食障害による苦しみの程度は違うはずだが、私が参加したグループには当事者を「同じ苦しみをもつ仲間」として受け入れ、一緒に頑張ろうと促す準備があった。今でも、私は生活するなかでしばしば、「こんなときあの人ならどうするだろうか」と、仲間のことを思う。

2　見えていなかったこと

調査を終え、文章を書き終えたときの解放感といったらなかった。それだけ私は、この調査に入れこんでいた。しかし、この調査は多くの人のひんしゅくを買うこととなった。調査協力者の数人は拒否反応を示し、私の論文のために大きく傷ついたと言った。私は驚愕し、わけがわからなくなった。調査のどの場面においても、自分自身には誰かを欺こうとしたりごまかそうとしたりという意図はみじんもなく、ただただ真実を、社会に伝えたいと考えていたからだ。しかし、それは甘えとかおごりとかいうものだったのかもしれない。

私のスタンスは「インタビューのなかでは私は自分に関する『当事者』とか『調査』といった枠に沿うのではなくひたすら自分の感情と経験だけを頼りに応答するという方法（第三節第1項）」であった。だが、当事者であることを出発点にしていたがために、当事者への配慮を欠いてしまった。同じ立場で話していた私が、家に帰ると研究者として冷静に仲間のことばを分析し、不特定多数の読む論文として発表しようとしていた。それが、いかに冷たい仕打ちか、私はなかなか自覚できなかった。実際は、私は冷静で明晰な分析者などではなくて、必死なわりには、調査の進捗はおもわしくなく、卒論の締め切りにかろうじて間に合うほどだった。ただ、当事者の気持ちが痛いほどわかっているつもりだったので、協力者のトラウマや現在の辛さについて細かに描写した。当事者の体験を過不足なく、世の人びとに伝えたかったのである。

問題点はたくさんあるが、ひとつできたであろうことは、当事者としての立場を明確にすることだ。調査の時点では同等でありながら、自分のことを書かずに人の話を題材にするのはやはり不公平だった。

　また「研究」の手法や論文の構成についての対話を深めるべきであった。語りと文章化のあいだに横たわる「時差」も、説明しなければならないことだった。当事者がその時点で語った悩みやつらさは、明日には乗りこえられるべき一時の気持ちであるかもしれない。それが、文字になって突きつけられることに、抵抗をおぼえた人も多いと思う。当事者どうしではあっても、彼女らは他人なのだ。私は「研究者／当事者」の「いいとこどり」をしていて、一人の他人として誠実に彼女らの立場に配慮する努力が十分でなかったかもしれない。

　協力者の一人は、「あなたが文章にしたのだからあなたの好きにしなさい」と言った。協力者にそう言われてしまった文章は、魂のない抜け殻のようなものだ。協力者はただ善意でやってくれているのだ、ということと、協力者の善意なくしては私にできることは何もないのだ、ということを、忘れずにいたいと思う。

六　なぜ現代の若い女性が摂食障害になるか

　摂食障害をもたらす社会的メカニズムを説明したもののとして、私がもっとも共感できるのは、女性が主体性をもつことの難しさを論じたものだ。

　加藤まどか（二〇〇四）によると、近代社会の「平等」概念は「女性は男性と同じ価値基準で評価される」ことを建前にしていたが、その一方で家族など伝統的な共同体のなかでは女性が男性と異なる価値基準で評価される規範が温存されてきた。現代になると、近代家族に支えられてきた価値観がゆらぎ、女性がみずから行動を選択する場面が増えた。しかし、依然として「女性らしさ」への要請は高く、現代の女性は「男性なみ／女性らしく」のあいだでより大きな矛盾を感じるようになる。これが、摂食障害などのストレス性の疾患につながっているのだという。

　たしかに、公的な場面のみならず、家族や恋人など親密な関係のなかでも「男性なみ」にふるまうと鼻つまみにされがちなのは、多くの女性が経験的に知っていることだ。「やせたとたんにモテだした」Ｄさんのように、「女らしさ」を追求したほうが、得だと思えることも多い。だが、公的な場での待遇や異性の目線もさることながら、女性たちの生活世界が生みだす女性どうしの序列や規範こそが、きつく女性たちを縛りつけているように思える。

摂食障害の当事者たちは、同性の友だちに認められるために、おしゃれやダイエットをし、懸命にそのなかで勝ち残ろうとしていた。たとえば、Dさんは十二指腸潰瘍が原因でやせたことで、高校でのポジションが確立されたと言った。また、ダイエットに夢中だったころのEさんは、友だちがケーキを食べているのを見ては「ふんっ、おまえら食べて太れ」と心につぶやいていたのだった。

ほとんどの女性にとって、身体管理は一種のゲームだ。雑誌などの情報を利用して、いかに世間が理想とする身体に近づくかを競うのだ。しかし、現代の日本では、能力の高い人間なら体型も自己コントロールできるはずだ、というテーゼが、「モテる」や「デキる」などといったことばとなって日常生活のなかに溢れ、ダイエットもまた、女性というカテゴリーに属する人間すべてに要求される事実上の義務になっている。

問題は、女たち自身は依然としてダイエットをゲーム感覚で推進し、競争からはみ出る人間を支えようとしないことだ。女の世界のダイエット競技で生き残った「モテ女」や「デキる女」のみが、より広い全体社会にデビューし、脱落者は顧みられることはないのだ。

だが、救いがないわけではない。私が参加してきた自助グループを含め、同じ女性どうしが貶《おとし》めあっている現実に抗い、同じ立場であることを生かして当事者たちを支える試みはさまざまな場面で力を発揮している。アルコール依存症の自助グループでの語りを収録した渡辺ひろみ（一九九九）やHIV感染者のサポートグループでの相互行為の力を描いた佐藤知久（二〇〇二）のように、社会学や人類学の対象としても、苦しみを理解しあう仲間による支援（ピア・サポート）の力は注目されるようになってきている。

私もまた、一〇代のころは「男性なみ／女性らしく」の両方を追求し、無理をしていた。大学に入り、ほかの若者が自分らしさを謳歌していることに衝撃を受けたが、路線変更は難しかった。自分はどこか間違っていると確信したが、まわりの誰にどのように頼ればよいのか、わからなかった。

そんな私も、同じ苦しみをもつ仲間と対話した時間のおかげで心の底からことばを発することができた。自分の目の前に姿をあらわした相手を受け入れ、耳を傾け、その身になって意見しあう。考えてみればどんな人間関係にも必要な「他者への態度」を、自助グループが思いださせてくれた。グループは、他者の存在のありがたみと、ことばの力とを存分に感じることができる場所だ。「仲間」たちのあいだで培われている自助の経験が、より多くの女性たちをジェンダー秩序から解放し、全体社会にフィードバックされることを願っている。

注

＊1　病気・疾患・トラウマなどなんらかの問題による生きづらさを抱えた当事者たちが集い、語りあうことを通じて困難への処し方を身につける場所を自助（セルフヘルプ）グループという。セルフ（self）ということばは、自分（I）だけではなく、われわれ（We）をも指すので「仲間どうしの共同による自助」の意味も含まれる。いわば自立と相互援助が組みあわされた「仲間どうしが支えあうグループ」だ。

＊2　ほかの自助グループのなかには朝や昼間にミーティングをもつところもあるが、仕事をもつ参加者の事情を考慮して平日の午後六時すぎという時間が設定されている。

引用文献

加藤まどか　二〇〇四『現代社会学選書　拒食と過食の社会学』岩波書店。
佐藤知久　二〇〇二「HIVとともに生きる主体」田辺繁治・松田素二編『日常的実践のエスノグラフィ』世界思想社。
S・レベンクロン　一九九一『鏡の中の孤独』（杵渕幸子・森川那智子訳）集英社。
渡辺ひろみ　一九九九「アルコール依存症からの回復——自己の再構成、そしてストーリーのできるまで」京都精華大学修士論文。

第５章

銭湯の行動学

佐藤せり佳

Sugawara's comment

これは徹底した行動観察の結晶である。ゼミに来ていた霊長類学を専攻する院生が、佐藤の分析の緻密さに驚倒していた。銭湯での「共在率」や「背中流し」ネットワークの解明は、行動学の学術誌に受理されるにふさわしい水準に達している。さらにスゴイのは、「公の場での相互行為」に関するゴッフマンの理論を自家薬籠中のものとし、「裸体の社交空間」へみごとに接合した点である。「女は前を隠さない」「浴槽の縁をまたぐときは陰部をさりげなく覆う」といった観察に、どぎまぎさせられたことを告白しておく。

一　銭湯の魅力に惹かれて

「あんたは、赤ん坊のころから風呂が好きな子だったよ」と母親から言われている私が、京都での一人暮らしに今のアパートを選んだ理由のひとつが、近くに銭湯があるということだった。

それまで温泉へ行くことはあったが、銭湯とは疎遠であった。しかし、京都ではあちらこちらに銭湯がある。いったいどんな人が入っているのか、興味がわいて、近所の銭湯に行ってみた。お客の大半はおばちゃんで、若い人は少ないように思った。話しかけられたついでに、よく来るのか、家に風呂はあるのかと尋ねてみると、家にも風呂はもちろんあるが、ほとんど毎日のように来ているという。これほどに彼女たちを惹《ひ》きつける銭湯の魅力とは何なのだろうか。そんな素朴な疑問から、私の研究は始まった。

実際に動きだすきっかけとなったのは、大学二年生で受講した「社会人類学調査演習」という授業である。これは学生が各自テーマを決め、フィールドワークの練習をする授業で、私はすぐに銭湯をやろうと思いたった。しかし、銭湯に来る目的や理由に固執してしまい調査はあまりうまくいかなかった。そもそも、「どうして銭湯に来るのですか」と聞かれて、きちんと答えられるわけがないのである。私だって、風呂が好きだとか、たまにはゆっくりしたいからとか、通りいっぺんの答えしかできない。案の定、質問の答えは「サウナが好き」「おしゃべりできるのがいい」といったどこか形式的なものであった。

　卒業論文でふたたび銭湯をとりあげようと思ったのは、調査演習での心残りがあったためだ。銭湯の何を調べたいのか、ようやく自分の考えがかたまってきたのだ。それは、現在の銭湯のありのままの姿を描くということである。そのために入浴客の行動を観察して、定量的なデータを収集し分析するという方法をとることにした。「銭湯」と聞くと、日本人の多くの人は「富士山の絵」や「背中の洗いっこ」など、何らかのイメージを思いうかべるだろう。それだけ日本の庶民文化のひとつの典型になっている。しかし、実際には銭湯は減少しつづけているし、入ったことのない人だって増えてきている。このようにイメージが先行している今だからこそ、それまで詳しく記述されたことのなかった、銭湯の浴室の様子を描くことには意味があると思ったのである。

二　裸で参与観察する

1　K湯の概観

この研究では、K湯という一軒の公衆浴場に焦点をしぼった。「フィールド」というとあまりにおおげさで、私のアパートから徒歩一分圏内にある。だが、私にとっては、銭湯に興味をもつきっかけを与えてくれた特別なお風呂屋さんだ。

　K湯は一方通行の路地に面していて、付近には住宅や個人商店、学生マンションが建ち並ぶ。近くにはM湯とH湯がある。この二軒の定休日が金曜日なのに対して、K湯は月曜日が定休日だ。

　K湯は京都府公衆浴場業環境衛生同業組合に加盟していて、辻本さん(40)が経営している(以下の名前はすべて仮名で、名前のあとの括弧内はおおよその年代である)。辻本一家は先代夫婦(ともに70)と、妻のカオルさん(40)、娘のオリエさん(10)の五人家族である。

二〇〇〇年八月に、辻本さんから仕事について話をうかがうことができたので、その概略を紹介する。

K湯の営業時間は午後三時半から深夜一二時までである。毎晩お客さんが帰ったあとに、五人のアルバイトとともに浴室内の掃除をする。すべて終わって就寝するのは夜中の二時ごろだ。朝は一〇時ごろから大人四人で脱衣所の掃除をし、先代はボイラーの掃除、辻本さんはそれ以外の機械も掃除する。それから昼まで、辻本さんは浴室掃除のしあげをする。アルバイトが見落とした細部やタイルの目地、壁の高いところなど、すみずみまで丁寧に磨く。昼食後に湯を沸かす準備を始める。夏場は午後二時ごろから、冬場はもっと早くにボイラーに火をつける。その後は脱衣所に掃除機をかけたり、湯の温度をみたりして午後三時半の開店に備える。暖簾《のれん》の前には、すでにお客さんが数人待っていることが多い。番台には先代の夫婦が交代ですわり、辻本さんはときどき機械の調節をしたり、消毒薬を追加しながら過ごす。

銭湯の仕事は掃除が中心で、これは大変な重労働なのだ。夏場のボイラー室での作業と、冬場の浴室内の掃除はとくに辛い。「正直、［店を］開けているときが一番楽」なのだそうだ。しかし、開店中もお客さんに何かと気をつかうし、出かけるわけにもいかず、手持ち無沙汰《ぶさた》の時間が続く。この仕事のやりがいを尋ねると、「やりがいとか、考えたこともないなあ。風呂屋やっててもいいことと言えば、いつでも風呂に入れることくらいちゃうか」とおっしゃっていた。それでも銭湯を続けてらっしゃるのだから、何らかの思い入れはあるのだろう。

銭湯業の辛さは重労働だけではない。入浴客が減っているから、その収入源である入浴料も少なくなっている。しかし、水まわりは傷《いた》みが激しいから、メンテナンスをしなくてはならないし、お客を増やすための新しい設備を入れるのにも莫大なお金がかかる。銭湯だけでは食べていけないのが現状だ。だから、京都では、ほかの事業と並行して銭湯を営んでいる場合が多い。K湯でも二箇所の賃貸マンションを持っている。

2　集中的な調査の実行

二〇〇〇年に授業の一環で、K湯での調査をしたときには、辻本さんへの質問のほか、入浴客に任意でアンケートを書いてもらった。同時に入浴しながら何人かに、なぜ銭湯に来るのかといった質問もしたが、調査は不定期であったし、システマティックなデータをとることもせず、自分の感覚だけで内部の様子を語っていた部分が強い。そこで、二〇〇二年から以下のように、定期的に入浴し、お客さんの顔を覚えて、彼女らの行動をきちんと観察することにした。

調査期間は二〇〇二年四月二三日から二〇〇三年一〇月二八日までの計七四日間である。調査日と時間は毎週火曜日の夜八時半から一一時半までとした。ただ、何度か行けなかった週もあるし、別の曜日に行ったこともある。まず頻繁に来る人の顔を覚え、区別するために名前をつけ、その人が来た時間と出た時間、すわった場所、さらに背中の洗いっこをはじめとする興味ぶかい行動を浴室内で覚えておいて、調査時間中に、数回脱衣所に出て休憩するふりをしてノートに記録した。また、入浴者全員を五つの年代区分（「子ども」＝一〇代以下、「若者」＝二〇代、「おばさん前半」＝三〇から四〇代、「おばさん後半」＝五〇から六〇代、「お年寄り」＝七〇代以上）に分けた。私が顔を覚えることのできた三六人の常連さんについては、表1を参照されたい。また、K湯の内部の様子は図1に示した。

はじめに迷ったのは、調査時間帯の決め方であった。手はじめに、一人で開店中K湯の前で張りこみ、一時間ごとの入浴客を数えてみたところ、男女とも八時から一〇時くらいに来る人が多いことがわかった。けれど、このような張りこみを一人でやるのは無謀だと実感した。そのあと、この時間帯に一週間ほどK湯に通い、曜日によるお客さんの入りぐあいに変化があるか様子を見た。その結果、私の体力が続く範囲内で、しかもなるべく多くのお客さんに出会えるのは夜の八時半から閉店の少し前くらいだとあたりをつけることができた。また、火曜日だと、近隣の銭湯の定休日でなく、しかも平日なのでK湯の常連さんが来ている可能性が高いと予測できた。

この調査にはいくつかの問題がある。まず、女湯しか見られないことだ。知人の話などから、男湯と女湯では様子が違うと想像できるが、残念なことに、それを自分の目で見て実証することはできない。また、長時間風呂に入るということは、意外と疲れることなのだ。本当は開店しているあいだずっと入っていたかったが、私は三時間が限度であった。さらに、私自身入浴しているから、記憶が曖昧《あいまい》になったり、観察しきれ

表1　常連さんとその入浴パターン（出現率の高い順）

仮名と年代	出現率（%）	K湯に来る時間帯	平均入浴時間（分）	お気に入りの洗い場	すわる確率（%）	洗い場執着度
一井キク（50）	100	9時ごろ	67	18	58	B
モモコ（30）	99	7～8時	139	9	100	A
ヨネ（60）	97	11時ごろ	60	17	89	A
辻本オリエ（10）	96	9時すぎ	41	14/7	24/23	D
辻本カオル（40）	96	9時すぎ	42	15/8	28/23	D
ヒトミ（50）	96	9時ごろ	84	19	69	B
ケイコ（50）	91	11時すぎ	60	7/8	16/16	D
一井ルミ（30）	89	9時ごろ	71	17	54	B
ハナエ（50）	88	9時ごろ	68	20	75	B
トミコ（50）	87	10時すぎ	75	16	33	C
藤田マリコ（30）	85	8時半～9時すぎ	23	16	32	C
上原イズミ（50）	84	9時半すぎ	52	20	44	C
ヤヨイ（50）	84	9時ごろ	64	5	98	A
上原ユミコ（30）	80	9時半すぎ	35	14/16	29/22	D
ヨシコ（60）	77	10時半すぎ	48	3/5	37/35	D
ミズエ（70）	76	8時半ごろ	34	14	63	B
ミスズ（40）	76	9～10時	29	13	31	C
藤田キヌ（60）	73	10時すぎ	42	13	63	B
カナコ（30）	68	11時ごろ	35	3	26	C
マサヨ（40）	68	9時ごろ	38	14	52	B
フキ（70）	60	11時ごろ	62	14	47	C
藤田テルキ（i）	60	8時半ごろ	15	—	—	—
上原コユキ（i）	59	9時半すぎ	30	—	—	—
トクコ（60）	58	9時すぎ	57	21	71	B
アキ（40）	54	10時半すぎ	55	21	83	A
大林ユリ（30）	50	9時ごろ/10時すぎ	53	13	32	C
大林ヒロシ（i）	47	9時ごろ/10時すぎ	41	12	31	C
ユウキ（20）	45	10時以降	32	13	50	B
ウミ（20）	43	11時半以降	37	3	24	C
アサカ（30）	41	9～10時	33	3	55	B
クミコ（20）	28	不定	28	14/13	29/24	D
ヒロエ（60）	26	10時半すぎ	82	17/14	37/37	D
マキコ（30）	23	8時半前/11時以降	35	18/19	30/30	D
ミドリ（50）	22	9～10時	80	5	50	B
リカ（20）	18	11時半以降	38	3	54	B
マツコ（50）	16	10時半ごろ	95	21	92	A

・同じ苗字の人は、家族を示す。年代の数字は、20代、30代…を表わす。iは、幼児(infant)の略で、10歳未満の子どもを示す。
・出現率は（その人がK湯に来た日数）÷観察日（74日）×100で求めた。
・平均入浴時間は（その人の調査時間中の入浴時間合計）÷（その人がK湯に来た日数）で求めた。
・お気に入りの洗い場の数字は、図1の洗い場の番号を示す。
・すわる確率は（ある人がお気に入りの場所に最終的にすわった回数）÷（その人がK湯に来た日数）×100で求めた。
・洗い場執着度は、「A型＝一極集中」「B型＝やや緩やかな一極集中」「C型＝1つの候補とその付近」「D型＝2つの候補とその付近」で、「D型」のみお気に入りの洗い場とすわる確率を第一候補/第二候補の順で示す。
・上原コユキ（i）と藤田テルキ（i）はほかの大人に抱かれて入浴するため、対象外とした。

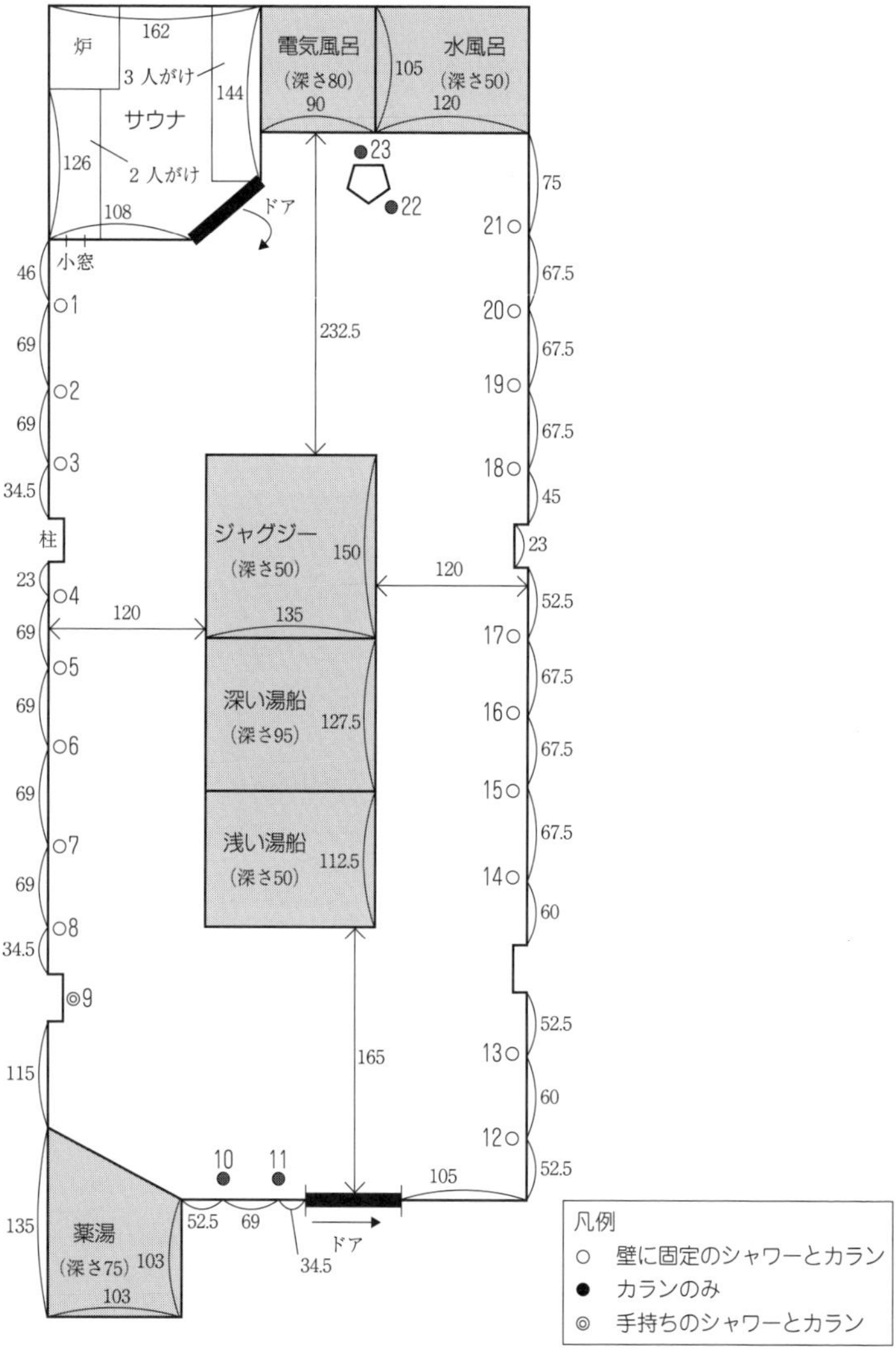

図1　K湯の浴室見取り図

数値の単位は cm。タイルの数から得たおおよその値である。

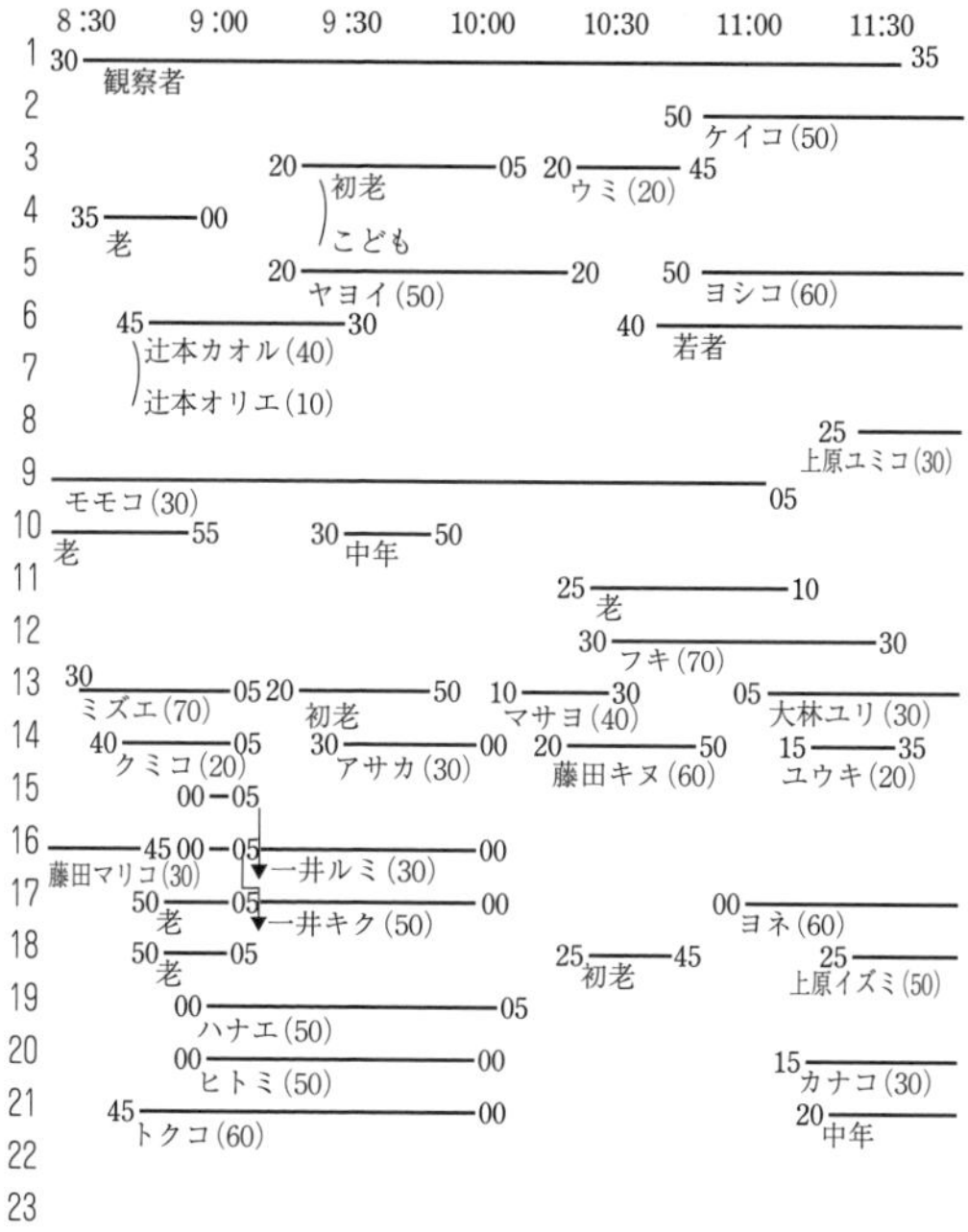

図2　調査時間中の浴室内の様子（2002年7月23日）

ない部分もある。もどかしいのは、私がこのような調査をしていることがばれてはならないということだ。誰だって自分の行動が観察され、論文にされると知ったら、おちおち風呂に入っていられないだろう。だから、お客さんに積極的に質問することは避け、サウナなどでの会話から情報を集めることにした。年齢は見た目の直感によって分けているし、ほかにも事実と食い違うところもあるだろうが、一年半かけて集めたデータは、それなりに信頼できるものだと自負している。

3　調査ノートをとる

この調査ではA6サイズのノートが活躍した。通常は見開きで一回分を使った。左ページには六本の縦線を引き、線の上にそれぞれ、九時、九時半、と三〇分ごとの時間を記入する。横の罫線には左端に洗い場の番号を1から23まで記入しておく（図2参照）。お客さんが来たら、すわった洗い場の番号の行に、仮名または年代を示す記号と、来た時間・帰った時間を記入し、線で結ぶ。洗い場の移動は矢印を使って表わす。右ページには背中の洗いっこ、サウナでの会話、洗い場の移動のエピソードなど、興味ぶかいことがらをできるかぎり記録する。

ノートを書くタイミングや場所には注意をはらった。なるべく脱衣所に人がいないときを見はからったり、トイレで書いたりもした。あまり長い時間がかかってもあやしいので、K湯内ではお客さんの出入りを中心に記録し、エピソードは帰宅後に記録した。一度だけ、ノートを書いているところを顔見知りの常連さんに見られてしまったことがある。「まずい」と思ったが、「ここでも勉強なんてえらいなあ」と勘違いしてくれたおかげで、無事に調査を遂行することができた。

三　フィールドの風景

1　ふだんのK湯の様子――調査ノートより

ここでは、二〇〇二年七月二三日の調査ノート（図2）から、平均的な調査時間の様子を紹介する。なお、以下で(i)は幼児（infant）を表わす。

私は八時半ごろ浴室に入り、1の洗い場にすわる。この場所は浴室全体が見わたしやすい。すでにモモコ(30)がサウナを楽しんでいる。私もかけ湯をしてサウナに入り、小窓から浴室内の様子をうかがう。16あたりには藤田マリコ(30)がいる。ふだんはテルキ(i)を連れているが、今日は一人だ。13にすわったミズエ(70)が彼女に話しかけている。ほかにはお年寄りが何人か入っている。九時ごろには、一井ルミ(30)と母のキク(50)、その友人のハナエ(50)やヒトミ(50)、トクコ(60)がわいわいやってきて、17から21に並んですわり、一時間くらいにぎやかに入浴を楽しんでいる。このメンバーはほとんど毎日背中の洗いっこをするので、あとで詳しく述べる。同じころ、ヤヨイ(50)が来て5の洗い場を確保し、すぐにサウナに入り、モモコや私と話をしたりする。ヤヨイからは彼女の入浴に対する思いや、ほかの銭湯の情報を聞かせてもらうことができた。さらにこの時間帯には、K湯の辻本オリエ(10)・カオル(40)親子が入浴する。九時半ごろに、私は脱衣所に出て、一回目のノートをとり、そのあと体を洗う。一〇時すぎになると、九時前後に来た人たちがつぎつぎにあがるので、浴室内は一気に空く。そこに藤田キヌ(60)がやってきて、三〇分くらい入浴している。一〇時半ごろには脱衣所が空くので、またノートをとりに行く。そして、電気風呂で半身浴をしながら、観察を続ける。一〇時半をまわると、浴室内はふたたび人が多くなる。今日は珍しくトミコ(50)が来ないが、フキ(70)や、ケイコ(50)、ヨシコ(60)、ヨネ(60)、上原ユミコ(30)と母のイズミ(50)が続々とやってきて、上原ユミコ以外は、皆サウナでおしゃべりに花を咲かせる。このころには、私は体の水分はだいぶ失われているが、水を飲みつつサウナに入る。いろいろな興味ぶかい話を聞くことができる、絶好の機会だからだ。同じころ、カナコ(30)やユウキ(20)も来るが、ほかの人とのやりとりはほとんどなく、黙々と入浴している。サウナでの会話がひとしきり続いたあと、私は、マッサージをしたり、浴槽につかったりしてさらにねばる。こうして、一一時半すぎにK湯をあとにし、家に帰って調査ノートをしあげる。

2　お客さんがK湯に来る時間帯

お客さんの入りぐあいにはいくつかの特徴がある。調査時間中の入浴客数は、年間とおして毎回三〇〜五〇人くらいで、調査日全体の平均は三七・四人であった。また、調査時間を一時間ごとに区切り、それぞれに来た人数を調べると、図3のようになった。八時半から九時半に来た人が全体の四八パーセントを占めている。九時半から一〇時半では二三パーセント、一〇時半以降では二八パーセントである。年代別にみると、「若者」だけが遅くなるほど人数が増え、全「若者」の五六パーセントが一〇時半以降に来たのに対し、ほかの年代はすべて八時半から九時半に来た人がもっとも多くなっている。とくに「子ども」と「お年寄り」でこの傾向が強い（図4参照）。

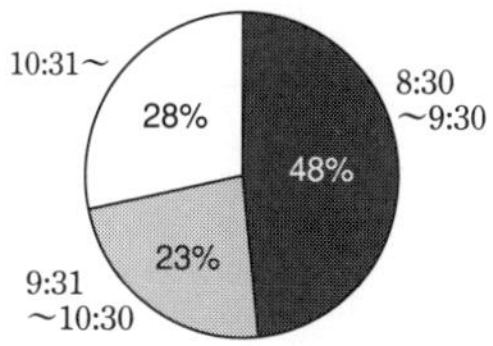

図3　入浴する時間帯
総数は 2766 人（以下同じ）

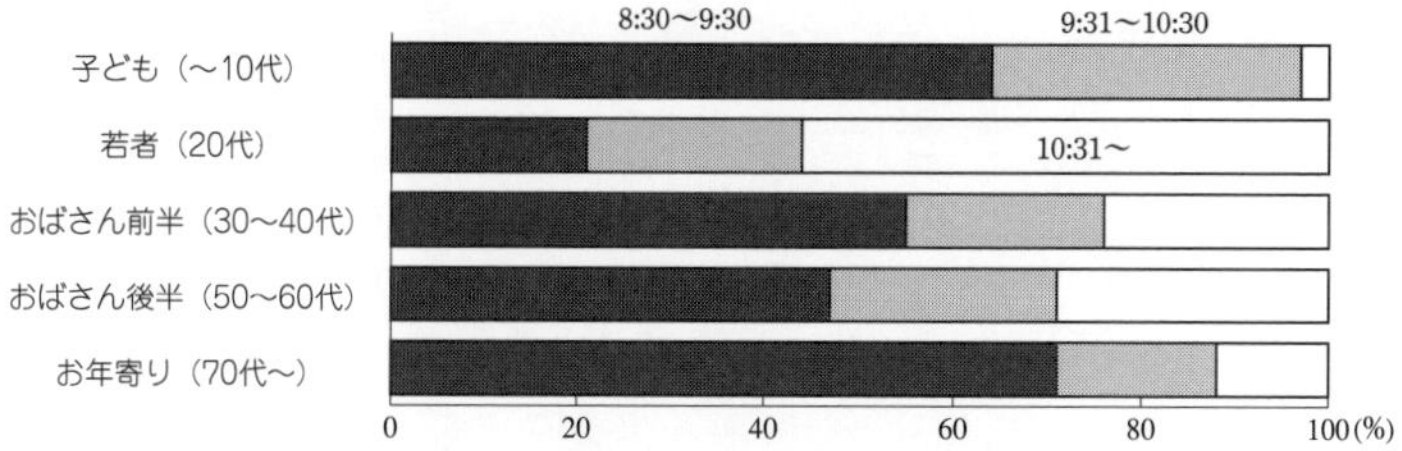

図4　入浴する時間帯（年代別）

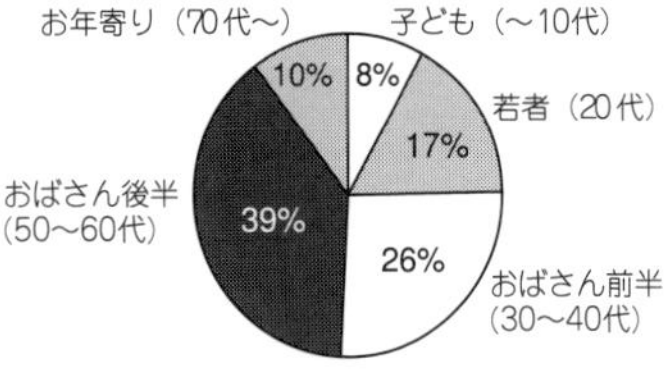

図5　入浴客の年代

K湯を支えているのは、おばちゃんたちだといっても過言ではない。図5からわかるように、調査時間中の入浴客のうち、もっとも多かったのは「おばさん後半」区分の五〇～六〇代の人で、全体の三九パーセントを占めている。続く三〇～四〇代の「おばさん前半」も多かった。逆に少ないのは「子ども」と「若者」だ。「お年寄り」も少なかったが、調査時間よりも早く来ている場合も多いと考えられる。

四　浴室内の行動学
――背中の洗いっことお気に入りの場所

1　常連さんの共有時間

ある二人の常連さんが、どれほどの時間を浴室内で共有しているかクラスター分析の手法で明らかにした。図6では五〇を最高に二人を結ぶ数値が高いほど、共有した時間の割合が高いことを示している。単純な図だが、統計学やパソコンの知識に乏しい私には、かなりの時間を要した苦心作だ。

図6より、一井キク（50）とルミ（30）、辻本カオル（40）とオリエ（10）、上原イズミ（50）とユミコ（30）の親子は、共有時間の割合が高いことがわかる。また、ふだん一緒にK湯にやって来るヒトミ（50）とハナエ（50）も一緒に入浴する確率が高い。

この図から、K湯の常連さんは「一緒に入浴する確率」という観点で大きく二つの組に分かれるといえそうだ。つまり、第一の組は一井キク（50）と娘のルミ（30）、ヒトミ（50）、ハナエ（50）、モモコ（30）、トクコ（60）、ヤヨイ（50）、辻本カオル（40）およびその娘オリエ（10）、上原イズミ（50）およびその娘ユミコ（30）の一一人である。彼女たちはだいたい九時ごろからやってくる。第二の組は、ヨネ（60）、ヨシコ（60）、ケイコ（50）、アキ（40）、トミコ（50）、フキ（70）、カナコ（30）、ヒロエ（60）、ミドリ（50）の九人で、ふつう一〇時半すぎごろからややばらばらにやってくる。ただし、フキ、ヒロエ、ミドリが来る頻度はほかのメンバーに比べて低い。また、ここにマツコ（50）が加わることもある。

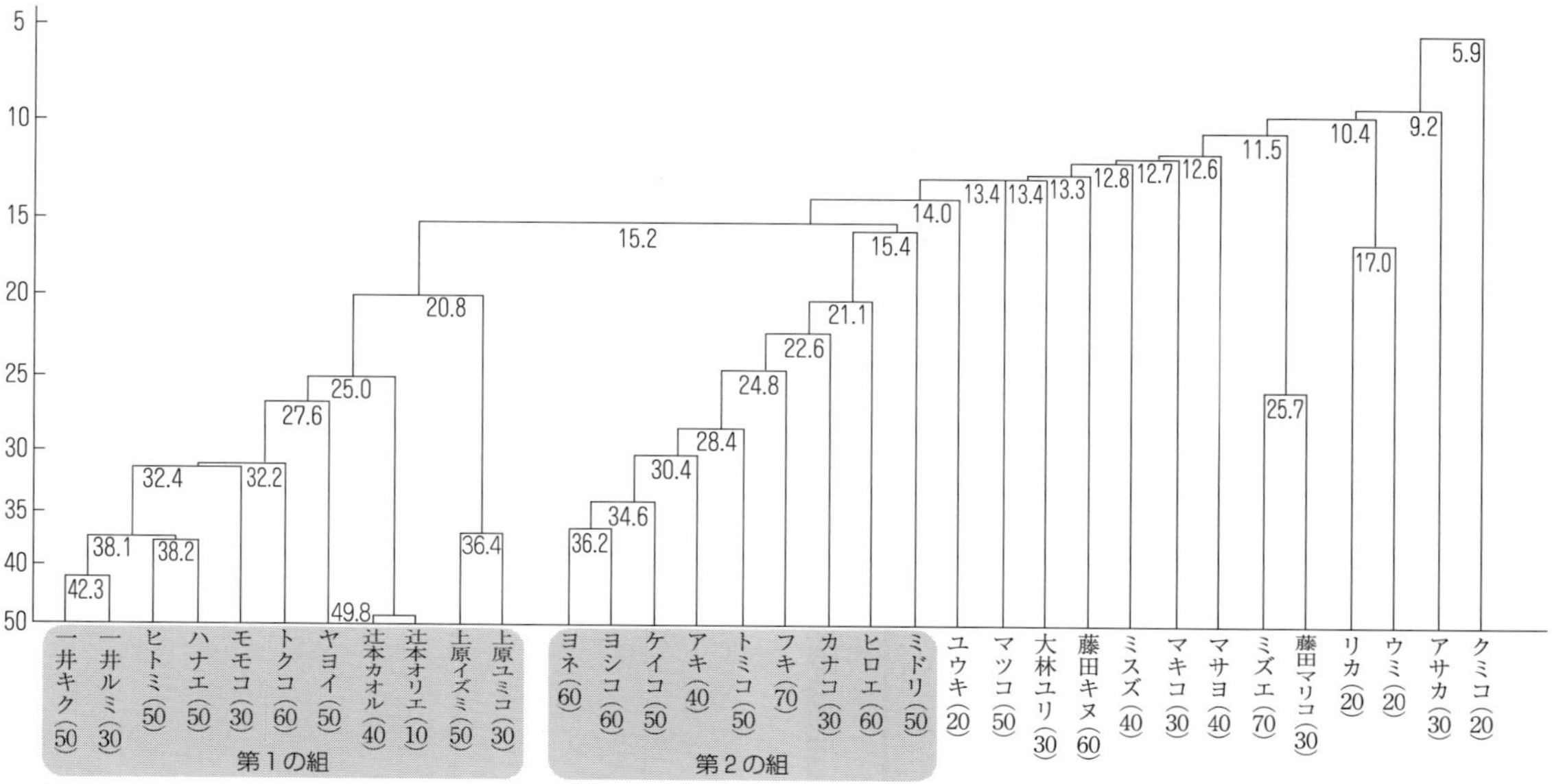

ある二人AとBについて、(AとBの共有時間)÷(Aの入浴時間＋Bの入浴時間)×100によってAとBが浴室内で居あわせる確率を求め、図示している。結ばれた値が大きいほど、その二者が観察時間のなかで、一緒に入浴している割合が高い。二者が完全に同一行動をとっている場合、この値は50となる。

三者以上を結ぶ数値は、そこより下にある人どうしが居あわせる確率を示す。たとえば、一井キク(50)と一井ルミ(30)の二人とヒトミ(50)とハナエ(50)の二人とを結ぶ38.1は一井キクと一井ルミのどちらかと、ヒトミとハナエのどちらかとが出会った確率を表す。

なお、この分析の性格上、実際の観察とずれを感じさせる場合もある。たとえば、ヨネ(60)とミズエ(70)は来る時間帯が異なるため、調査期間中一度も出会ったことはなかったが、図ではあたかも共有時間があるかのように描かれてしまう。

図6　常連さんどうしが浴室内で居あわせる確率

2 背中洗いっこのネットワーク

銭湯と聞けば、多くの人が思いうかべるであろう光景のひとつが、背中の洗いっこだと思う。K湯でも、背中を流しあったり、マッサージをしあう姿をよく見かける。図7は調査時間中に見ることのできた背中洗いとマッサージの回数を、洗い手と受け手の矢印で示したものである。ここから、背中洗いに関わる人は大まかに二つのグループに分かれているといえそうだ。

まず、グループⅠは、ヒトミ(50)、ハナエ(50)、一井キク(50)、トクコ(60)の四人を中心としている。このグループのあいだでは、毎回必ず背中洗いが行なわれている。ヒトミとハナエが一緒に来た日は六七日だったが、そのうちヒトミがハナエの背中を洗った、もしくはマッサージをした回数は四三回、その逆は三八回であった。一井キクはヒトミとほぼ毎回背中洗いをしているが、ハナエとはあまりしていない。トクコは一井キクとよく背中洗いをする。それに比べてヒトミやハナエとの回数は少なくて、ハナエはトクコの背中を一方的に流し、ヒトミはトクコに一方的にマッサージをするという場合が多い。また、一井キクとその娘

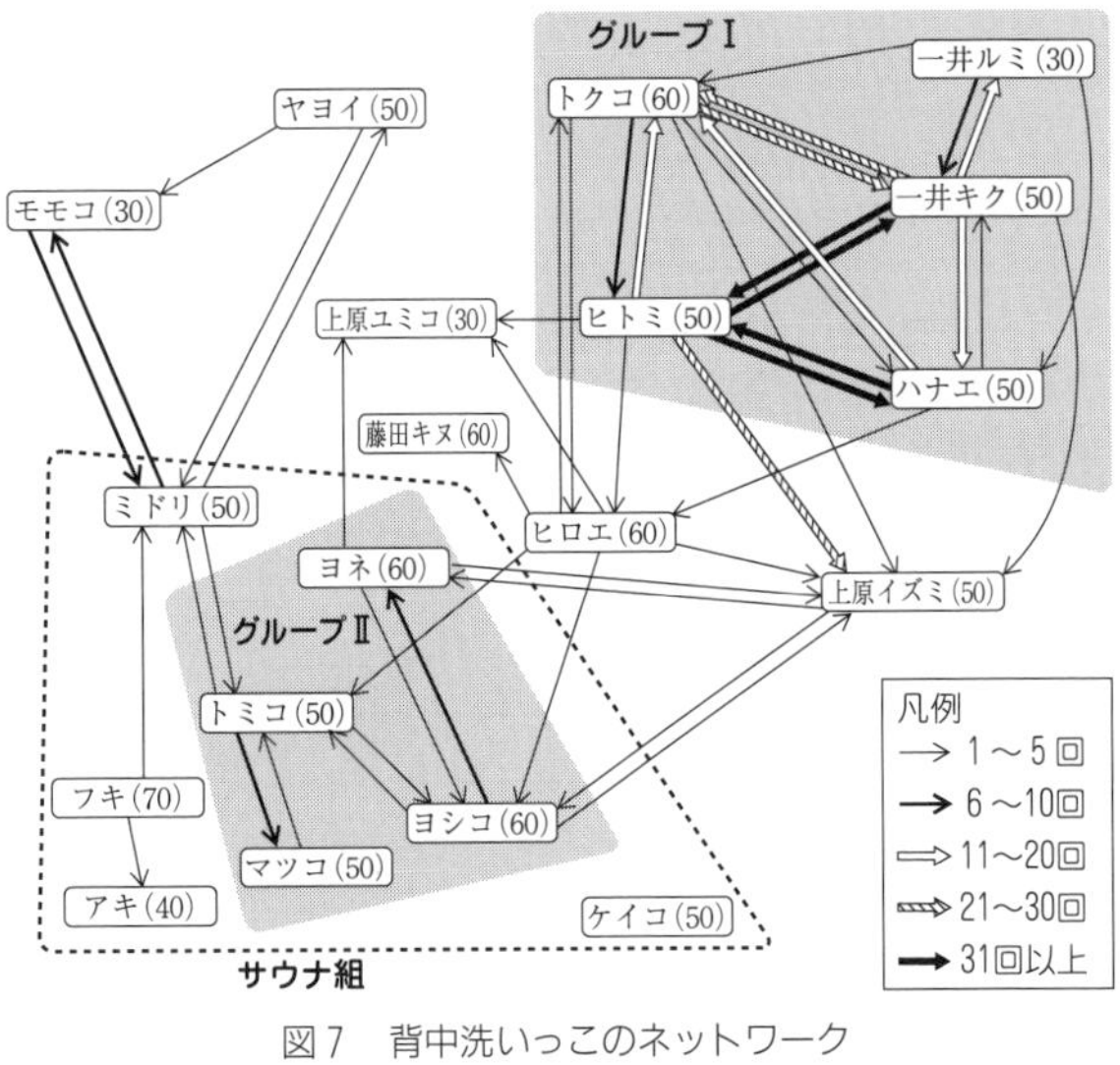

図7　背中洗いっこのネットワーク

一井ルミ(30)も洗いっこをよくしているが、キクがルミを洗ってやることのほうが多い。グループIでは、背中洗いが日常のものになっているので、そのやりとりは見事なまでにスムーズである。はっきりとした合図もないのに、事前に打ちあわせたかのように、絶妙なタイミングで、それぞれの人が自分の入浴も続けながら、ほかの人の背中を洗ったり、マッサージをしてやったりするのだ。

一方、グループIIでの洗いっこは、グループIのように頻繁ではない。トミコ(50)、ヨシコ(60)、ヨネ(60)は、ほぼ毎日来ているが、「そういえば最近洗いあってないねぇ」と思いだしたように流しあうくらいだ。マツコ(50)は週二、三回K湯に来るらしいが、トミコと仲がよいために、居あわせると彼女に背中を流してもらって、うっとりしている。ここで重要なのは、グループIIを取り囲む「サウナ組」の集まりである。グループIIの構成員に加え、ミドリ(50)、フキ(70)、アキ(40)、ケイコ(50)は、夜一〇時半すぎにやってくると、必ずサウナに入り、おしゃべりに花を咲かせている。それぞれが来る時間にもよるが、めいめい三〇分ほどサウナに出たり入ったりしている。

二つのグループは、どちらも同じ時間帯に来る、親しいものどうしの集まりだが、背中洗いっこの頻度にはかなりの差がある。この原因としてまず、グループIIではグループIより、それぞれの人が来る時間帯に幅があるため、体を洗うタイミングが合わないということが考えられる。また、グループIでは背中洗いをそのつながりに取り入れているのに対し、グループIIはむしろサウナでのおしゃべりを大切にしているのではないかと思われる。

二つのグループからは少し離れて、背中洗いに関与する人もいる。上原イズミ(50)は、孫のコユキ(i)が生まれるまではグループIIに入っていたが、その後夜九時半すぎに来るようになり、ヒトミ(50)に背中を流してもらうことが多くなった。図6で上原イズミがグループIとIIを結んでいるように見えるのはこのためである。ミドリ(50)はサウナ組の人びとのほかに、モモコ(30)とも親しく、冗談半分で彼女に背中を洗ってくれるよう催促したり、そのお返しをしたりする。またヤヨイ(50)と出会ったときにも、長時間おしゃべりをし、背中を流しあう。ヒロエ(60)にまつわる話は後にも述べるが、彼女はさまざまな人に声をかけたり、背中を流したりするのが好きで、じつに多くの人の背中を流しているが、固定してはいない。彼女は来る時間帯もまちまちなので、来たときにいる知りあいの背中を流しているといったぐあいだ。

グループI以外では、背中洗いは日常的ではないし、それぞれが離れた場所にすわっているから、「背中を洗うよ」という合図によってやりとりが始まる。ふつうは洗面器やタワシを持って、洗ってあげたい人のところに行き、声をかける。かけられたほうは、「えらい悪いなあ」と遠慮しつつも、「ああ、気持ちええ…」とうっとりしている。しかし、いつも背中洗いが成功するわけではなくて、その人がもう体を洗い終わっていれば断わられることもある。タイミングが大切なのだ。たとえ断わられても、「ほなまた今度」と、とくに悪びれたりがっかりする様子はない。

ここで、ヒロエ(60)の背中洗いのエピソードを紹介しよう。彼女はいろいろな人の背中を洗いたがるのだが、少し問題もある。まず、背中洗いに割りこむことだ。

【観察一　背中洗いに割りこむヒロエ】

上原ユミコ(30)が上原イズミ(50)の背中を洗おうとしていると、急にヒロエ(60)が入りこみ、上原ユミコからタワシをとり上原イズミの背中を洗いはじめる。上原イズミ「(驚きながら)あー、すんません、すんません」。その後ヒロエは上原イズミの背を一五分ほど洗っていた。(二〇〇二年五月三〇日)

このやりとりを見たときは驚いた。また、ヒロエ(60)の洗い方が痛いらしく、それを知っている人たちはこんな会話をしていた。

【観察二　ヒロエの背中洗いに要注意】

ヒロエ(60)がサウナを離れたとき、マッコ(50)「あんたら、(ヒロエに)背中洗ったげる言われても、断わりや…」ミドリ(50)「よくご存知で」。マッコ、ミドリ、トミコ(50)、ヨネ(60)でどのようにヒロエの介入を避けて、背中を洗いっこするか打ちあわせする。(二〇〇三年三月二五日)

それでも、ヒロエ(60)に背中を洗ってあげると言われれば、実際のところは、みな断わらない。ひょっとして内心は嫌がっているのかもしれないが。つけ加えると、ヒロエ自身がこの批判に気づいている気配はない。

3　洗い場の人気度と常連さんのお気に入りの場所

K湯には二三箇所の洗い場がある。これに図1のように、番号をふって、お客さんがどこにすわるかを調べてみた。不思議なことに、人がよくすわる場所と、あまりすわらない場所とがあるのだ。いつも私が陣どっている1を除いて考えると、利用したのべ人数が一〇〇人以下なのは、2、10、11、12、22、23である。22と23は洗い場というより、ただのカランで、ふだんは荷物を置いたり水を汲んだりするのに使われ、よほど混んでいるときにしか体を洗う人はいない。10と11もカランのみだが、入り口に近いためかお年寄りがよく使っている。利用のべ人数が一〇一〜一五〇人なのは、4、6、15、19、20、21である。一五一人以上の人が使ったのは3、5、7、8、9、13、14、16、17、18で、なかでも3、5、13、14の四箇所は二五〇人以上であった。

表1の常連さんについて、最終的にある洗い場に落ちついた回数を、その人がK湯に来た回数で割って、特定の洗い場にすわる確率を求めたところ、そのパターンは大まかに四つあることがわかった（表1の洗い場執着度を参照）。執着度の高い順に挙げると、まずは「A型＝一極集中」で、第一候補にすわる確率が八〇％以上の場合である。A型の人は、お気に入りの場所以外のところにはめったにすわらない。運悪くほかの人に使われているときは、ごく近くにとりあえずすわり、自分の場所が空いたらすぐに動けるようにしている。つぎは「B型＝やや緩やかな一極集中」で、第一候補にすわる確率が五〇パーセント以上八〇パーセント未満の人たちである。この人たちは、A型ほどではないが、特定の場所を好んでいる。「C型＝一つの候補とその付近」になると、第一候補にすわる確率は二〇パーセント以上五〇パーセント未満と低くなるが、第二候補以降も第一候補とごく近い場所であることが多く、お気に入りの場所が大まかに決められているようだ。「D型＝二つの候補とその付近」の人は、第一候補にすわる確率が一五パーセント以上四〇パーセント未満であり、なおかつ第二候補にすわる確率との差があまりない。

4　お気に入りの場所をめぐって

銭湯によく来る人は、入浴パターンが決まっていることが多い。しかも、おたがいの行動をだいたい把握していて、不必要な衝突を防いでいる。この顕著な例が、お気に入りの場所をめぐるやりとりだ。とくに「A型＝一極集中」の人たちにまつわるエピソードが多かった。たとえば、モモコ（30）は、毎日夜七時から八時のあいだにK湯にやってくる。そのころ、彼女の指定席である9の洗い場には、これまた常連のおばあさんがいる。そこで、モモコがとりあえず隣の8にすわっていると、おばあさんがあがるときにモモコの荷物を9に移しておいてくれるのだそうだ。また、ヤヨイ（50）は、5の場所が気に入っていて、毎回そこにすわれるように、どの時間帯がよいか調べたと言っていた。17の場所にいつもすわるヨネ（60）には、こんなエピソードがある。

【観察三　ヨネさんにお気に入りの洗い場を】
ヒロエ（60）が入って来て時計を見ては、ヨシコ（60）に「もうヨネさん来るやろか？　席空けとこか」。しかし、ヨネが来る前にカナコ（30）が来て17にすわってしまう。その後、サウナにて。
ヒロエ「さっきな、もうヨネさん来ると思うて、あそこ空けといたんや。したらあの人すわってんねん。うまくいかんもんやなあって」ヨネ「そうか、ありがとう、気ぃつこうてもろて。悪いなあ」ヨシコ「ヨネさんがゆっくりサウナ入ってたら、そのうち出はるわ」。本当にカナコがあがったので、ヒロエはヨネの持ち物を17に動かしてやる。皆くすくす笑う。（二〇〇三年五月二〇日）

このように、ある人がお気に入りの場所にすわれるように、席を譲ったり、洗い場が空いたことを教えてあげたりすることはよくある。私もそうだが、いつもの場所でないと、どうも落ちつかないのだ。混雑している日に、一井ルミ（30）はこんなことを話していた。

「この時間に見かけへん人がいるよなあ。なんかみんな来る時間が決まってるから、だいたい顔わかるやん。〔すわる場所について〕なんかな、いつものとこじゃないと落ちつかへん。だから自分のとこが空いたら、〔その付近が〕混んでんのに、わざわざ移るねんなあ。でも見てたら皆そうちゃう？　私も夕方に行って、いつもあそこ〔17の場所〕にすわらはるおばあさんと一緒になったら、『あーあ…』って思いながらも席かわったりするで。私もな、『あんた、いつもここすわってるやろ』って譲ってもらうことあるから、譲らなあかんなと思ってな」

5　子どもに対しての気づかい

Ｋ湯のおばちゃんたちには、常連さんの子どもに注意をはらっている人が少なくない。ここでは、上原コユキ(i)にまつわる話を紹介したい。

上原コユキ(i)は上原ユミコ(30)の娘である。上原ユミコは二〇〇二年に妊娠した。だんだんおなかが大きくなってくる彼女を、まわりの人が気づかっていた。出産はハナエ(50)によると、二〇〇二年九月の中旬だったそうだ。そんな上原コユキ(i)は、生後一ヶ月強で銭湯デビューをした。コユキの誕生により、調査時間中の浴室内の様子は少し変わった。それまで一〇時以降に来ていた上原ユミコとイズミ(50)はコユキとともに九時半すぎに来るようになり、ヒトミ(50)の入浴時間が長くなった。

コユキ(i)を風呂に入れるのは、母のユミコ(30)でも、祖母のイズミ(50)でもなくイズミと親しいヒトミ(50)とハナエ(50)である。ヒトミとハナエは九時前後にきて、自分たちのことを済ませておく。ハナエは洗い場（ふつう20の位置）を空けておく。九時半すぎに上原一家がやってきて、イズミとユミコが入浴の準備をするあいだ、コユキは番台にあずけられる。ハナエかイズミがコユキを浴室に連れていく。ユミコはコユキがあがってから着る服や飲み物の準備をし、自分も服を脱いで入る。浴室内ではイズミがハナエのあとにすわり、ユミコも空いているところに腰をおろして、めいめい自分の入浴を始める。ハナエは湯加減を調節しながらコユキを一番浅い湯船に入れる。その後ヒトミがコユキの体を洗い、ハナエはかけ湯の準備などの補佐をする。何も言わなくても二人の息は見事に合っている。ハナエが不在のときは、イズミが補佐をする。ヒトミがもう一度湯船に連れていく。湯船でほかの客がコユキに話しかけることも多い。最後にかるくかけ湯をさせ、コユキを脱衣所に連れていく。コユキの入浴時間は約三〇分と赤ん坊にしては長い。脱衣所では先にあがったハナエが待機しており、コユキを抱きとると、体を拭き、服を着せ、飲み物を飲ませ、ユミコが出てくるまで世話をする。五～一〇分するとユミコがあがり、ハナエと二人でコユキをみる。祖母イズミはヒトミらと引き続き入浴し、一〇時半すぎにあがる。

ヒトミ(50)やハナエ(50)が来られないときも心配はない。ほかの人がコユキの面倒をみてくれるのだ。

【観察四　モモコがコユキを洗う】

ヒトミ(50)とハナエ(50)が来ず、上原イズミ(50)とユミコ(30)は赤ちゃん用の入浴イスを持って一〇時すぎにくる。モモコ(30)がユミコに「[コユキを]洗ったろか?」と申し出る。モモコは少しぎこちないが、丁寧にしっかりとした手つきでコユキを洗う。コユキはきょとんとしたまま、シャワーにも驚かず、モモコにじゃれつく。この二人を見て、トミコ(50)、藤田キヌ(60)、フキ(70)らが驚いて様子を見に来る。そのうちモモコが出る時間となったので、湯船には祖母の上原イズミが入れた。(二〇〇三年二月一一日)

五　常連さんのつくる小社会

1　銭湯でのマナー違反

皆が気持ちよく入浴するために、銭湯では当然まわりへの配慮が必要になるが、なかにはマナーを守れない人もいる。そういう人の行動はじつは厳しくチェックされているのだ。もっともありがちなマナー違反は、あたりに水を飛び散らせてしまうことだ。たとえばこんな例があった。

【観察五　モモコ、かけ湯にご立腹】

モモコ(30)がご立腹である。「さっきあたしの隣にすわった子〔若い人であった〕おったやろ? その人な、かけ湯がさあ、ふつう、まわりにかからんようにするやん? なのにわざわざ膝《ひざ》立てて高いとこからかけ湯すんねん。あまりにひどいからつい『そんなかけ方したらまわりにかかるやろ!』って言ってしもてさぁ」。(二〇〇三年四月二九日)

つぎに多いマナー違反は性器に関することである。東京の銭湯ではタオルで乳房や性器を隠すのが一般的だと聞いたが、京都では反対に隠さないことが多いように思う。K湯でも乳房と性器をタオルでしっかり隠すという人はいない。ただ、おおっぴらにしてよいということではない。浴槽の縁をまたぐときには軽く手を股間《こかん》に添えたり、サウナで足を上げるときはタオルや敷物で股間を覆うといった配慮が求められる。じつは私も六〇代くらいの方に「足伸ばしたままかがむと、後ろからみっともないとこが丸見えやから、気ぃつけた方がいいよ」とご指摘をいただいた。陰《かげ》で噂される前にきちんと注意してもらえたのは幸いであった。

夏休みや休日にはいつもは来ない子どもたちが、銭湯にやってくる。大きなお風呂で無理もないが、ついはしゃいでしまって、湯船で暴れたり、浴室を走りまわったりする子どもも少なくない。こういう場合は、子どもたちはもちろん注意されるが、かれらの保護者たちにもより強い批判の目が向けられる。もっともひどい例は、毎年夏休みの半ばに来る中学生の団体である。K湯のそばに女子中学校があり、毎年全国各地から中学生が合宿に来る。入浴にはK湯とM湯を使う。どちらも二〇人も入れば洗い場が埋まるくらいの銭湯だ。そこに二〇人ほどが押しかけるのだから、浴室内は一時騒然となる。しかも彼女たちは、合宿というイベントと友だちとお風呂に入ることに浮かれ気味で、はしゃいでしまう。銭湯にとってはよい収入源ともなるが、ほかの入浴客は彼女たちの騒ぞうしさや自分勝手さにあきれるのだ。

【観察六　中学生の団体入浴で一時騒然】

九時すぎより中学生の団体二〇人以上。引率の先生はいない。大半の生徒がバスタオルを巻き、胸から下を覆っている。それを見たトクコ(60)は彼女たちにタオルを取るように注意する。脱衣所にいた辻本カオル(40)も注意にくる。それでもタオルを取ろうとしない生徒たちに、一井キク(50)と一井ルミ(30)が注意して、やっとのことでタオルを取らせた。また、ヤヨイ(50)のカゴ(シャンプーなどが入っている)を足でひっくり返したり、ほかの入浴客の私物であるシャンプーや洗面器を使おうとする生徒もいた。この様子を見てトクコは「もう、めちゃくちゃや(苦笑)。みんな風呂屋に行ったことがないんやろうか?」。ヤヨイは出る際に「人に酔うた。来て損したわ。隣の子に『もっとお行儀よくしましょうね』って言ったの」。なかには、注意されたことに

腹がたったのか、一井キクやトクコを睨《にら》む生徒もいた。（二〇〇三年八月一九日）

2　銭湯での出会い

K湯の常連さんの多くは近所に住んでいるあるいは、住んでいると思われる人である。しかし、上原一家やアキ(40)、ミドリ(50)、ヤヨイ(50)、ヨシコ(60)のように、もよりの銭湯がK湯ではない場所から自転車や車で来ている人もいる。この人たちとK湯の近辺に住む人とがたがいに顔見知りとなり、場合によってはより親しい仲にもなっている。背中洗いもその例のひとつだし、上原イズミ(50)の話ではK湯に来ている一〇人ほどでお金を積み立てし、貯まったら皆で温泉旅行をしているそうだ。ほかにもK湯でおすそ分けをしていたり、連れだって少し離れた銭湯に行くという話もよく聞く。こういった出会いはまさにK湯を通じてのつながりだといえよう。ただ不思議な点は、名前を名のりあうことは意外と後まわしにされているということだ。ヨシコはK湯に通いはじめて一五年ほどにもなるが、未だに名前を知らなかったり、聞いたけど覚えていない人がいて、ときどきバツが悪くなるそうだ。顔の広いモモコ(30)も、いつも一緒にサウナに入っているヤヨイの名前は知らず、「青いビニールの人」という表現をしていた。そういう私も家族のことや大学でのことを尋ねられることはあったが、名前を聞かれたことはない。

六　裸体の社交空間——考察

1　浴室という社会的場面の秩序と規制

K湯の浴室内の秩序について考える。まずアメリカの微視社会学者アーヴィング・ゴッフマンの集まりについての理論（一九八〇）を手がかりにする。ゴッフマンは、二人以上の人が同じ場面を共有するときに、自分や他者をどのように規制するかという秩序の制約から、「公共的な場および半ば公共的な場」における人びとの「平和な交流の構造」を読み解いている。

浴室という場の目的は「入浴」である。だが、これはお客さん全員が一団となってなんらかの規定に基づいて行なうものではなく、それぞれが自分のペースで達成する目的である。こういう状況をゴッフマンは「散漫な社会的場面」と呼ぶ。だが、常連さんは来る時間やすわる場所など自分の入浴行動を大まかに決めているので、K湯の浴室内ではゆるやかに定まった秩序が展開されている。この秩序を保つには、個々の入浴客が浴室という状況にふさわしい行為をすることが不可欠である。K湯でのふさわしい行為とは、まず、状況にふさわしい外観を整えること、つまり「裸になる」ことだ。マナー違反の例として、中学生たちが洗い場でバスタオルを巻いていたのを注意された事例を挙げたが、これはバスタオルで体を隠すことがK湯の秩序に合わなかったためである。

西洋諸国に比べ、日本では「裸」は長らくありふれた光景であったが、昭和三〇年代後半に日常の情景から消え、羞恥心と結合して人びとの意識のなかに内在化される（野村　一九八三）。「裸」がプライベートなものになった現在において、裸体が許されているほとんど唯一の公共の場が温泉や銭湯である。とくに銭湯は頻繁に通う人にとっては生活に溶けこんだ、日常の一部だ。「人前での裸」が公衆浴場であたりまえのものとなるには、裸体と羞恥心を結びつけてはいけない。全員が堂々と裸になり、裸体を自然なものにする必要がある。だから、裸を恥ずかしがってバスタオルで体を隠したりするのは、秩序を乱す行為となるのだ。

浴室内の秩序を維持するには、さらにこの状況にふさわしい行為をしなくてはならない。ゴッフマンは、人がある行為をするうえで調和のとれた注意をはらう能力を「関与」と定義して、その配分規則を類別している。まず、個人の注意や関心の大部分を奪うものは「主要関与」と定義される。これを維持しつつ並行してできるのが「副次的関与」である。少し視点をずらして、制度論的な角度からみると、個人に義務として課される関与を「支配的関与」と呼ぶことができる。支配的関与にあまり注意をはらわなくてもよい場合には、ある程度「従属的関与」が許されている。（ゴッフマン　一九八〇）。人は何かと自分の身体に関与しがちだが、普通の社会的場面ではそれは副次的かつ従属的な関与として扱われる。

ところが、公共浴場は自分の身体への関与が主要かつ支配的な関与となる、珍しい社会的場面だ。この場面において、人は思うぞんぶん自分の体を洗ったり、湯船でお湯の感覚を楽しんだりしてよい、いやむしろそうするべきである。K湯では、垢すり、歯磨き、ムダ毛の処理、軽いストレッチなどなどといった、自分の身体への関与も状況にふさわしい行為だと認められている。知りあいどうしの挨拶や親しい人とのおしゃべりも、じつは個人の入浴という自己の身体に関与する活動の合間に行なわれているのである。

どのような社会的場面でも関与の対象に自己を全面的にささげてしまってはならない（ゴッフマン　一九八〇）。銭湯でも入浴という主要かつ支配的関与に没頭しすぎてはいけない。自分の入浴行為によって、ほかの人の入浴行為を妨害してはいけないのである。極端な違反例として、浴室内で騒ぎすぎたことを紹介したが、シャワーを浴びるときに過度に水を飛び散らせたり、足を広げたり上げたりするときに股間に手を添えずにいて非難を浴びるといった失敗例も多い。

これらの失敗は、「なわばり」の問題にも関わっている。折橋徹彦がゴッフマンの本邦未訳の著作『公における関係』（*Relation in Public*）のなかの「自己のなわばり」（Territory of the Self）という章を要約している（Goffman 1971、折橋　一九七六）。そこで区別されている概念を借りると、銭湯の浴室内の洗い場は「状況的」なわばり、つまり「その使用者が使っているときだけ、その人が権利を主張できる」なわばりにあてはまる。ある洗い場にすわると、その洗い場はすわった人の身体それ自体を包む「個人的空間（personal space）」と、体や頭を洗うのに必要な「使用空間（use space）」の二つで成り立つなわばりとなる。両隣に誰もいない場合は主張できるなわばりが広いので、なわばりの境界に神経質になることはない。しかし、すぐ隣の洗い場にほかの人が来ると、自分のなわばりと隣の人のなわばりとのあいだに見えない境界が生まれる。おたがい気持ちよく入浴するためには、たがいのなわばりを侵害しないように、泡や水しぶきが隣の人にかからないようにしたり、自分の持ち物が散乱しないように気をつける必要がある。

また、公共浴場では、身体それ自体が究極的ななわばりとなる。ここではほかの人びとと居あわせながら、まるっきり裸という無防備な姿で自分の身体に関与するという、もっとも私的な活動に従事しなくてはいけない。こういう場で、ほかの人の入浴行為をじろじろ見て、その人の身体的なわばりを視線で侵害することは、深刻な違反となる。上原一家はもよりの銭湯に

「じーっと見てくる」客がいて、その不快感から行きつけの銭湯をK湯に変えたそうだ。

2 「なじむ」感覚

銭湯の内部の様子を考える際に、重要な概念は多田道太郎の「なじむ」感覚（多田　一九七八）だ。これは「たまたま、双方が、なじみ感覚のおこるくらい近距離にいて、そして双方が意志と感情のさざ波をたて、双方がそれを感知することで自分をわずかずつ変更してゆく。変更か変更でないか、わからぬくらいの微妙な変わりかた、あるいはうつりゆき」という過程によって生じる感覚である（多田　一九七八）。

まず、「常連さん」になることがその銭湯に「なじむ」ことの第一歩である。ある銭湯の「常連さん」となるには、くりかえしその銭湯を訪れ、めだったマナー違反もせずに、にこやかな雰囲気で入浴し、ほかのお客さんや経営者の人から「この人よう来はるな」と認められることと、自分もその銭湯を気に入り、愛着を育むことが大切である。つまりこれは、銭湯という小社会のがわからと、自分のがわからとの、少しずつ進んでいく歩みよりの過程だ。また、親しい「常連さん」どうしの背中の洗いっこは、「なじみ」の関係が肌と肌とのふれあいに発展した段階である。「人間の心は、身体にもっともよく表れており、その身体に触れるということは、とりもなおさず心に触れるということである」（多田　一九七八）という指摘を踏まえるなら、背中洗いはたがいをより深いところで結びつける役割をも果たしているのではないか。私も一度、ヤヨイ(50)に背中を流してもらったことがある。自分では洗いにくいところを洗ってもらうことの気持ちよさに加え、ヤヨイと急に親しくなったような不思議な感じがした。

七　銭湯、この不思議な空間

中世の京都に始まり、時代とともに庶民生活に根づいてきた銭湯であるが、家庭風呂の普及によって、年々その数は減少している。京都府公衆浴場業環境衛生同業組合の資料によれば、組合に加入している「銭湯」の数は戦後増えつづけ、一九六〇～六四年でピークに達し、その数は五九五軒におよんだ。しかし、その後はしだいに減少し、二〇〇〇年度には府内の私営浴場は三〇〇軒、京都市内では二六五軒になっている（京都府公衆浴場業環境衛生同業組合　一九九九）。廃業があとを絶たない理由は、利用者の減少による経営不振、後継者不足、経営者の高齢化だ。この三点が絡みあって悪循環をもたらしている。ほとんどの人が家に風呂を持つ現在では、銭湯はそれにまさる付加価値をもたなければならないが、新しい設備を入れるには莫大な資金が必要だ。しかし、その余力がない。さらに、近年はスーパー銭湯も利用しやすくなり、たまの銭湯通いにそれを選ぶ人も増えている。K湯でも、辻本さんは娘さんに継がせる意志はなく、自分が引退すれば終わりだとおっしゃっていた。

私の調査が終わったころ、K湯の近所にあったM湯が急に閉業してしまった。夜にM湯のそばを通りかかると、洗面器を抱えて出てくる人から立ちのぼる湯気とか、たがいに挨拶をしながら暖簾をくぐる人とかで、付近には深夜まで温かみがあった。それが今ではしんと静まりかえっている。この光景がいずれは日本中の銭湯を呑みこんでしまうのかと思うと、心に穴があくような気持ちに陥る。ここで銭湯の良さを訴えるつもりはない。ただ私の出会った常連さんたちが、皆たくましく、いきいきとしていて、皆で風呂に入ることを心底楽しんでいるように感じたので、この不思議な空間のありさまを、それが残っているうちに記録しておきたかったのである。

引用文献

折橋徹彦　一九七六「なわばりと行動――E・ゴォフマンの世界」『関東学院大学文学部紀要』二〇号。
京都府公衆浴場業環境衛生同業組合　一九九九『二〇〇〇年時代の公衆浴場』（非売品）。
多田道太郎　一九七八『しぐさの日本文化』角川書店。
野村雅一　一九八三『しぐさの世界』日本放送出版協会。
E・ゴッフマン　一九八〇『集まりの構造』（丸木恵祐・本名信行訳）誠信書房。
E. Goffman 1971 *Relation in Public*, Harper & Row.

第6章

エチオピアのビデオ小屋

望月幸治

Sugawara's comment

「エチオピアで『焼き畑』にも『去勢牛』にも興味がもてず、ビデオ小屋に入りびたった男」。わたしの周囲に流布されたこの望月像には、フィールドワークに固有の可能性が映しだされている。偶然の出会いこそが、斬新な視野を拓く契機になる。「文化研究《カルチュラル・スタディーズ》」との対峙によって、その視野に映画表象の現地的な解釈という主題が結像する。現地語習得の師となった青年たちとの友情を縦糸とし、生きる糧を得るための苦闘への共感を横糸とする叙述からは、「生きかた」と出会うフィールドワーカーの姿が力づよく立ち現われる。

一　ビデオ小屋との出会い

1　最悪の上映

「海外で長期間のフィールドワークをしたい」大学三回生だった私は、ただそれだけの思いから、エチオピア行きのコーヒー調査チームに友人から誘われて、迷わず便乗した。大学三回生が終わるときに休学して、一年間エチオピアに渡った。

現地に着いてみると、コーヒーは役所の管理がうるさく、調査をするためには許可のための許可のための許可……というように延々と役所まわりをしなければいけなかった。役所まわりに一ヶ月を費やし、ようやくコーヒー生産地に辿《たど》り着いたものの、ここでも役人が出てきて説明する。うんざりして宿にひきこもるようになった。

そんなとき、顔見知りのエチオピア人が「フィルムを見に行かないか?」と誘ってくれた。「この街に映画館なんてあったかなぁ」と思いながら、だまされたつもりで彼について行った。

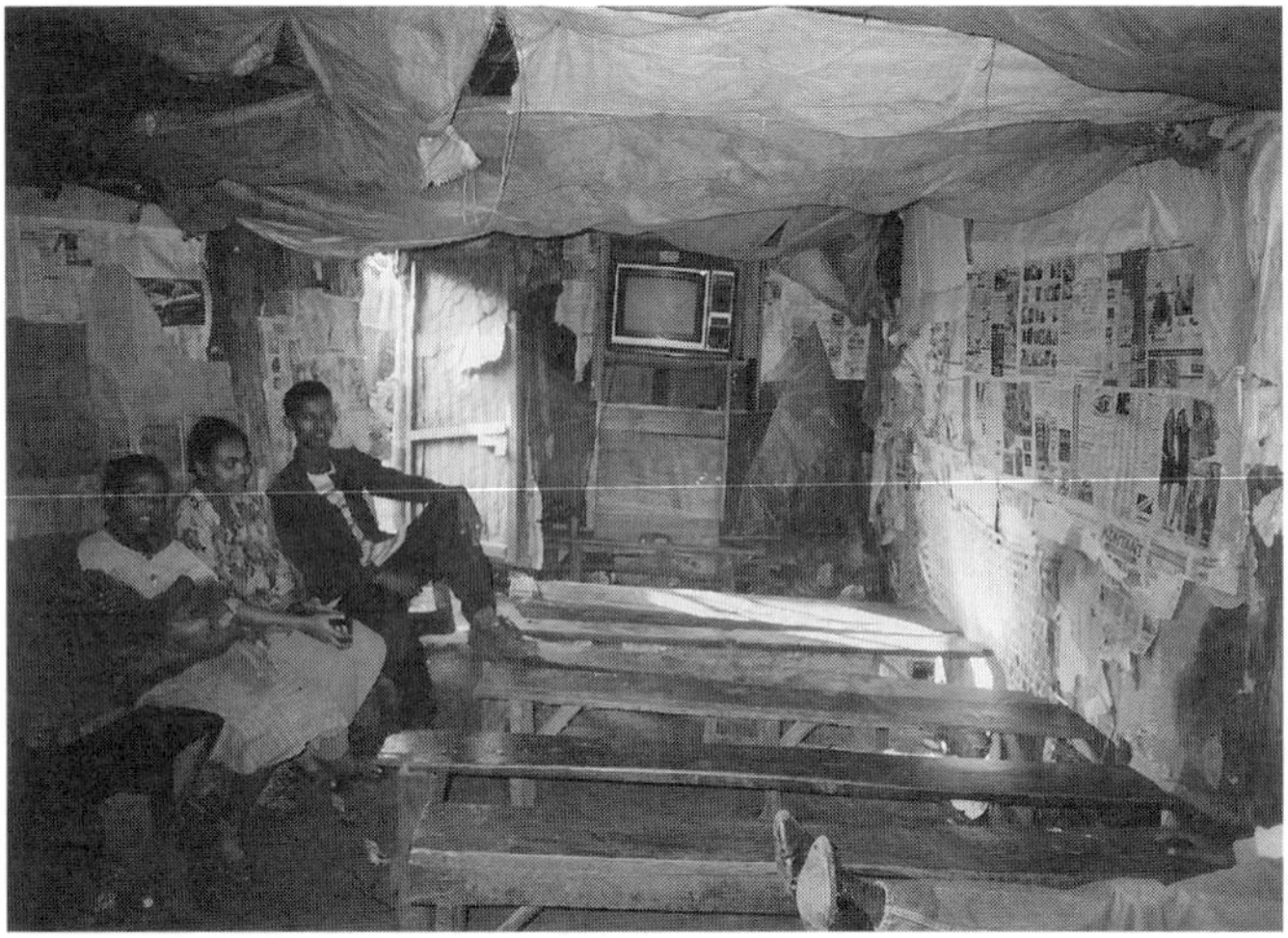

アガロのビデオ小屋

連れていかれたのは、街の中心部にある小さな音楽ショップだった。店の壁に描いてある大きなボブ・マーリーの看板は何度も目にしていた。店内を見まわしてもフィルムを上映する施設があるようには見えない。連れられるままに店の隣の細い路地を奥に二〇メートルほど進んでいくと右手にトタン板の扉がある。

扉を開けると、薄暗い部屋の中央に裸電球ひとつが灯っている。左手奥に一七インチのテレビとビデオデッキが置いてあり、テレビ画面にはインド映画のミュージックビデオが流れている。テレビのすぐ前から部屋のいちばん後ろまで高さ約三〇センチの長椅子が八列ほど並んでいて、青年たちがまばらにすわっている。

一〇分くらいのうちに、だんだん席は埋まってくる。長椅子と長椅子の間隔が狭く、私の前を人が通りすぎるときに足を踏まれた。新聞で目張りされた土壁で四方を囲まれた八畳ほどの土間に、最終的には四〇人くらいがギュウギュウ詰めに入り満席になった。さらに二人の客が入ってくると、入り口付近に立っていた男がテレビの真ん前の空いている空間に小さな椅子を置き、客をすわらせる。その男が入場料金を集めに座席を巡回してくる。料金を徴収し終わると、裸電球は消され、そこでビデオの上映が始まった。

歌と踊りが満載のインド映画は面白かった。しかし、それ以上に、このビデオ小屋の様子に魅了された。

上映開始から一〇分ほどで画面に横線が走るようになり、何人かの観客がパンパンと手をたたきはじめた。ノイズがひどくなってくると、パンパンという音が大きくなり、料金を徴収した男がぬくっと立ちあがりビデオを止めた。彼は、裸電球をつけてビデオデッキの上ぶたをはずし、回転するテープにちぎった紙を押しつける。精密機械のビデオデッキにそんなことをして大丈夫なのかと思ったが、この処置を施したあとは画面のノイズがなくなった。

肩を寄せあいながら見ているうえ、部屋を閉めきっているので、時間が経つにつれて蒸し暑く汗臭くなってくる。突然、天井でドタドタという音がした。トタン屋根の上を猫が通りすぎたようだ。三時間を超えるインド映画を見終わったあとには、木の板同然の長椅子にすわりつづけていたため、お尻に痛みを感じた。

お世辞にも映画を見るのに快適な環境とはいえない。けれど、そんななかで観客たちは熱心に画面を見つめていた。「ビデオ小屋って何だこれは?」というのが、私の最初の疑問だった。

2　骨の髄をしゃぶり、チャットを噛む

次の日ビデオ小屋に行くと、上映後に、ビデオ小屋の経営者マハムドから「ちょっと残っていかないか」と誘われ、ご飯をごちそうになる。おおむね食べ終わるころ、マハムドは肉を食べ終えたあとの牛の骨を鉄の棒で砕き、それを私に差しだして「これを吸え」と言う。言われたままに骨を吸うと、ジュルッという音とともに骨の髄が口の中に入ってくる。少し脂っこいけれど甘くてとろけるようなおいしさだった。

また次の日もマハムドのビデオ小屋に行く。上映より少し早めに行って挨拶をすると「今日も上映後に残っていけよ」と言われる。上映後に、マハムドのところに行くと、マハムドは友だちらしき若者たちと輪になってすわっている。輪の中央には木の枝の束があり、若者たちは自分の手もとに数本の枝のかたまりを持っている。これは、チャットと呼ばれる刺激性植物だ。チャットは覚醒作用のある植物で、煙草やお酒に並ぶ嗜好品としてエチオピアで、とくに若者層のあいだで、広く消費されている。すでに何度も目にはしていたが、

今まではすすめられても断わっていた。ちぎりとったチャットの葉っぱをマハムドから手わたされた私は、恐る恐るほんの少しだけ口に入れてクチャクチャと噛んでみる。かなり苦いなかに少し甘みがある。「チャットはこうやって投げ入れるんだよ」と、マハムドが手のひらにのせたチャットの葉っぱをポンと上に投げると、葉っぱはきれいな軌道を描いて彼の口の中に入っていった。こうしてマハムドたちとともにチャットを噛みながら二時間ほど過ごした。葉っぱの束がなくなったころに何人かは明らかに瞳孔《どうこう》が開いている。「マルカナ（チャットによる覚醒状態）がきたか？」と私も聞かれたものの、とくにこれといった覚醒効果はみられなかった。

次の日も、ビデオ小屋の上映後にマハムドのところに行くと、みんなチャットを噛んでいる。私はマハムドに手わたされた葉っぱを口の中にポンポンと投げ入れていく。葉っぱをよく噛みくだいてから片方の頰にためこむのが作法だ、とマハムドが教えてくれる。たしかに、みんな右か左かどちらかの頰が大きくふくらんでいる。葉を摘みとっては投げ入れクチュクチュ噛む、という作業をくりかえしながら、私も右の頰に葉っぱをためこんでふくらませてみる。ボブ・マーリーのレゲエがのんきに流れるなか会話をしながら、夕方五時ごろから二時間ほど噛みつづけた。その夜は、眠ろうとしても瞳孔が開いて明け方まで眠れなかった。マルカナがやってきたのだ。次の日は昼すぎまで眠ってしまった。夕方マハムドのところに行き、そのことを話すと大笑いされた。

その後もマハムドのところに通いつづけながら、上映前や上映後にビデオ小屋について質問しはじめた。ビデオ小屋のことを調べたい、というと全面的に協力してくれるようになった。

3 フィルムを求めて旅をする

マハムドのビデオ小屋はアガロという街にある。アガロはエチオピアの首都アジスアベバから三九〇キロ離れた場所にあるコーヒーとチャットの産地だ。このような地方のビデオ小屋に、ソフトはどのように流通しているのだろうか。マハムドに聞いてみると、首都アジスアベバのレンタルビデオ屋から毎月レンタルしている、という。

そこで、一九九八年七月一四日〜一六日まで、マハムドがアガロを出発してから、アジスアベバのレンタルビデオ屋にビデオを返却に行き、新たにビデオを借りてアジスアベバを去るまで、同行した。

出発の時点でのマハムドの荷物は、ボストンバッグひとつだけだ。中には、お土産のチャット一束（五、六キロ）、コーヒー豆二キロ、ビデオ・カセット五〇本、二日分の着替えが入っている。長距離バスで早朝五時三〇分に出発し、一二時間かけてアジスアベバに向かう。

アジスアベバに到着すると、まず長距離バスターミナルの近くに宿をとる。一息ついて、借りていたビデオ・カセットを返却しに、二軒の大型レンタルビデオ店へ向かう。レンタルビデオ店の店内は、壁に面した棚に、背のタイトルだけが見える三〇〇〇本以上のビデオ・カセットが並べられている。その棚の前にショーケースがあり、奥にレンタルビデオ屋の店員がいて、客はショーケースごしに店員と話している。マハムドはワビ・ビデオというレンタルビデオ店のオーナーのワスィウンにお土産のコーヒー豆を渡していた。

翌日、マハムドは、ワビ・ビデオにビデオを借りに行った。借りるときには、ショーケースごしに「アクション一〇本」のようにジャンルと本数を指定する。それをもとに、ビデオ・カセットの棚からフィルムを選び出していくのが、フィルム選択人ハラルである。ハラルが取りだしたビデオ・カセットに表記してある俳優やタイトルをマハムドがチェックし、「これは二ヶ月前に借りたよ」などと、不満があれば別のものを要求する。マハムドが「〇〇の出ているフィルムはないか？」と聞くと「それなら、新しいフィルムが入ったよ」とハラルが答える。こうしたやりとりの末に選んだビデオ・カセット三〇本を借りる。驚いたのは、マハムドが、ワビ・ビデオのフィルム選択人のハラルと一緒に、別のレンタルビデオ店に行って、そこでもハラルに相談しながらビデオを借りていたことだ。どうやら、ワビ・ビデオのオーナーには内緒らしい。マハムドは、お土産のチャットをハラルに渡していた。

翌日の早朝の長距離バスでマハムドはアガロに帰った。私はアジスアベバに残って、マハムドから紹介してもらったレンタルビデオ屋のオーナーのワスィウンとフィルムの選択人ハラルに話を聞くことにした。次節で、二人の男たちのライフヒストリーとビデオ小屋との関わりをみていこう。

二　ビデオ小屋を支える人に話を聞く

1　レンタルビデオ屋のオーナー――ワスィウンの場合

エチオピア有数の大型レンタルビデオ店のオーナーであるワスィウンに以下のような話を聞いた。

一九九〇年にビデオを見せるだけのビデオ小屋を開店した。一年後からビデオ・カセットの貸し出しを始めた。最初は持ちビデオが六本しかなかったが、少しずつ増やして、一九九八年現在では六〇〇〇本近くになった。毎月一週間から一〇日ほどアラブ首長国連邦のドゥバイとインドのムンバイ（ボンベイ）に仕入れに行く。仕入れたソフトをダビングして貸し出している。ビデオ・カセットを貸し出すだけが仕事ではない。電気製品や業務用ビデオ編集機やビデオカメラやコンピュータの販売もしている。また、結婚式やパーティーのビデオ撮影サービスも行なっている。さらに、コンピュータ販売とコンピュータ教室と、コンピュータのメンテナンスの仕事を始めようとしている。

彼に話を聞いている途中、彼の携帯電話に仕事の電話がかかってきた。また、インタビューの途中で少し間が空いたときに、「By the way」と切りだして、「日本では Panasonic の業務用ビデオ編集機はいくらするのか」「お金を渡すから日本に帰ったらそれを買って送ってくれないか」など日本での商売の可能性をいろいろと尋ねられた。それから「日本も時間の流れが速い国か？」と聞かれた。彼いわく、世の中には二種類の世界があり、エチオピアなどアフリカの国では、仕事もせずに、みんなのんびりしていて時間の流れが遅い。一方で、ドゥバイや先進国では、時間の流れが速く、人の歩く速度も速く、仕事も忙しくテキパキとすすむ。後者のほうが「自分の性にあっている」と彼は言う。彼の夢は、アフリカを「抜け出して」、アメリカで仕事をすることだという。

2　フィルム選択人――ハラルの場合

ビデオ小屋で上映するフィルムを決めるのに大きな影響を与えているのがフィルム選択人である。フィルムの選択を任されているフィルム選択人とはどのような人なのだろうか。以下に、ワビ・ビデオのフィルム選択人ハラルのライフヒストリーを紹介する。

アムハラ人の父親とオロモ人の母親のもとにハラル

で生まれた。ハラル地方でアムハラとオロモが紛争を始め、父親は政府軍の兵士として戦場で亡くなった。母親は家に押し入った兵士に銃殺された。頼る親戚もなく、一三歳にして孤児となり、街から街へとバスを乗り継いで、アジスアベバに上京してきた。

出てきてからすぐ、長距離バスターミナルで、タシャカミの仕事をした。タシャカミとは、荷物を背負うポーターの仕事である。地方からアジスアベバへのバスが着く昼間には正規のタシャカミがおり、それ以外の人がタシャカミをすることは禁じられているので、アジスアベバから地方へのバスが出発する早朝五〜六時に働く。タシャカミをして食費をまかないながら、夜は路上で寝ていた。一年ほどそのような生活を続けるうちに、善意で屋根のある場所を提供してくれる人が現われた。

そこでも、タシャカミの仕事を続けた。さらに一年が過ぎるころ、その家を訪れたワスィウンの妹が、仕事をしないかと誘ってくれた。最初は、掃除や使い走りなどの雑用だけを任されていたが、ビデオ小屋のショウを取りしきる仕事をしながらフィルムを見たり、ダビングしているビデオを見たりしているうちに、フィルムのタイトルや内容やジャンルや俳優を覚えるようになり、フィルムの選択を任されるようになった。今では、毎日五〜六本のフィルムを見ている。

以上は、一九九八年七月にハラルと交わした会話をもとに構成したものである。一九九九年一〇月にワビ・ビデオを訪れたときには、ハラルはいなくなっていた。一九九八年一二月に店から飛びだしたという。店の人にどこにいるのか聞いても、みんな知らないと答えた。何も情報は得られないかもしれないと思いながらも、彼の住んでいた場所を訪ねてみた。すると、「彼のいるところに連れていくからついてこい」という男が現われた。連れていかれたのは、そこから徒歩五分ほどの、通りに面した狭い門から細い道を奥に入ったところにある長屋だった。男がハラルを呼びに行くが、ハラルはなかなか出てこない。寝ている、という。ハラルがいつもチャットを嚙んでいたことを思いだし、もしかしたら病気をしているのかと心配する。ようやく出てきたハラルは心なしか痩せたように見えたものの、元気な笑顔を見せた。以下が、そのときにハラルから聞いた、その後の経緯である。

ワスィウンとお金のことで揉《も》めて、店を飛びだした。

ワビ・ビデオのフィルム選択人だったというので、二〜三のレンタルビデオ屋から誘われたが、フィルムの仕事はイヤで断わった。しかし、フィルム以外にはこれといった技術や知識もない。二週間ほどタシャカミの仕事をしたあとに、結局は、今のビデオ小屋で働くことにした。このビデオ小屋は小さいものの、夜七時、夜一二時、深夜三時と三回のショウがある。とくに、深夜三時からのショウは、タシャカミの子どもたちが、深夜の寒さを防ぐために入り、いつも満席になる。ビデオ小屋のオーナーの人柄に惹《ひ》かれて、ここにいる。彼女は自分の母親がわりだ、とハラルは言う。

このビデオ小屋の壁には、バズーカー砲を抱えたシュワルツェネッガーのポスターの隣に、十字架に磔《はりつけ》にされるキリストを二人の女性が拝んでいる絵が貼ってあった。

3 突きつけられた二つの課題

ワスィウンとハラルに話を聞いたことで、二つ課題を突きつけられた。

ひとつは、語学力を強化することだ。ワスィウンに対して、私はアムハラ語で質問したが、彼は英語で聞き返したうえ、ほとんどの質問に英語で答えた。自分のアムハラ語の拙さを痛感した。マハムドに話を聞いていたときも、自分が知りたいことについての質問は辞書や文法書を見ながら作れても、それに対する答えの意味がわからない、ということがたびたびあった。マハムドには聞き直して簡単なことばでゆっくり説明しなおしてもらい、何とかその場をしのいでいた。しかし、ワスィウンとのインタビューで体系的に語学の勉強をする必要性を身にしみて感じた。

もうひとつは、生活全般へと視点を広げることだ。マハムドがアガロに帰った直後、ハラルは仕事が空いた時間帯はいつも私と一緒に行動をともにしてくれた。ハラルとは、なぜか最初からウマがあって、数日のうちに打ち解けていったように感じていた。四日目に、ハラルが取りしきっているショウが終わったあと私を宿まで送りとどけてくれたとき、前述した生い立ちを宿の部屋で淡々と話してくれた。話を聞きながら強い衝撃を受けた。いつもやさしい笑顔を見せている、身長一六〇センチほどの小柄なハラルが、それだけ重い過去を背負って生きていることに驚愕《きょうがく》した。自分と同年代のハラルはこんな苦闘の人生をがんばって生きているのにひきかえ、自分はエチオピアくんだりまで来て何をのんきなことをしているのだろう、とハラルとのあいだの埋めがたい距離を感じて沈んでしまった。

ビデオ小屋について表面的な情報をどれだけ集めても、人びとの生のかたちは何も理解できない、もっと生活にまで踏みこんでいかなければならない、と強く感じさせられた。

三　アジスアベバの下町に住みこむ

1　ことばの壁を破るための修行

アジスアベバでは、一七歳のアスナカと二〇歳のダウィットという二人の青年と仲よくなった。最初は宿の近くの路上で立ち話をする程度だった。そのうちに、一緒にビデオ小屋に通ったり、私が彼らの家や彼らの行きつけのチャット小屋に行ったり、彼らが宿の私の部屋に来たりするようになった。雑談しながら単語の意味を質問していたのが、現地の学校で使われているアムハラ語の教科書学習の添削をしてもらうようになり、彼らは私のアムハラ語の師匠になった。

やり方は、教科書の節ごとに、隅から隅まで読んで知らない単語やあやふやな単語をしらみつぶしにしていき、作文などの例題や練習問題も愚直にこなして、アスナカとダウィットに採点してもらう、というものだ。毎日、予習に一〜二時間かけて、わからない点や疑問をもった点について二〜三時間かけて雑談もまじえて説明してもらった。彼らは章ごとにテストまで作ってくれた。また、教科書学習に加え、彼らが読んでいる新聞・雑誌・小説をもってきて、熱心に解説してくれることもしばしばあった。

はじめは蟻《あり》がはいつくばっているようにしか見えなかったアムハラ文字も、だんだん見慣れているうちに、美しさを感じるようになった。動詞の接頭辞・接尾辞の双方が人称と性に応じて変化していくのさえ、知れば知るほどアムハラ語という言語そのものが意義ぶかく、神秘的なものに思えてきた。そして何より、私のアムハラ語の能力があがればあがるほど、友人たちは喜んでくれた。アスナカとダウィットが、ほかの人の前で私に文章を読ませたり書かせたりして、その人を驚かすのを楽しむこともたびたびあった。お祭りを見に行ったときなど、地元ラジオ局のインタビュアーを

ይኽ ታሪክ ስለአሮጊቶችና ስለሽማግሌዎች አይደለም። ስለኛ ወጣቶቹ ነው … ጥሩ ነው ወጣት መሆን። ገንዘብ ባይኖርህም ጤና ይኖርሃል፣ መልክ ባይኖርህም አንጎል ይኖርሃል፣ ደስታ ባይኖርህም ንዴት ይኖርሃል፣ ፍቅር ባይኖርህም ተስፋ ይኖርሃል፣ እውቀት ባይኖርህም ጉራ ይኖርሃል፣ መጨቆን ቢበዛብህ ሬቮሉሽን ታነሳለህ … መኖር ቢያስጠላህ ወይም ቢያቅትህ ራስህን ትገድላለህ … ሰው ባያውቀውም ቅሉ ታሪክ ይኖርሃል፣ ወጣት ነህና …

ከስብሐት ገብረእግዚአብሔር «ትኩሳት»

（訳）この物語は、おじいさんやおばあさんについてのものではない。われわれ若者についてのものである……すばらしいことだ、若者であることは。あなたには、お金はなくても元気がある。美しい顔はなくても頭脳がある。喜びはなくても怒りがある。愛はなくても希望がある。知識はなくても自信がある。あなたに対する抑圧がひどければ、あなたは革命をおこすだろう……生きるのが嫌になったり無理になったりしたら、あなたは自殺するだろう……他人は知らなくても、あなたには自分の物語がある。あなたは若者なのだから……

サバト　ガブラグザブエル著　『熱い火』より

アムハラ語の文章

引っぱってきて、アムハラ語を話せる「ガイジン」として私にインタビューさせ、その姿を横で誇らしそうに見ていた。

2　アムハラ語の師匠たちとの日々

アスナカとダウィットとは、アムハラ語の授業だけでなく、それをきっかけに多くの時間をともに過ごすようになった。

ある日のアムハラ語の授業のなかで、ダウィットが「明日から二週間ツォムになる」という。ツォムとは、食物禁忌のことだ。ツォムの期間中は、午前中は食物をいっさい口にせず、午後も肉や卵や動物性油を使ったものは禁じられている。つまり、食べられるのは穀物と野菜と魚だけになる。アスナカに「おまえもツォムをするか?」と聞かれたので、私は「うん、やるよ」と答えた。翌日からツォムを実行した。最初は午前中におなかが鳴ったが、三日ほどで慣れてきた。アスナカやダウィットとたびたび一緒に食事をして野菜や魚を食べた。食物禁忌期間が終わる八月二一日に聖マフラット教会まで行って教会で夜どおし賛美歌を歌いながら過ごした。二週間にわたる食物禁忌期間を一緒に過ごしたことと、夜をまるまる一晩一緒に過ごしたこととから、前よりもグッと距離が近づいたように感じた。

アスナカやダウィットに対して金銭の授与は行なわなかった。紅茶や食事をおごることはよくあったが、その三分の一回くらいはおごり返されたりごちそうされたりした。このため、彼らが私と会うのは、基本的に、彼らの仕事がない時間帯に限られた。彼らのいうところでは、私が存在しなければ、ビデオ小屋などで遊ぶ時間である。彼らにとって、私と会うことは、仕事ではなく、むしろ遊びであった。私にとっても、彼らと会うことは調査や語学の勉強のためだけでなく、遊びとしての側面も強かった。

3　サラテニャ・サファル［使用人・地区］での生活

本格的な住みこみ調査をしたいと思いながらも、どうやって部屋を探していいのかわからないままに時間が過ぎていった。しかし、食物禁忌が明けてから三週間後に、チャット小屋でのとりとめのない会話のなかで、安ホテルの宿泊費を聞かれて一泊二〇ブル（当時のレートで約三六〇円）だと答えると、そんなに高い金を払うなら部屋を借りたほうがいいのではないか、とアスナカとダウィットのほうから提案してくれた。私がそうしたいと答えると、翌日に「いい部屋がある」ともちかけてきた。彼らの友人の親戚の家の一室で、家賃は一五〇ブル（約二七〇〇円）だった。

そこはアスナカとダウィットの住む「サラテニャ・サファル［使用人・地区］」と呼ばれる地域の一角で、アスナカの家からもダウィットの家からも徒歩一分以内のところだった。ある論文はこの地域について「住民の生活水準は低い。〔中略〕人口のきわめて密集したスラムに住んでいる」（Daniel 1991）と記述している。アジスアベバ大学の学生にサラテニャ・サファルに住んでいる、というと、「そんな泥棒や不良が住んでいるようなところになぜ？」と驚かれた。ここでは、フィールドワークにもとづいて、サラテニャ・サファルの人びとが実際にどのような生活を営んでいるのか、生活のいくつかの側面を記述する。

物価　物価についての感覚を伝えるために、スークで売られているものをカテゴリーごとに値段の分布とともに全品列挙する（表1）。スークとは、日常の生活用品を売る雑貨屋で、住宅地では家の近くに日本のコンビニ以上の密度で存在し、そこに行けば生活必需品はすべてそろう。左の表からわかるように、スークで売られているものの半分以上は一ブル以下であり、全商品の四分の一が二五セント以下の商品である。ちなみに、この地域のビデオ小屋の入場料金は七五セント。なお、一ブル＝一〇〇セントで、当時のレートは一ブル＝一五〜二〇円だった。電線やチャックなど修理するための品物が多いのは、できるだけ買いかえずに自分で直すためである。

食　カップ一杯の紅茶とガチガチのパン一個、というのがもっともポピュラーな朝食だ。昼食や夕食には、主食のインジェラを食べる。これは、テフというイネ科の穀物の粉を水で溶き発酵させて円形に薄く焼いたものだ。発酵させているため、酸っぱい味がする。インジェラはワット（肉や野菜の煮こみ）とともに食べられる。直径五〇センチほどのインジェラをちぎり、そのインジェラでワットを包み、口に持ちこんで食べる。このとき、右手の五本の指だけを使うのが作法である。定番のメニューは、カイ・ワット（肉入りの辛口ワット）やシュロ・ワット（野菜だけのワット）などだ。ただし、経済的な理由から肉の入ったワットをなかなか食べられない人も多い。

トイレ　トイレは、約一五家族に一個しかなく、共同で使っている。ひとつのトイレを六〇人が使っているというところもある。私のところは八人が使用していたが、それでもいつも落ちつかない感じだった。バケツで水を流す方式の洋式便所からの排水は、近くの川に流れこむ。ためこみ式の家もあり、汚物回収車が収集にくるが、雨期には雨水とともに川へ流す。

仕事　「エチオピアには仕事がない。何もしないで、すわって過ごすだけだ。大変だよ」ということばを何度も耳にした。「仕事がない」「お金がない」というのは若者たちの定番の会話だ。まったく仕事をしないという人は少ないが、毎日の収入が十分に確保される定職をもっている人も少ない。

たとえば、多くの人がしている仕事にダララがある。ダララとは、靴や洋服や家具からテレビや冷蔵庫まで、あらゆる中古品の売買を行なうものだ。Aという場所で聞いた売りの情報をBという場所で買う人を探して、差額を自分の懐に収める。毎日うまく見つかることは少ないが、ある程度は稼ぐことができる。

また、定職をもっている人も、あの手この手を使っ

表1　あるスークで売られている全商品

	値段の段階			
	25セント以下	1ブル以下	3ブル以下	3ブルより高い
飲食料品	紅茶に入れる香辛料 塩 砂糖 紅茶 クリームビスケット 植物油 ビスケット コーヒー豆 アメ〔ケニア、トルコ〕 ガム〔ケニア、トルコ〕	アメ〔韓国〕 ガム〔韓国〕	卵（3個） ミネラルウォーター ソフトドリンク	スパゲッティ トマトソース キャラメルソース
煙草用品	ライターの替え発火石 煙草〔国産、ケニア〕	煙草〔イギリス〕 ライター用オイル	使い捨てライター	オイルライター
文房具	鉛筆 封筒 消しゴム（小）	消しゴム（大） ボールペン セロハンテープ	住所録 はさみ	色鉛筆（12本セット）
おもちゃ	ビー玉 風船	耳飾り		
台所用品		スポンジ コーヒー用茶碗〔国産〕 粉石けん〔インドネシア〕	粉石けん〔エジプト〕 コーヒー用茶碗〔中国〕 紅茶用グラス	
化粧品	ヘアピン 剃刀の替え刃	コンドーム〔アメリカ〕 くし ポケットティッシュ 石けん〔国産〕	使い捨て剃刀 石けん〔韓国〕 トイレットペーパー 爪切り	剃刀本体 髪染め液 マニキュア落とし ニベアクリーム 歯磨き粉 マニキュア 整髪用油 生理用ナプキン コンドーム〔南ア〕
衣料品		ボタン チャック ハンカチ	くつ下（薄）	くつ下（厚）
電気製品		電池（腕時計用） 電線（1メートル） ビニルテープ〔中国〕 電池（単三）	コンセント 電気のスイッチ 電球 電池（単二）	ビニルテープ〔台湾〕 懐中電灯
雑貨	くぎ（1本） ビニル袋（薄） 石油ストーブの替え紐 お香〔国産〕 マッチ（1箱）	靴の替え紐 包装紙 白檀の線香〔インド〕 ろうそく ビニル袋（厚）	靴磨き用クリーム ブロマイド 財布 扉のかんぬき金具	南京錠 ワックス 哺乳ビン ネズミ捕り 殺虫剤

・〔　〕は生産国を表わす。
・基本的に、箱から取り出した最小の単位で売られる（ガムは1枚、煙草は1本など）。
・このほかに、穀物や灯油を販売しているスークも多い。

て何とか自分の実収入を増やそうとしている。一例として、ダニエルの場合をみてみよう。

【事例一　ダニエルの技芸】

ダニエルは、ビデオ小屋を取りしきる仕事の報酬として、オーナーから月給二五〇ブルをもらっている。しかし、チャット好きの彼は実際の収入を増やすため、さまざまな工夫をしている。まず、徴収した入場料から小銭をくすねる。つぎに、チャットをおごってくれた人からは、しばらくビデオ小屋の入場料は徴収せずに無料で見せる（つまり、賄賂《わいろ》としてチャットを受けとる）。それから、ビデオ小屋の上映のために借りてきたビデオを、お金をとって個人的に貸し出す（つまり、又貸し）。

あるとき、ダニエルのビデオ小屋で、満席で上映時間をすぎているのにフィルムが上映されない、という事態に居あわせたことがある。これは、ダニエルがビデオを借りるためのお金を使いこみ、ダニエルがあてにしていたビデオ・カセットは別の人がレンタルビデオ屋に返してしまったためにおこった。そのときは、何とか知りあいから別のビデオ・カセットを借りてきて、観客を二〇分ほど待たせるだけで、その場をしのいだ。

教育　大学を出たか出ないかで仕事を得る機会や収入が大きく異なるため、義務教育ではないが、教育に対する意欲は強い。若者では高校を卒業している人が多く、途中で挫折した人でもほとんどが中卒〜高校中退である。ただし、大学は狭き門だ。大学入学試験は毎年二〇万人が受験するが、合格するのは約一万人にすぎない。大学進学者の大部分を占めるといわれるのが、私立校出身者である。

経済格差　サラテニャ・サファルにはアジスアベバでも有数の私立校であるインディアン・スクールがある。もともとはインド人学校として設立されたものだが、社会主義政権となってインド人の数が減ってからは、金持ち階級の子弟の通う私立校となった。昼一二時と夕方五時三〇分ごろには、インディアン・スクールの面する、サラテニャ・サファル唯一のアスファルト道路は、迎えの車でいっぱいになる。

【事例二　天国と地獄】

いつものように迎えの車が並んでいる。ある一台の車にサラテニャ・サファルの子どもたちが群がっている。子どもたちが「俺のだ、俺のだ」と騒ぐなか、車の中の人物は「それはみんなのものだ」と大きな声で叫び、大急ぎで窓を閉める。車の中の人物が子どもたちにお金を渡したのだ。分配をめぐって子どもたちがケンカを始めそうになったところで、スークで見ていた大人が子どもたちに「ケンカはやめろ、こっちへこい」と叱り子どもたちを集める。大人がスークで一〇ブル札を小銭に両替し、子どもに平等に分けようとするが、そのころにはさっき車のまわりにいなかった子どもたちも集まってきている。「さっきあの場にいた子どもだけだ」とあとから来た子どもたちを追いはらう。一四人の頭数で割って一人七〇セントを持ちかえる。

四　観客はフィルムをどう見ているか

1　フィルムを選ぶときの「独特な価値観」

ここまでの調査で、ビデオ小屋のしくみや、人びとの暮らしぶりについてはわかってきた。ただ、「観客がフィルムをどんなふうに見ているのか？」という謎は残されたままだった。

マハムドのビデオ小屋に通いはじめたころ、インド映画のもつ何かがエチオピア人の観客を強力に惹きつけているのではないか、そこに「独特な価値観」を見いだすことができるのではないか、と考えた。昼はいつもインド映画を上映していたからだ。マハムドに、なぜインド映画なのか聞いてみた。答えは「長いからだ。上映時間が三時間だから、暇をもてあましているエチオピアの子どもにはうってつけなんだ」というものだった。たしかに、観客層は五～一〇歳くらいの子どもたちだった。同じ時間帯に別のビデオ小屋では香港製カラテ映画が上映されることを考えると、ことばがまったくわからなくても体の動きを見るだけで楽しめる、というのが上映理由のようだ。

それでは、観客の年齢層がより高いハリウッド映画では、ジャンルについて特別な嗜好性があるのではないか、と考えて、観客に「どんな映画が好き？」と聞いてまわった。ところが、「ドラマ」「サスペンス」「ウィル・スミス」などジャンル名や俳優名が返ってくるだけで、とくにこれといった傾向は見いだせなかった。

あるとき、マハムドとの会話のなかで、ビデオ小屋での上映の前に「試写」を行なっていることがわかった。「試写」で何本かフィルムを見て、どれを上映するか決めるのだという。「これだ!」と心おどらせた。「試写」を見れば、フィルムを選ぶ基準がわかるにちがいない。マハムドにお願いして翌日の「試写」を見せてもらうことにした。

「試写」の上映は、いつもとは違って人気《ひとけ》のないビデオ小屋ではじまった。一本目の上映をはじめて五分も経たないうちにビデオを止めて、「今日はこれで決まり」とマハムドが言う。あれ? 何が何だかわからない。ふつうのアクション映画で、特別に内容がすばらしいとも思えなかった。マハムドに問いただすと、ビデオが途中で止まらないか、画質を点検するためのもので、内容はまったく見ていないとのことだった。テープが傷《いた》みやすいのは最初の部分なので、そこだけ見れば十分だという。

この時点でフィルムを選ぶ「独特な価値観」という自分の思いこみは捨てて、いろいろなビデオ小屋で実際に何が上映されているかを調べることにした。

2 オーディエンス研究へ

短期の旅行でエチオピアの地方都市をあちこちまわってみると、映画館が潰《つぶ》れた街にも、テレビ電波が届かない街にもビデオ小屋があった。電気の届いていない街でさえ、発電機《ジェネレーター》を使って営業していた。上映作品は、昼は一部でインド映画や香港製カラテ映画があるものの、ほとんどはハリウッド映画だった。アジスアベバに住みこんでから、街のあちこちのビデオ小屋で話を聞いても、基本的にハリウッド映画しか上映していないことがわかった。

ビデオ・カセットを二〇〇〇本以上所有している大手のレンタルビデオ屋だけでアジスアベバに六〇軒以上はある。地方都市のビデオ小屋では、アジスアベバから借りたカセットをビデオ小屋で上映するだけでなく、ダビングして地元や郊外のビデオ小屋への貸し出しも行なっている。

ビデオ小屋は、上映形態こそユニークにみえるが、結局は、ハリウッド映画をエチオピアに広めているだけなのかもしれない。観客は、少ない人でも週に二回、多い人はほぼ毎日、ビデオ小屋に通っている。これだけハリウッド映画の洪水にさらされていると、ハリウッド映画とともにアメリカの価値観やライフスタイルが流れこむ、という批判も、あながち無視できないと思うようになってきた。サラテニャ・サファルに住みこんでから、毎日のようにビデオ小屋に通っているうちに、ハリウッド映画にうんざりしてきた。

卒論の期限が近づいているのに、方向性がみえずに焦るなかで、「大衆文化」「ポピュラー文化」「メディア」などビデオ小屋と関連ありそうな文献を読み漁った。そのなかで、カルチュラル・スタディーズの「民族誌的オーディエンス研究」を見つけた。これは、「民族誌的」アプローチによって、オーディエンスが「対抗的な読み」を行なっていることを示したものだ。たとえば、カッツとリーブスは、イスラエルのさまざまな民族集団が、同じテレビドラマをどのように解釈しているのか調査した。彼らによれば、ヒロインが赤ん坊を連れて夫から逃げ出して元の恋人の家へ駆けこんだシーンを見て、アラブ人の集団は、ヒロインは自分の父親の家に戻ったものと解釈した（ターナー　一九九九）。

しかし、これらの研究は、「民族誌的」といいながら「異文化」と接触する唯一の方法が一回きりのインタビューであり、生活の文脈から切りはなされた「オーディエンス」が分析のために創りだされている、という批判があった。そこで、住みこみ調査を行なったサラテニャ・サファルの友人たちに話を聞けば、本当の意味での民族誌的オーディエンス研究を行なえるのではないか、と考えてデータを集めた。

ここでは、ビデオ小屋に通うことを含めて多くの時間を共有したアスナカという青年について、ライフヒストリーを記述したうえで、フィルムに対する彼の解釈をみて、それを検討してみたい。

3　アスナカのライフヒストリー

アスナカは、話を聞いた一九九九年現在で一七歳である。

二歳のときに父は兵士として戦地で死んだ。母は八歳のときに喘息《ぜんそく》で亡くした。母の死後は現在にいたるまで、唯一の兄弟である四歳年上の兄とともに、父方の伯母の家に住んでいる。

一一歳のときからビデオ小屋のショウを取りしきる仕事を始めた。直後にビデオテープを貸し出す仕事も始めた。これらは二年間続けた。それから雨期休みのあいだ卓球台の番人もした。一日一〇ブルのノルマがあり、それより稼いだ分は自分の取り分になった。中学二年からはガレージの修理工として、週一〇ブルで働いた。一年間そこで働いてから、友人ダウィットに誘われて、大工の仕事に移った。現在では、もう二年になる。大工の仕事は、忙しいときは毎日のように仕事があるが、暇なときにはぜんぜん仕事がない。このあいだも、親方が喘息をこじらせて、三ヶ月間ほどまったく仕事がなくなった。知りあいの紹介で、冷蔵庫など外国製品のイミテーションを作る仕事を見つけた。これは月に一八〇ブルだったが、学校をやめなければならないので、あきらめた。今は親方も回復し、大工の仕事をしている。そのかたわら自動車学校に通っている。免許をとったら、運転手として働きたいと思っている。「エチオピアでは『ひとつの仕事だけを続けるな』といわれる。ひとつの仕事しかできなければ、明日にはその仕事を失うかもしれない。だから、たくさんの種類の仕事を知る必要がある」

勉強はできるほうだった。中学二年までは私立の学校に通っていた。そこでは英語が得意だった。でも、次の学年からは学費を払えず、公立の学校に移った。公立の学校では英語の教師もまともに英語が読めず、いつも指名されてクラスのみんなの前で読んだ。「だけど、仕事が忙しかったり、映画にハマったりして、勉強に集中できなくなって」、成績は悪くなった。

「来年の［大学入学］試験でいい点をとれたら大学で勉強したい。それが無理なら、外国製品のイミテーションを作るところで働きながら夜学で勉強して、翌年の試験をめざすよ。高校を出ても、親戚のコネかワイロがないと仕事を得るのが難しいんだ。だから、手に職をつけなくちゃならない」

4　アスナカのフィルムの解釈

「フィルムのなかの人生と自分の人生とのあいだに似ている点を感じたことって何かあるかなぁ？」とアスナカに尋ねると、「うーん、そうだなぁ……」としばらく考えてから、つぎのように語った。

【解釈一　子ども／自分を育てる】

細かい部分は違うけど、ダスティン・ホフマンの『クレイマー vs. クレイマー』かな。ストーリーは、妻が子どもを放って出ていって、彼が子どもを育てる、っていう。それが、俺にとっては、自分を育てることだ。というのも、人に甘えたり保護者に頼ったりするのをやめて、自立するために、仕事を始めたんだ。［フィルムのなかで］彼は、仕事と取っくみあわなければならなかった。ケンカして妻が子どもを置いて出ていって、子どもの朝食を用意したり、子どもを学校に送り迎えしたりとか……。俺に関していえば、自分のために、仕事と取っくみあわなければならない。エチオピアでは働かなかったり、性格がひどかったり、泥棒になったりしたら、誰も一緒にいることを許してくれない。それでどうなるかというと、路上生活者になるしかない。だから、働かなければならないんだ。

続けて、「じゃあ、フィルムのなかの生活とエチオピアの生活とで違う点って何かある？」と聞くと、即座に「学校の内容が違う」と答えて、つぎのように続けた。

【解釈二　学校の内容】

『デンジャラス・マインド――卒業の日まで』のなかで、ある女性教師が、授業の仕方を思い悩む。でも、その教師は、［生徒が］授業を理解するように、教え方を変えるんだ。たとえば、黒人の生徒と白人の生徒がケンカをすれば、教師は真剣になって生徒に対する態度を直さなければならない。生徒が冗談をいえば、教師も冗談をいいながら教える。でも、この国では、もちろんなかにはすばらしい教師もいるけど、教師は、生徒が悪くならないようにといって、いつも理解しない生徒に対して笑いながら体罰を加える。生徒は、いっこうに授業を理解しない。その教師が来るだけでイヤになる。あるアムハラ語の教師は教室に来たらすぐに「なぜ宿題をやって来ないんだ、なんで理解できないんだ……」［と怒鳴る。］こんなふうに言うなんて失礼だ。教室に来て、宿題をしないといって殴る。それが何になるのか？　授業を嫌いになるだけだ。教師のせいで、教育の内容とは関係なしに、嫌いになる。でも、アメリカでは、自分の好きなようにできる。勉強したければ、勉強するし、したくなければ、しない。自分のために自分で学ばなければならない。

さらに、「フィルムのなかには存在するけれど、エチオピアには存在しないものって何かあるかな？」と聞いてみると、二階建てバスとショットガンを挙げたのに続いてつぎのように語った。

【解釈三　エチオピアには存在しないもの】

刑務所にも驚かされる。刑務所が個室で、しかも室内に洗面台がある。きちんと食事が配給され、シャワーも浴びることができる。自由がある。スポーツや読書も許されている。エチオピアでは、大人数の相部屋で、その部屋の顔役に取りいらなければ、自分に差し入れされた食事も食べられない。たとえば、モーガン・フリーマンの『ショーシャンクの空に』は、刑務所の話だ。ある男が刑務所に入っていて、彼は壁にポスターを貼るのも許されているんだ。ある朝、看守が見ると、その男は部屋にいない。鉄格子は閉まったままだ。「どこへ消えたのか」と言っていると、ポスターの下の壁に穴が掘ってあった。その男は小さな金づちで毎日少しずつ何年も部屋の壁を掘っていたんだ。掘り出した土はポケットに入れて外に捨てて、壁の穴はポスターで隠しておくから、看守には見つからなかった。自分の掘った穴を進んでいくと、そこには大きなパイプ〔下水管〕があるんだ。それで、それを割って、その中を這《は》って別のところに出るんだけど、地面の中にあんなに大きなパイプが埋まっている、ということに驚かされるよ。

5　フィルムを読むという実践

アスナカのフィルムの解釈を聞いたとき、私は驚かされた。そこに、エチオピアの都市で生きるアスナカの生きかたや考えかたがあまりにも色濃く現われていたからだ。アスナカの解釈をみると、ハリウッド映画とともにアメリカの価値観やライフスタイルが流れこむ、という批判はあたらないように思える。

解釈一では、彼は、フィルムのなかでの男の奮闘ぶりに、自分の人生での奮闘を重ねあわせて、フィルムを見ている。フィルムのなかでは、子どもの面倒をみるための奮闘であるのに対し、彼の場合は、エチオピアの都市で生きていくための奮闘だ。解釈二では、フィルムのなかの教師の教え方に注目して、エチオピアの教師を批判し、アメリカの学校の自由さを賞賛している。「自分のために自分で学ばなければならない」

ということばには、大学をめざして働きながら勉強する彼自身の状況が反映されているように思える。解釈三にいたっては、映画のストーリーとはまったく関係のないところで、驚きを感じている。

アスナカは、ハリウッド映画を見てメッセージを一方的に受けとっているのではない。もともともってい る価値観に引きつけてハリウッド映画を見たり、フィルムについて語ることをとおして社会生活のなかで築いてきた自分の価値観を改めて確認したり、制作者の意図していない独自のポイントに注目してフィルムを見たりしている。

このようなアスナカのフィルムの読み方を「対抗的な読み」と捉えることもできるかもしれない。ただ、アスナカのライフヒストリーや語りからは、何かに対抗しようとしているというよりも、エチオピアの都市で生き残るために奮闘していることがうかがえる。「対抗的」という表現よりは、「そのうち体制も変わるだろうなどという甘い幻想をいだかずに、さっさと自分らの目的のために」（セルトー　一九八七）フィルムを見ている、という表現のほうが適切だろう。

フィルムを見ながら、単にストーリーを追ったり、そこに込められたメッセージを読みとるだけでなく、あれこれ思い入れをしながら見たり、そこに出てきた特定のモノに着目したりして、それを語るのは、私たちもふだんから行なっている、ごくあたりまえの実践にすぎない。しかし、そうした実践は、それを実践する人の生きかたを支える力強さをもつこともある。仕事と取っくみあう生活を送りながら、軽がるとフィルムを読んでいくアスナカの語りではじめてそのことに気づかせられた。

五　エピローグ

アスナカが死んだ、と聞かされたのは、ドイツのハンブルクでだった。ビデオ小屋についての卒論を書いたあと、私は大学院に進学し、アスナカとダウィットに調査助手として活躍してもらい、アジスアベバの若者たちのスラングについて調査を行なった。その発表のためにハンブルクで開かれた国際エチオピア学会に来ていた。発表の場には、若手のエチオピア人研究者たちがたくさん集まってくれた。自分のかけがえのない友人たちの生きる世界を少しでも描きだしえたことが嬉しかった。

発表を終えた次の日、久しぶりにあった日本人研究者からアスナカが死んだと伝えられた。まさか！　信じられない。最初は、冗談を真に受けているだけだろう、と思った。「某はいないか？」と聞かれたときに、その場にいなければ、「死んだよ」と答える冗談は、アスナカたちがたむろしていたチャット小屋で挨拶みたいによく使われていたからだ。

ところが、話を聞いていくうちに、これはまずい、と感じはじめた。彼がアスナカのことを知っているのは、地酒の作り方を見せてほしいと彼から頼まれて、私がアスナカの家族にお願いして家で地酒を作るのを見せてもらったことがあったからだ。彼がそのときに撮ったアスナカや家族の写真をアスナカの家に持っていくと、アスナカが死んだ直後で、母親がわりのおばさんをはじめ家族の人たちは写真のなかのアスナカを見ておいおいと涙を流していた、という。アスナカは、ある夜、突然、苦しみだして寝こんで、そのまま死んでしまった。たぶん何か悪いものでも食べたのではないか、と彼は言う。

信じられなかった。信じたくもなかった。たしかに、アスナカは体が細めで、ときどきゴホゴホと咳きこむことがあった。でも、死んでしまうなんて……。知らせを聞いても、しばらくは何もしなかった。何もしないでいれば、アスナカが生きていると信じることができると思った。

しかし、いつまでも宙ぶらりんな感じはぬぐえなかった。思いきって、ダウィットに連絡をとってみた。彼は、「元気か？」という挨拶をすませると、こちらが聞く前に、まっさきにアスナカの死を告げた。結核にかかって、病院に二週間ほど入院したあげく、死んでしまったのだという。

死因が結核だったことで、私は自責の念にかられた。「何だかわかんないけど咳が出て止まらなくなることがときどきあるんだ」とアスナカは私に言ったことがあった。「あんまり無理しないで体を大事にしろよ」と言うだけで聞き流してしまったが、あのとき、病院で検査を受けるようにさせていれば、アスナカは死なずにすんだかもしれない。アスナカのために、もっとできることがあったのではないか……。

死んだことが確かになった今、アスナカのためにできることを何も思いつかなかった。ただ、アスナカという人間が生きていたことを紙に刻みつけるのは、私がアスナカに対してできる数少ないことだと思って、この文章を記した。

友だちづきあいをしていたアスナカに改めてライフヒストリーを聞かせてもらいたいとお願いしたとき、彼は快く引き受けてくれて、自分の生い立ちを語ってくれた。翌日、アスナカは、前日に私に話した内容に、私が聞き漏らしていたことまで加えて、自分の生い立ちをびっしりと紙に書いて私に渡して、こう言った。「これが何の役に立つのか、正直、俺にはよくわからない。でも、これがおまえの役に立つんなら、使ってくれ。大学に提出しても、本にしてもいい。俺はおまえのことを信じているから」

アスナカは死んだ今も確実に私に影響を与えつづけている。私が大学院を修了後に働きはじめることができたのも、アスナカのおかげだ。アスナカが生きるために仕事と奮闘しているさまを間近に見ているうちに、働くことに対する私の意識は少しずつ変わり、私のなかにあったモラトリアム志向は消えていった。「自分のために仕事と取っくみあう」というアスナカの価値観を私は今でも肝に銘じている。その価値観を私の一部として生きることが、アスナカへのせめてもの恩返しになると私は信じている。

引用文献

M・d・セルトー　一九八七『日常的実践のポイエティーク』（山田登世子訳）国文社
G・ターナー　一九九九『カルチュラル・スタディーズ入門』（大熊高明ほか訳）作品社
Daniel Tesfaye 1991 'The History of Saratagna Safar' BA thesis (Addis Ababa University, Department of History).

終章

生きかたとしてのフィールドワーク

菅原和孝

この最終章では、フィールドワークをすることが、あなたの前にどんな「生きかた」を拓くのかを浮かびあがらせてみたい。以下に登場する何人かの「あなた」たちは、第I部と第II部で活躍した総勢四〇名にわたるフィールドワーカーたちの幾人かを抽象化したキャラクターである。

1　出発から帰還まで

他者のまなざし　電車の中で、街頭で、あるいは銭湯で出会う無数の他者たち。かれらはあなたにとって、たとえ毎日のように見かけて顔は憶えてしまったにしても、匿名の存在である。あなたはかれらの身体をあたかも「物」であるかのように観察することができる。ある朝、いつも電車の座席で大股広げて眠っている女子高校生がふと目を上げてあなたと視線を合わせる。その瞬間、あなたの身体のほうが彼女によって対象化されたことをあなたは感じる。「見られている私」を、あなたの身体で感じることこそ、人間にとってもっとも根源的な経験である。それはけっして克服しえない不安の源である。[*1]

好奇心　だがあるとき、他者のふるまいや姿かたちの顕著さが、不安というよりもむしろ好奇心をかき立てる。街頭で看板を体の両面にぶら下げて突っ立っているおにいさんも、冷たい雨の降る朝に合羽を着こんで物哀しい音色でラッパを鳴らしながらリヤカーを曳いているおっちゃんも「なんだかすごい」。ここで人間の感受性は分岐する。他者のあなたとの差異を「すごいな」と感じるとき、あなたはその他者にささやかな敬意をはらっている。逆に、そのような差異を見くだすような感性を、（今は流行らないことばだが）「プチブル的」と呼ぶ。[*2] 後者の感性はフィールドワークとは、まず無縁である。

わかりたい　「すごいな」と感じつつも他者のかたわらを通りすぎるあなたは、まだフィールドワーカーではない。最終的に何があなたの背中を一押しするのかわたしは知らないが（ひょっとしたらこの本?・)、あなたはあるときそのすごさを自分の頭でわかりたいという情熱に取り憑かれる。たとえば、あなたは銭湯が好きでたまらず、しょっちゅう行くうちに、常連さんたちと顔なじみになる。その常連さんたちが楽しんでいる背中の流しっこを横目で見たり、賑やかな世間話を漏れ聞くうちに、「裸のつきあい」ってなんて不思議なんだろう、という思いがこみあげてくる。このとき、フィールドワークが始まる。

うってでる　フィールドワークを実践する基本的な〈身構え〉を二つに分

＊1　この記述は、大学一回生のころ耽読したJ＝P・サルトルの『存在と無 I』（松浪信三訳、人文書院、一九五六）から影響をうけている。

＊2　「プチブル」という概念の卑近な実例は、大学を卒業する直前のひとつの記憶と結びついて、わたしのなかに貯えられている。下宿の上の駐車場で深夜、同宿の男が号泣していた。彼は卒業と同時に高校時代からの恋人と結婚する手はずを整え、新居のアパートの契約も済ませていた。だが、恋人の父親はそのアパートに風呂がないことを知り、「お嬢様育ちの娘を銭湯なんかにやるわけにはいかん」と猛反対し、結婚を破談にしたというのだ。この事件より前に、サルトルが「プチブルとは〈他者の超越性〉に対して盲目な人たちのことである」と定義しているのを読んだ。この金言は、人類学を職業とするようになってから、ずっとわたしの座右の銘になってきた。〈他者の超越性〉については、＊13であらためて説明する。

けることができる。第一は、自分のほうから能動的に現地の人びとに働きかけることである。すぐ思いつくのがアンケートとインタビューだ。調査の目的を明かし、Q&Aという「強いコミュニケーション」に現地の人を巻きこむ。インタビューが脱線だらけのおしゃべりへと逸脱すればするほど、あなたは他者の生活世界の陰翳《いんえい》をあれこれと想像する手がかりを得ることができる。だが、銭湯で背中の流しっこをするほんわかした愉悦や、暑い日も寒い日もリヤカーを曳きラッパを鳴らす「膨大な実践」をつらぬく誇りや忍耐を、あなたは他者とことばを交わすことだけによって把握することはできない。

待ちの姿勢　苦労して回収したアンケート用紙といくらにらめっこしても、「銭湯の楽しさとはなんですか？」といった質問に対する回答がじつにありきたりであることにあなたは失望する。そこであなたは、自分から現地の人びとに対して働きかけることを禁欲し、ひたすら観察者に徹しようとする。これが第二の身構えである。*3 あなたは浴室内では注意力を研ぎ澄まし、脱衣所では忘れないうちに「見たこと、聞いたこと」を迅速かつ正確に筆記するという離れ業を演じなければならない（銭湯はいわば極限状況だが、その場ではノートをつけられないという事態はフィールドでしばしばおとずれる）。何ヶ月も経つと、文字どおり「裸一貫で」収集したデータが膨大な量に達している。それを分析し、苦労して図にまとめあげた瞬間、「裸体の社交空間」の姿がくっきりと立ち現

＊3　わたしが佐藤せり佳の銭湯研究（第II部所収）に驚倒したのは、人間を相手にしたフィールドワークのなかで、これほど「待ちの姿勢」を徹底化した仕事にお目にかかったことがなかったからである（もちろん霊長類学のフィールドワークのほとんどすべてはこの方法によって成り立っている）。「文化人類学」の領域でこの方法が不当に過小評価されていることに、わたしは強い不満をもっている。

われる。そのみごとなパターンにあなたは興奮する。あなたの身体が銭湯の快楽に内側から触れることと、客観的な手法でデータをとることとは、けっして相対立する認識の方法ではない。逆にその二つがおたがいを支えあってはじめて、この社交空間の構造を明らかにすることができたのだ。

ともに体験する

だが、通常のフィールドワークでは「うってでる」ことと「待ちの姿勢」とは二者択一的なものではなく、参与観察という類い稀な方法論のなかに統合されている。あなたは豆腐屋のご主人に、自分にも〈あげ〉を揚げさせてくれと頼むことができる（あなたに揚げさせることは、ご主人にとってなかばやけっぱちの大冒険であることは確かだが）。そのいっぽうで、あなたは仕出屋のご主人のみごとな包丁さばきに見とれつつも、それらの動作の分節やリズムをノートに記録することができる。だが、体験を共有することには限界がある。職人芸を一朝一夕に身につけることはできない。セックスワークの調査で客にフェラチオをしたり、友だちになったホームレスの人とゴミ箱を漁ることを、少なくともわたしは推奨しない。どこに共有の限界を定めるかは、あなたがみずからのなかに育てる倫理観に任せるしかない。*4

「異人」と「周縁」

他者のふるまいや姿かたちの顕著さに注意を惹きつけられるという最初の出発点にもう一度戻ろう。その他者とあなたとの差異を「すごいな」とは感じられずに、端的に嫌悪や怖れをもってしまう場合はどう

*4　フィールドワークの前に立ちはだかる大きな難問がある。法に違反していたり、不道徳であると感じられる現地の実践を参与観察することが許されるのかどうかという問題である。本書でこの難問と接近した事例がひとつある。薬事法に違反している「治療」をつぶさにフィールドワークした「きみなが療導院」の研究である。ここでは、調査者自身は「薬」の製造や「投薬」にはタッチしなかったが、あなたが明らかに「インチキ」だと思っている「薬」を調合する手伝いをさせられる場合だってないとはいえない。性急な解答を出すことは避けるので、「宿題」として考えてほしい。わたしにいえるのはせいぜい「自分のお手てが後ろにまわるようなことだけはやめなさい」ということだけだ。ただし、わたしは画一的な遵法精神の持ち主ではない。グイ・ブッシュマンの友人たちが続けている狩猟のかなりの部分は「密猟」であり、ボツワナの法律に違反している。わたしはグイに対する現地政府の禁猟政策を不当だと思っているので、友人たちを制止したりはしない。

なるのか。たとえば、異臭を放つホームレスの人や、奇声をあげて異様な動作をくりかえす自閉症者は、通りすがりのあなたをたじろがせるだろう。とりあえずは、目をそむけたあとに胸をよぎった戸惑いや「後味のわるさ」を忘れずに、心のどこかにとどめておくしかない。少なくともあなたの心の地平には、ぼんやりとではあれ、「異質な他者」の姿が現前しはじめている。あるいは、ほんの偶然のきっかけで〈周縁〉と遭遇することもある。予想もしなかったコミュニケーションに巻きこまれるとき、あなたは戸惑いながらも、それまで「異人」でしかなかった他者との関わりを深めてゆくだろう。

身体　周縁と偶然的に出会うことなどいつまでもないかもしれない。だが、人類学の理論は、意外なかたちであなたの想像力を解放する。「中心と周縁」に分かたれた世界をひとつの村としてイメージしよう。その「中心」には、神聖な祭祀が行なわれる舞台や首長の屋敷などがある。あなたたち庶民の家屋はその「中心」をぐるっと取り巻いて「周縁」に並んでいる。日常の食事、排泄、性交、自慰、入浴、出産、睡眠といった身体に直接関わる営みは、「家の中」という周縁へ排除されている。社会の公的な中心からみれば、あなたの身体こそが周縁そのものなのである。*5

間身体性　「家」は公的世界にとっての周縁である。その内部であなたは育った。幼児のあなたが遊びに夢中になっていて、ふと目をあげると、お母さ

＊5　この理論は以下の書物で展開されている。清水昭俊『家・身体・社会』（弘文堂、一九八七）。

んやお父さんがうっすらと微笑んであなたを見つめていたはずだ。あなたにとってもっとも身近な他者である肉親のまなざしは、あなたを不安にするようなものではなく、身体が濃密に交わりあう空間を暖かく満たしていた。身体がもともと単体ではなく、絶えまない相互行為のなかでたがいに繋《つな》がりあっているという、その原初的な性質を〈間身体性〉と呼ぼう。[*6]あなたがいま「自己」とか「アイデンティティ」とか名づけている何ものかは、間身体性のなかから二次的に分立し安定化した「小宇宙」なのだ。

苦境　このいかにも哲学じみた遡行は、フィールドワークのべつの通路を照らすために不可欠である。公的な世界からみれば一個の周縁であるあなたの身体は、意識という小宇宙からまたもや周縁へと〈疎外〉され、ひとつの異質性となってあなたを苦しめる。たとえば、摂食障害になったあなたは医者から「この病気の原因は、母親に対する愛情飢餓です」と告げられるかもしれない。[*7]その診断を信じるあなたは「お母さんは私を愛していない」という〈命題〉によって、間身体性をある鋳型にはめる。だが、柔軟な好奇心をもつあなたは、みずからの身体がおかれている苦境自体を「謎」として捉え、探索を始めるだろう。

権力　べつの例を挙げよう。あなたは結婚し（しなくてもよいが）、子どもの母や父になるかもしれない。その子が自閉症という障害をもっていることが

*6　M・メルロ=ポンティ『見えるものと見えないもの』（滝浦静雄・木田元訳、みすず書房、一九八九）。ただし〈間身体性〉の正確な定義は与えられていない。

*7　摂食障害の原因を母と娘の愛着の乏しさに求める見解は多いが、第II部に寄稿した高田彩子はその信憑性を疑っている。

わかる。動顛《どうてん》してさまざまな本を読みあさると、「母性の未熟がこの病気の原因である」みたいなことが書いてある。[＊8] 母たるあなたはみずからを責め、父たるあなたは自分が愛してきた女を猜疑と冷淡さのいりまじった目で見るようになる。家庭という間身体性の場に〈権力〉[＊9]が侵入し、世界と人間に対するあなたの解釈を方向づけるのである。

表象の脈網

ここで、第Ⅰ部第4章の最後で述べた「因果の網状組織」のことを思いださねばならない。科学の説得力で包まれた因果関係の説明と複雑に絡みあいながら、〈表象の脈網〉とでも呼べるようなものが世界を覆い尽くしている。[＊10] あなたの意識はひとつの結節としてこの脈網と接続している。「母性の未熟」という概念は「$E=mc^2$」のようなかたちで数式化できない。それは世界と人間に関する〈解釈〉のひとつである。たとえ、あなたが、猛勉の果てに、この種の解釈を生みだした「専門家」と同程度の学識を身につけたとしても、同じような解釈に到達するという保証はない。ましてや、あなたにはふつうそんな「猛勉」の時間は与えられていないのだから、この解釈を表象としてみずからの裡《うち》に貯えるしかない。世界に関するあなたの知識のかなりの部分はこうした表象によって成り立っている。「学者」とは（人類学者も含めて）表象を組織的に生産し、脈網をますます稠密《ちゅうみつ》に張りめぐらすという意味で、権力を揮《ふる》う存在である。

＊8　わたしたち夫婦が長男の子育てに悪戦苦闘していた一九八〇年代前半には、まだこの種の「理論」が猖獗をきわめていた。現在では、その妥当性は完膚なきまでに否定されている。

＊9　この〈権力〉の概念は、フーコーから借用している。「性」のなかに自己の真実を探しもとめる習性が、〈権力〉によって執拗に増幅され再生産されてきたというフーコーの指摘は、「自己とはなにか」という問いを足もとから揺さぶる。しかも、そうした〈権力〉の網状組織を繁殖させるもっとも強力な装置こそは「学問」だというのである。M・フーコー『性の歴史Ⅰ　知への意志』（渡辺守章訳、新潮社、一九八六）。

＊10　M・フーコー『言葉と物』（渡辺一民・佐々木明訳、新潮社、一九七四）。ただし、ここでは「表象の脈網」についてのフーコーのもともとの議論を、かなり脚色して使っている。関連する議論は拙論「人類学にとってのコミュニケーション論」『社会人類学年報』三〇巻（二〇〇四）。

直接経験　表象の脈絡を発達させ、意識という小宇宙をそれと接合させることこそ、ヒトという種の宿命である。〈近代〉は、その規模を極限まで肥大させたシステムである。だが、〈天下り〉の表象を受動的に内面化しながら、世界と人間を解釈しつづけることは、根本的にむなしいことである。「自分はどうしてこうなのか」「自分の子どもはどうしてこうなのか」と思い悩むあなたは、家から外に出て、同じような苦境にあえいでいる人たちと出会おうとするだろう。なぜなら、顔のみえない専門家が創った表象を鵜呑みにするよりは、顔のみえる他者が世界と格闘しながら手にした認識を肉声で聞くことのほうが、ずっと確かな手応えをもっているからだ[*11]。

他者の存在感　純粋な好奇心からであれ、自分自身のおかれた状況への問いかけからであれ、フィールドワークを始めたあなたは、それまで匿名であった他者たちと具体的な関わりを結ぶ。たとえば、あなたのフィールドが「断酒会」だとする。ある会員は、あなたにこんな話をする。「会に入ってすぐ、＊＊さんの話を聞いたの。酒のせいでほんとに酷い醜態をさらしたときのことを話してくれた。それを聞いて、ああ、あたしとまったく同じだ、と思ったら、もう泣けて泣けて」[*12]。この逸話ほど、他者の不思議さをあなたに突きつけるものはない。アルコール依存者ならだれでも知り尽くしているはずの「底つき体験」。だが、それが生身の他者の肉声で語られること、ただそれだけが、別の

＊11　他者と出会う直接経験は、「因果の網状組織」との関連でいえば、つぎのような例と対応する。あなたが科学少年ならば、ある「因果律」を学校の理科実験室の設備を使って確かめることを思いつくだろう。それは小さな一歩だが、あなたの心の地平には、そのような直接経験が無数の結節をなしてつながりあっている巨大な網状組織の姿が、リアリティをもって浮かびあがるだろう。

＊12　この逸話は、高田彩子も引用している渡辺ひろみの未出版修士論文の記述をヒントにした作例である。

依存者を救済する力をもつ。他者とは、究極的にあなたが「乗りこえる」ことのできない存在である。[*13] だが同時に、その他者が、この世界をあなたとともに経験しているのだと「わかる」ことが、あなたに根本的な祝福をもたらす。

かけがえのなさ

もしあなたが自分とは大きく異なる他者たちと関わることを願うならば、遠い異国に長く滞在するチャンスを摑もうと努めるだろう。首尾よくそれが実現したら、あなたは熱心に現地のことばを勉強し、現地の人びとの生活のそこかしこから顔をのぞかせる無数の謎を解きあかすことに夢中になるだろう。そのようなあなたの実践の積み重ねは、不可避的な帰結をもたらす。「現地の人びと」の幾人かは、あなたにとって「かけがえのない友」になるのである。この世界を覆う「南北構造」のなかで、もしあなたが「南」の国に滞在していたら、みずからの友が貧困にあえぎながら、日々の糧を得るために苦闘している姿に胸をうたれるだろう。あなたは友と同じようなまなざしで自分が世界を見つめはじめていることに気づくだろう。

ところが、喪失が突如あなたを襲うかもしれない。[*14]「北」の母国ではありえないような病気や事故で、かけがえのない友がぽっくり死んでしまう。茫然自失のあとに、さまざまな悔いがあなたを苛《さいな》む。「フィールドワーク」などという酔狂な企てに身を投じたことさえをも、あなたは後悔するかもしれない。

だが、ひとつだけ確実なことがある。あなたの心の地平には、遠い異国の地

＊13　これを〈他者の超越性〉という。他者があなたをまなざすとき、あなたは対象化される。あなたは他者の「心」をあなたの「心」のように経験することはできない。策略を弄して相手を思いどおりに「操った」と思いこみそうになった瞬間に、相手が「操られている」ふりをしているだけであったことに気づいたりする。要するに、他者の〈自由〉をあなたの〈自由〉は永遠に制覇できない。

＊14　喪失を主題にした拙論は、わたしにとって、もっとも愛着の深いものである。「喪失の経験、境界の語り――グイ・ブッシュマンの死と邪術の言説」田中雅一・松田素二編『ミクロ人類学の実践』（世界思想社、二〇〇六）に所収。

であなたと同じようにこの世界の喜びと苦しみを生きている人びとが現前しつづけている。いったんその人たちと関わってしまったからには、けっしてかれらの姿が消え失せることはない。かれらのまなざしをつねに身に浴びながら、みずからの仕事を忍耐づよく続けること。それがあなたの生のかたちになる。

2　書くこと

フィールドから帰ったあなたがするべきことを簡単にまとめておこう。あなたは書かなければならない。「書く」とは、データを箇条書きしたり、情報をパッチワークすることではない。それは、あなた自身の文体で、「おもしろい」ストーリーを組み立てることにほかならない。[*15] なぜ「おもしろく」なければならないか。そうでなければ、だれも読んでくれないからである。

「おもしろく」書くために跳びこえねばならぬハードルが三つある。あなたは、すべての読者が容易に理解できる平易な文章を書かねばならない。同時にその文章は、明晰な論理につらぬかれていなければならない。さらにそれは、何ごとかを〈論証〉するものでなければならない。[*16] なかでももっとも厳しいハードルが〈論証〉である。〈論証〉とは、〈事実〉の報告にとどまらず、その〈事実〉のもつ〈意味〉を展開することによって、つぎつぎと新しい言明を生みだし、それらを総合して結論に至るプロセスである。

*15　もちろん「ストーリーを考える」ことは、恣意的な捏造とは無縁である。収集したデータを分析するレベルでは徹底した経験主義者でなければならないが、それを一貫した「プロット」上に配列するときには、小説家の構想力を発揮しなければならない。実践的にいえば、どんな「序論」と「討論」を構想するかによって、ストーリーの良し悪しはあらかた決まってしまう。それから、あなたが執着するストーリーと矛盾するデータに言及しないことは、アンフェアである。そのデータを包摂しうる、新しいストーリーを練りなおさなければならない。

*16　もちろん専門家の手になる人類学の論文や著作がこの要件をすべて満たしているわけではない。むしろ、それが満たされていない作品が少なからず存在することが、職業としての学問を労苦多きものにする。

だが、あなたは、自分の手にした事実からいかにして〈意味〉を発見するのか。もっとも手っとりばやい道は、その事実と関連した問題群に関して積み重ねられてきた思考の空間に分けいり、ヒントを与えてくれるような〈ものの考えかた〉に出会うことである。そのような〈ものの考えかた〉を、〈理論〉と呼ぼう。

フィールドワークによってあなたが手にした〈観察事実〉は、いっけんしたところ、瑣末なものかもしれない。だが、それをより広い文脈に置きなおすときに、その〈事実〉からイモヅル式にいろんな問題がたぐり寄せられ、さらにそこから、あなたが生きることにとって重要な〈意味〉が照らしだされる。だが、自分の膂力《りょりょく》だけによっては、観察をより広い文脈に置きなおすことができない場合がある。そのとき梃子《てこ》として働くのが〈理論〉である。べつにその〈考えかた〉を忠実に踏襲する義理はない。あなた以外の人の思考が、あなたに「発想の転換」をもたらし、堂々めぐりに風穴をあけてくれさえすればよいのだ。*17

「だが、」――と懐疑家のあなたは反論するかもしれない。「だれかに『読んでもらう』必要がどこにあるのだろう。フィールドワークの感動を〈固定〉してしまうことこそ不誠実ではないのか。フィールドワークから得た〈思い〉は私一人が保持していさえすればよい」。これはいっけん潔《いさぎよ》い態度である。だが、

*17 わたしのニホンザルに関する研究から例をひこう。幸島でハナレオスの出会いを追跡しながら、わたしは社会学の入門書と、ゴッフマンの『行為と演技』（石黒毅訳、誠信書房、一九七四）とを読んでいた。ある日、森のなかでサルたちの相互行為を見ているとき、ぱっと「アイデア」が閃いた。「二者の出会いと三者の出会いは質的に異なる『場』である。雄どうしの順位とは、もともと『三者的な場の構造』を前提にして成立している。順位を支える『優位性』の核心は、『断固たるパフォーマンス』を呈示することにある、云々」。およそ霊長類学とは無関係な「理論」が観察事実に対して触媒として作用し、それをより抽象的な水準へと押しあげる想像力を活性化した。

あなたはみずからの〈思い〉があなたの「心」のなかに自律して存在すると信じている点において、まちがっている。「心」と呼ばれる何ものかがもし存在するとしても、それは刻一刻と変転しているのだから、今日の「感動」や「思考」や「記憶」が、明日も「同じもの」としてあなた自身に認識される保証はどこにもない。[*18] それらいっさいは、コミュニケーションの回路へ放りこまれることによってのみ、あなたと他者の双方にとって、ぬきさしならない意味をもつようになるのである。

*18　「心」の本質は「時間性」であるから、ある一点に固定することができない。ゆえにそれは「無」である。この論点は、以下の書物の基本的な主張になっている。F・ヴァレラ／E・トンプソン／E・ロッシュ『身体化された心』（田中靖夫訳、工作舎、二〇〇一）

人生至る所別れあり――あとがきにかえて

「底辺」（周縁）での闘いにとびこんでいった級友たちを横目に見ながら、「認識の徒として生きる」ことを選んでからというもの、わたしは「研究」に大部分の時間を捧げてきた。いっぽう「教育」のほうは、「食うため」に果たさねばならぬ義務にすぎなかった。けれど、この本を造る過程で、わたしは、「教育」の場で自分が若者たちからいかに多くを学んできたかを実感した。「教育」の場はまた、思想闘争の場でもある。わたしの大きな心残りは、全レポート中の最高傑作を公表できなかったことである。そのレポートの著者を仮にアッシュと呼ぼう。アッシュは根源的に思考する資質をもつ人であるが、わたしと訣別して研究室を去っていった。それゆえ、わたしはアッシュの書いたものを本書に掲載することを断念した。アッシュの困難な道程に光明がさしこむことを祈っている。

本書でレポートを引用させてもらったすべての「もと学生」諸氏に心からお礼申し上げる。また、本書に登場したすべての「現地の方がた」に対して、執筆者一同を代表して篤い感謝の念を捧げる。

世界思想社の望月幸治氏はみずからの執筆に呻吟しながらも、わたしの草稿に的確精緻なコメントを付けてくださり、大幅な改稿へ導いてくださった。また、第II部の執筆者すべてに対して、厳しい字数制限をはじめとするさまざまな問題点について、親身な相談相手になってくださった。望月氏の労をねぎらうとともに、心より謝意を表したい。

第I部の分析は、科学研究費補助金（特定領域）「身体資源の構築と配分における生態、象徴、医療の相互連関」（一四〇八三二〇五）に助けられた。

第II部の執筆者には、それぞれの論文を献呈したい他者が存在することと思うが、以下では、編者一人の献辞を書くことをお許しねがいたい。

本書を作製する途上で、傷ついた魂をかかえて苦闘する他者と出会った。本書が第一の読者層として想定している若者たちに「あなた」という二人称で呼びかけるたびに、わたしはその他者のことを思いおこしていた。最後の便りで、この他者は「自分はもう世界の美しさを感じられない」と書いていた。

世界が美しいのかどうか、わたしにはわからない。少なくとも本書が世界の「謎」への好奇心を回復する一助になることを祈って、白夜を旅する「あなた」に本書を捧げる。

表象　1*, 98, **107***, 111, 115, 283, 313
——の脈網　312, 313
心的な——と公的な——　**107***
ファッションヘルス　79, 80
フィールドノート　29*, 144, 216
フィールドワーク　2, **3**, **4**, 27, 56
——の初心者が出会う基本的な問題点　42
——の生命線　160
——の鉄則　45, 63*
——の前に立ちはだかる難問　311*
——を駆動する唯一無二のエンジン　22
——を実践する2つの基本的な〈身構え〉　307-309
「行き当たりばったり」——　173
実験的——　99
人類学の／的な——　3, 4, 26, 45*, 105*, 106
福島真人　112*
フーコー, M.　30*, 65, 312*
文化人類学　1, 3, 106, 143, 147, 308*
文化的な構築　49, 59
分業　61, 114
分析概念　8, 63*
ホームレス　70-75, 309, 310
ポラニー, M.　46*
ボリビア　157

ま行

松園万亀雄　147*
松田素二　4*, 48*, 314*
マラウィ　146
マリノフスキー, B.　45*
マレーシア　158, 159
身ぶり　4*, **98***, 115, 150
隠喩的な——　98, 99
民俗　38, 106, 112, 114
——語彙　34*
——知　89*, 119
民族　35*, **151***
民俗学　1, 38, 110, 114
民族誌　**2***, 35*, 111
民族誌的現在　**23***
メルロ=ポンティ, M.　2*, 311*
モルモン教　125-127
問題解決型調査　146*

や行

役割　67, 68, 89
山口昌男　21*
山下晋司　165*
友禅染め　60, 61, 64
妖術信仰　147
米山俊直　22
ヨルダン　159

ら行

ラドクリフ=ブラウン, A.R.　67*
ラポール（rapport）　**51***
流通構造　61*, 64
霊長類学　1, 138, 308*, 316*
レイヴ, J. & ウェンガー, E.　115*
路上観察　25, 28, 30
論証　315

——にとって「異国」に旅立つことの意味　166
——的な視点（民俗学と対比される）　111
菅野盾樹　21*, 107*, 111*, 117*
ストーリーを考える　315*
スペルベル, D.　93*, 107*, 111*, 117*
性　37*, 78-81, 257, 277, 312
——の商品化　78, 83, 84
生業　37*, 199
制度　67, 89, 198
青年海外協力隊　156*
生のかたち　2*, 3, 4, 35, 76, 139, 142, 156
セックスワーク　78-83, 309
摂食障害　第II部第4章, 311
セルトー, M. d.　5*, 303
宣教師　125, 126*, 127*
銭湯　第II部第5章, 306, 307*, 308, 309
創価学会　123
相互行為　**90**, 99, 111-113, 257, 311
——追跡法　93*
焦点の定まらない——　91*
底つき体験　313

た　行

ダグラス, M.　21*
他者　3, **32-33**, 278, 307-311, 313, 314
——と出会う　21, 145, 211, 319
——の超越性　140*, 307*, **314***
——への想像力を養うもっとも確実な方法　22*
ターナー, V.　21*
田中雅一　314*
田辺繁治　48*
ターン・テイキング（順番どり）　96*
タンバイア, S. J.　141*
談話分析　30*, 139, 160*, 235
地位　67, 68, 89
知的障害者　4, 100, 105, 106, 145
チベット　160, 162-165
チベット密教　164
鳥瞰的な視点　106, 112
鳥葬　160, 162-166
治療宗教　136, 139, 142
漬物屋　50-52
定性的（qualitative）　69, **70***
定量的（quantitative）　**70***, 93, 260
テクノロジー　46, 47, 49
哲学　2*, 311
寺山修司　22*
田楽　112, 114
伝承　112
伝播　**107**, 109, 111, 112
伝聞証拠　45
統計的検定　68, 94
動作　46, 48, 91*, 309
豆腐屋　53-55, 106, 309
都市伝説　107, 109, 111, 112
徒弟制　115

な　行

長島信弘　147*
ナショナリズム　151, 153
日常会話　95, 98, 111*
日常性　104, **105**, 106
ニホンザル　18, 316*
入信体験　124
認知科学　115
認知心理学　100
野家啓一　124*

は　行

バックパッカー　144, 145
波動　**129**, 142*
パフォーマンス　30*, 60
パラダイム　**124***, 139
非合理　117, 139-142
被差別部落　88, 215

儀礼的無関心　91*
近代　**1***, 23*, 91, 95, 139, 140, 313
グイ・ブッシュマン　23*, 111*, 309*, 314*
経験主義　**52***, 315*
言語中心主義　106
原住民　3
言説　**30***
現地語　8, **34***, 113
現地の人（びと）　2*, **3**, 4*, 106, 139, 212, 308, 314
——との関わり方　51*, 53, 59
——に怒られる　105*, 150
県民性　68-70, 89
権力　311, 312*
行為　67*, 68*, 79, **90**, 279, 280
——空間　68*
構造機能主義　67*
行動　**90**, 91*, 93*, 262
行動学　1, 34, 168, 259
行動観察　90, 168, 259
合理性　139, 142
五色豆　46, 47, 49
個体追跡法　93*
御都合主義　152
ゴッフマン, E.　91*, 259, 278-280, 316*
コミュニケーション　21, **90-92**, 100, 106, 142, 154, 155
——の人類学　115
強い——と弱い——　**90-91**
異文化——　102
コミュニティ　4, 76, 105*, 152

さ 行

祭礼　23, 38, 112, 115
サルトル, J. P.　75, 307*
サンドイッチマン　56-60, 307
サンプリングの方法　93*
参与観察　4*, **45***, 177, 226, 309*
——の限界　55, 56
仕事の現場に身をおく——　46, 48
死　71, 161, 162, 165, 166, 303-305, 314
——の人類学　165
自己　32, 33, 37, 147, 251, 280, 311, 312*
仕出屋　42, 45, 309
実践　89, 115*, 140
——的な知識（仕事をする人の）　46
民衆の——　5*, 22*
実践理性　141
自閉症　99-101, 103, 104*, 310, 311
清水昭俊　310*
社会学　1, 30*, 32, 91*, 257
周縁　21, 22, 70, 78, 309-311
自由間接文体　111
宗教　116, 129, 136, 142, 215
新（興）——　123
集団　34, 35*, 67, 89
重要無形民俗文化財　114
象徴　25, 28*, 49, 115
象徴人類学　21*
情報提供者　**4***
——との非対称な関係　160
職人　47, 48, 60-65
職人芸　46, 309
シルバーバウアー, G.　23*
人種　151*
身体　114, 238, 279-281, 310, 311
——技法　48*, 112
——知　46-49, 52
神道　118, 119
ジンバブウェ　158
シンボリズム　25
信頼関係　51*
人類学　**1**, 2-4, 30*, 51*, 151*
——からもっとも遠い態度　116
——者　23*, 35*, 89*, 312
——的な想像力　105, 145

I N D E X

索 引

・「＊」は、脚注にある語を示す。
・太字は、概念の定義など、とくに重要なページを示す。
・頻出する語については、フィールドワーク初心者が発見や刺激をうけるであろうページだけを選んだ。

あ 行

ＩＴ（情報技術） 154*, 155
アイデンティティ 147, 149, 151, 152, 311
赤瀬川原平 25
アドリブ・サンプリング 93
アリエス, P. 165, 166
アンケート 68, 69, 146, 261, 308
家（概念としての） 310, 313
移行適切場 96, 97*
異文化 143, 147, 166, 169
「今や時代はゴム！」 82*
因果の網状組織 140, 312, 313*
インターネットカフェ 153, 154
インタビュー 45, 48, 105*, 176, 308
——では得られない現実 46
凡庸な——と素敵な—— 159-160
インフォーマント（informant） **4***, 51, 105*
ヴォランティア 74, 75, 100, 101
内堀基光 165*, 166*
梅棹忠夫 29*
運勢鑑定 119, 140, 141
エスニシティ 152
エートス 34, **35***
演技 95, 96, 98, 99
おみくじ 117, 118
折口信夫 114

か 行

外国人 143, 149, 152
解釈人類学 35
会話 91*, 93, 95, 97*, 99, 102, 155, 242, 265
会話分析 95, 96*, 114
華僑 147-151, 153
書く（こと） 111, 144, 160*, **315**
家畜商 85, 86, 88
カルチャーショック 69, 157, 158
韓国 122, 153, 154
観察 48, 260, 262, 265, 306, 308
——者としての自覚 31
——をより広い文脈に置きなおす 316
間身体性 310-312
ギアーツ, C. 90*
記号 1*, 25, **28***
既視感 138*
「記述」と「分析」 44
帰属意識 152
鬼門 119
共時性 127, 128
競走馬 84-89
強調の法則 109
共同体 34, 133, 136, 141, 142, 165
共約不可能性 124*
局地的（ローカル） 46

●執筆者プロフィール（執筆順）

菅原和孝（すがわら　かずよし）
〔序章、第Ⅰ部、終章〕
奥付の編者プロフィールに記載。

田村うらら（たむら　うらら）
〔第Ⅱ部第1章〕
1978年生まれ。金沢大学准教授。
振売り研究から膨らんだ興味は、トルコの定期市へ、そしてトルコ絨毯へ……。博士過程では、トルコの村で村人と絨毯を織りながら、彼女たちの生を追う。その成果を『トルコ絨毯が織りなす社会生活』（世界思想社）として出版。モノ-人関係の研究をさらに展開中。

山田有佳（やまだ　ゆか）
〔第Ⅱ部第2章〕
1980年生まれ。経営コンサルティング会社勤務。
学部の調査でお世話になった仰木は第二の故郷。大学院ではクロアチアにて紛争後の社会の復興を、女性と文化の視点から考えた。現在は、企業経営におけるサステナビリティとウェルビーイング実現を模索・実践している。

比嘉夏子（ひが　なつこ）
〔第Ⅱ部第3章〕
1979年生まれ。北陸先端科学技術大学院大学助教。
大学院ではトンガ王国でのフィールドワークを続け『贈与とふるまいの人類学』（京都大学学術出版会）を上梓。現在はさまざまな人たちと協働しながら、人類学の調査手法を広く社会に展開しようと試みている。

高田彩子（たかだ　あやこ）
〔第Ⅱ部第4章〕
1980年生まれ。TVディレクター。
滋賀の農村の墓地でフィールドワーク・デビュー。卒論では自分を見つめなおす「女性の病」と向きあった。大学院では在日コリアンが支えてきた寺の調査に駆けまわった。人びとの喜怒哀楽を、離れたところの人びとに伝えることにやりがいを感じる。

佐藤せり佳（さとう　せりか）
〔第Ⅱ部第5章〕
1980年生まれ。図書館勤務。銭湯での調査で、人を観察する癖がついてしまった。今では図書室の「常連さん」の顔や名前を覚えられるようになり、窓口での対応に役立っている。司書として専門性とは何かを模索中。

望月幸治（もちづき　こうじ）
〔第Ⅱ部第6章〕
1977年生まれ。出版社勤務。
エチオピアで計2年半のフィールドワークを行ない、バイタリティを鍛えられる。それを武器に、学術教養書・専門書を編集している。

●編者プロフィール

菅原和孝（すがわら　かずよし）

1949 年東京生まれ。京都大学名誉教授。

京都大学大学院理学研究科修了。理学博士。第 8 回日本文化人類学会賞受賞。

京都大学大学院人間・環境学研究科教授を務め、同総合人間学部でフィールドワーク（調査演習）の授業を 20 年間担当した。

霊長類（ニホンザル、ヒヒ類）の社会行動の研究から出発し、南部アフリカのボツワナに住むグイ・ブッシュマンの社会で、身体的な関わり、会話、語り、動物認識などをテーマにフィールドワークを続けた。並行して、日本人の会話、民俗芸能の伝承について研究した。

おもな著書に、グイの会話分析の集大成『会話の人類学』（京都大学学術出版会）、サルとヒトの感情の連続性を論じた『感情の猿=人』（弘文堂）、多様な相互行為の分析を統合した『ことばと身体』（講談社）、グイと動物の関わりを究明した『狩り狩られる経験の現象学』（京都大学学術出版会）、生活世界の内側から生物の「展成」（進化の新訳）に触れる径路を照らす渾身の大著『動物の境界』（弘文堂）がある。

フィールドワークへの挑戦――〈実践〉人類学入門

2006 年 4 月 30 日　第 1 刷発行
2022 年 4 月 30 日　第 9 刷発行

定価はカバーに表示しています

編　者　菅《すが》原《わら》和《かず》孝《よし》
発行者　上原寿明

世界思想社
京都市左京区岩倉南桑原町 56　〒 606-0031
電話 075(721) 6500
振替 01000-6-2908
http://sekaishisosha.jp/

（印刷 太洋社）

ISBN978-4-7907-1188-9